戦後民主主義と労働運動

赤堀正成 著

御茶の水書房

目　次

第Ⅰ部　戦後民主主義と労働運動──その形成

はじめに ………………………………………………………………………… 3
　Ⅰ　問題の所在──今日において戦後労働運動と戦後民主主義の検討を
　　　促すもの ………………………………………………………………… 3
　Ⅱ　課題の設定 …………………………………………………………………11

第1章　戦後民主主義の主体形成 ………………………………………………21
　Ⅰ　民主化同盟の登場 ……………………………………………………………23
　Ⅱ　活動家層の形成 ………………………………………………………………51
　Ⅲ　「地域闘争」と「職場闘争」の可能性──戦後民主主義の運動形態の
　　　端緒 ……………………………………………………………………………56
　Ⅳ　知識人集団の形成──平和問題談話会 …………………………………62

第2章　戦後民主主義の形成──"ニワトリからアヒルへ"の
　　　　　過程 ……………………………………………………………………71
　本章の課題 …………………………………………………………………………71
　Ⅰ　講和三原則と平和四原則 ……………………………………………………72
　Ⅱ　平和問題談話会の登場 ………………………………………………………76
　Ⅲ　社会党における平和四原則採択 ……………………………………………93
　Ⅳ　総評における平和四原則採択 ……………………………………………101
　Ⅴ　総評の圧力による社会党の分裂 …………………………………………115
　Ⅵ　戦後民主主義の主体的契機 ………………………………………………118
　Ⅶ　戦後民主主義の成立──破防法反対闘争 ………………………………122
　Ⅷ　社会党‐総評ブロックの成立 ……………………………………………141

i

第3章　戦後民主主義の確立——労働組合主義，経済主義に抗して‥ 147

 Ⅰ　高野指導と太田‐岩井ラインをめぐる研究状況………………………… 147
 Ⅱ　第三勢力論vs.平和勢力論の背景………………………………………… 157
 Ⅲ　高野実と和田博雄の確執………………………………………………… 159
 Ⅳ　高野実と太田薫の対立…………………………………………………… 160
 Ⅴ　左派社会党綱領論争の争点——平和四原則をめぐって……………… 166
 Ⅵ　左社綱領論争と知識人…………………………………………………… 172
 Ⅶ　統一戦線の可能性………………………………………………………… 175
 Ⅷ　太田薫の落選……………………………………………………………… 179
 Ⅸ　岩井事務局長の登場……………………………………………………… 180
 Ⅹ　太田‐岩井ラインにおける高野指導の存続…………………………… 182
 終りにかえて………………………………………………………………… 185

第Ⅱ部　戦後民主主義、労働運動、市民運動

第1章　1960年代初頭における教育政策の転換と教育運動
 ——岩手県における全国一斉学力テスト反対闘争を中心に——………………………………………………………………… 199

 はじめに……………………………………………………………………… 199
 Ⅰ　能力主義教育政策の登場………………………………………………… 201
 Ⅱ　全国一斉学力テスト反対闘争——岩手県における事例を中心に……… 217
 終りに………………………………………………………………………… 235

第2章　高度成長期における「市民の論理」の歴史性………… 239

 はじめに……………………………………………………………………… 239
 Ⅰ　60年安保闘争時における「市民の論理」……………………………… 240
 Ⅱ　安保闘争後における「市民の論理」…………………………………… 246
 終りに………………………………………………………………………… 256

ii

第3章　1990年代新自由主義東京の労働運動 ································· 259

　はじめに──本稿の課題 ·· 259
　Ⅰ　新自由主義と対抗的労働運動 ·· 260
　Ⅱ　1990年代新自由主義東京の様相 ·· 264
　Ⅲ　1990年代東京の新しい労働運動 ·· 266
　Ⅳ　周辺共闘としての労働運動──主体形成論2・歴史的契機 ········· 292
　終りに ··· 298

後　記 ··· 299

第Ⅰ部
戦後民主主義と労働運動
―― その形成

はじめに

I　問題の所在
　　——今日において戦後労働運動と戦後民主主義の検討を促すもの

1　1990年代以降の日本政治と連合

　1989年11月21日，総評（日本労働組合総評議会）が解散し，同日，官公労を加えた連合（日本労働組合総連合）と全労連（全国労働組合総連合）がそれぞれ結成され，12月9日はさらに，総評解散と連合結成に反対してきた全労協（全国労働組合連絡協議会）が結成された。総評の誕生は朝鮮戦争勃発間もない1950年7月11日，その解散はベルリンの壁が崩れて間もない時だった。

　発足時，連合は74単産798万人，全労連は27単産140万人，全労協は50万人。加盟組織と組合員数をみたとき，連合が総評の形式上の後継組織として，爾後の労働組合運動に圧倒的比重をもっていることは明らかだった。

　本稿は，「戦後民主主義の実動部隊」（清水慎三）として総評が展開した独特の労働運動がどのように形成されたかを考察するものだが，それに先だって，1989年の労働戦線再編が当時の政治と社会，またそれを対象とする社会科学分野の研究にどのような意味や影響を相互にもったのかを振り返っておこう。

(1) 連合の政治に対するスタンス

　1989年の労働戦線の再編は，75年春闘の敗北を機に，労働組合の存在意義の喪失に危機感を抱いた企業主義的な民間労組幹部が主導してほぼ四半世紀を要してようやく成就したものだった。この取り組みが勢いを持ちはじめた80年代に入る頃から労働運動の見直し論，とりわけ従来の総評主流派が展開してきた労働運動に対して否定，清算を迫る——戦後労働運動を論じるときにはお馴染みの——古くて新しい批判がマス・メディアからアカデミズムに至るまで盛んに主張された。事態の推移を眺めれば，そうした言説が世論を形成し，国民の合意を獲得する役割を主体的に担って89年労働戦線再編を"後方支援"してき

たと言えるだろうし，もちろん当事者の主観においてもそのような実践的含意が強く自覚されていただろう。

　連合結成を領導した勢力は，結成前から，職場や生産点における労働組合の存在意義の低下を政治的に補填すべく，職場や生産点の労働組合機能を強化するのではなく，かえって職場や生産点の彼方に望む政策制度要求を熱心に主張してきたし，結成後はさらに政策制度要求を重視してきた。

　だが，労働運動のこうした政治への働きかけを実効あらしめるためにはそもそも生産点，職場に労働組合が強く根付いていなければならない。その根の弱さを枝振りの見栄えで補おうとする取り組みは，例えば，過労死をKAROSHI，或は「肩たたき」をtapping-shoulderというように，日本に特殊なものとして，類似の事象をもたず，それゆえその概念をもたない世界に音のローマ字綴りや直訳で伝えることになるだろう。

　注目されたのは，鳴物入で結成された連合が1980年代末葉からの政治的争点であった，いわゆる"政治改革"に積極的に関わってきたことだ。全面講和運動以降の総評主流派が推進した戦後民主主義を政治的偏向或は悪しき政治主義と盛んに批判してきた，連合結成を中心的に担った力は，小選挙区制を支持し，自衛隊海外派兵，憲法改正にも積極的だった[1]。つまり，連合はかつて総評が戦後民主主義の実働部隊として積極的な反対運動を展開し，その実現を阻んできた政治的争点に対して，総評とは真逆の立場から，積極的に取り組んだ。

　ところが，こうした連合の取り組みに対して「政治的偏向」「悪しき政治主義」という批判がマス・メディアから向けられることは殆どなかったし，連合は職場，生産点での活動をもっと強化すべきだという意見も同様に殆ど見られなかった。

　かつての総評に対する批判と連合に対する無批判とが一貫しているならば，総評批判は，労働組合が（経済闘争において十分な成果を挙げられないのに）政治に取り組むこと自体を批判していたのではなく，まして労働組合にその名に相応しい賃上げ闘争，職場規制力を期待していたのでもなく，もっと優れて価値的，イデオロギー的な批判だったということになる。つまり，"前線部隊"

---

1) 山岸章『連合　世直しへの挑戦』（東洋経済新報社，1992年），同『我かく闘えり』（朝日新聞社，1995年）。また，渡辺治『政治改革と憲法改正』（青木書店，1994年）を参照。

も"後方支援部隊"も，非常に実践的な姿勢で自分たちの価値，イデオロギーの実現に取り組んでいた。そのための総評解散・連合「築城」だったと言うべきだろう。イデオロギーとか，実践とか，こうしたことは一部左翼だけが好む事柄と思われがちだけれども，この事例に即しても，それらのせめぎ合いはむしろ政治社会の常態だったと改めて気付かされる。

(2) 日教組の"歴史的転換"

　このような連合の政治的実践を象徴的に示したのが，連合加盟にあたって全教と分裂した日教組のこの時期の動向だ[2]。

　日教組は1995年9月の大会で，つぎのような運動方針を決定した。すなわち，①「日の丸・君が代問題」の棚上げ，②主任制度の容認，③初任者研修への参加，④職員会議における校長の判断の尊重，⑤学習指導要領の容認，等々。これらは，連合同様，総評時代の日教組の方針を180度転換させるものだった。

　この運動方針はすでに，94年4月に設置された日教組21世紀ビジョン委員会（大内秀明座長）が半年後の10月に示した中間報告で示されていたが，翌95年4月に出された同委員会の最終報告ではつぎのように日教組の歴史が振り返られている。

　曰く，「教育の争点は政治主義的イデオロギーが中心となり，『日教組対文部省・自民党文教族・財界』などという対立の構図ができあがってしまった」，「これはいわゆる『五五年体制』時代の政治パラダイムが教育界にもたらした最大の不幸である」と。

　よく知られているように，全面講和運動のなかで日教組は1951年に「教え子を再び戦場に送るな」というスローガンを打ち出し，大きな役割を果たした。そればかりでなく，日教組はその後も一貫して「日の丸・君が代反対」を掲げ，平和運動を担ってきた労働組合員に対してのみならず，国民大衆にその主張をアピールし，働きかけ続けてきた。その日教組がこのような転換に踏み切ったことは，かつて総評が平和四原則を掲げたときに"ニワトリからアヒルへ"と呼ばれたことと対比すれば，"アヒルからニワトリへ"と形容すべき大きな転

---

[2] 児美川孝一郎「いま，開かれた教育の世紀へ——日教組の挑戦」／日教組二一世紀ビジョン委員会最終報告」（『教育』1995年12月号所載）。

換,自己否定だったと言えるだろう。

　もちろん,こうした運動方針が日教組においてどこまで維持され,さらには実践に移されるのかは,連合がそうであるように,別の話である。上の日教組大会で515本にのぼる修正案が30以上の単組から提出されたことに示されるように,こうした運動方針が手放しで組合員から歓迎,支持されていたわけではなかった。

(3) 総評の否定が戦後民主主義の否定になることの意味

　しかし日教組の動向に鮮やかに示されていたように,総評を否定して成立した連合の上述のような在り様を念頭に置くとき,連合を結成に導いた力が何よりも克服の対象としたもの,或は,克服の対象とせざるを得なかったものが,実は,戦後民主主義であったということがよく見えてくる。

　総評解散・連合「築城」が戦後民主主義の否定となって現れざるを得ないということは,総評と戦後民主主義との密接不可分の関係を具体的かつ象徴的に示していたと言えるだろう。意図しようとしまいと,総評を否定することが戦後民主主義を否定することにならざるを得ないのは,総評が展開した運動が戦後民主主義と不可分のものであったという一点に関わっていた。

　それでは,こうまで否定,克服の対象とされた総評と戦後民主主義とは何なのか。総評という労働者の大衆団体,労働組合が戦後民主主義というものの担い手となり,戦後日本の一般民主主義的課題を積極的に担い,戦後政治と固有の関係を切り結んだこと——これを理解することが課題として現れてくるだろう。

2 ソ連・東欧社会主義体制の崩壊と研究の状況

　総評解散・連合結成とほぼ同時期に起こったソ連・東欧社会主義体制の崩壊は,日本の政治(史)研究,労働問題研究にも大きな衝撃をもたらしたように見える。マス・メディアは社会主義体制の崩壊を国内状況の説明に用いて,冷戦終結→保革対立の終焉というロジックで括り,保革対立を冷戦的思考の産物,もはや時代錯誤だと盛んに論じた。そのなかで,戦後民主主義を構成していた平和主義も国際貢献論の立場から一国平和主義などと批判されるようになっ

た[3]。

　アカデミズムにおいてこうした動向を忠実に反映したもの，或はむしろ，積極的に棹さそうとしたものに大嶽秀夫の諸研究がある。大嶽秀夫「高度成長初期における日本社会党のラディカリズム」[4]の問題関心は，西ドイツ社会民主党と比較しながら，社会党が「自民党による永続的支配を許す条件を自ら作っていった」のはなぜか，ということだ。ここから大嶽はつぎのように分析を進めていく。

　社会党が高度成長期に一貫して左傾化していったのは総評の左傾化のためである。総評の左傾化の原因は1950年代の厳しい「労使対立」と「軍国主義化に対抗するためには左翼バネが必要である，との認識が広く共有されたこと」にあり，そのような認識を正当化したのが他ならぬマルクス主義である。そのため，「社会党の主流を占めた左派は，議会制民主主義へのコミットメントを欠いていた」ゆえに，「自民党の一党支配が続いたのも当然であった」と結論する。この議論に対してはすぐにも幾つかの疑問が浮かんでくる。

　第1に，社会党の性格規定について。社会党が「議会主義へのコミットメントを欠いていた」（28頁）ということと，「社会党を支える『大衆団体』」――ここでは官公労と農協が念頭に置かれている――「が，利益集団的な動きを示して」，社会党議員に働きかけ，社会党の「現実的政策の提案を阻止して回った」（17頁）ことや「春闘の行きづまりによる挫折感と不満とを，再度，選挙『闘争』において解消し，組合の士気を高めるとの方針がとられた」（11頁）ということとは，矛盾しないだろうか。こうした総評の「選挙『闘争』」がどうして社会党を議会主義たらしめなかったのだろうか。

　第2に，高野実と太田薫の評価について。「高野の政治路線がその背景として労使関係の場での（経済）闘争の回避を隠していたことを考えれば，太田の経済主義の主張はむしろラディカリゼイションの要求であった」，「太田の経済闘争とは，首切りや合理化などへの企業レベルでの反対闘争であって，あくまで戦闘的，非妥協的な闘争を意味しており，いわゆる労働組合の経済主義化と

---

[3]　たとえば，小沢一郎『日本改造計画』講談社，1993年。
[4]　大嶽秀夫「高度成長初期における日本社会党のラディカリズム」（京都大学法学会『法学論叢』第133巻3号所載，1993年6月）

は別物であったとすればなおさらである」(12頁)と指摘されている。

しかし、「労働組合の経済主義」とは本来的に、政治レベルでは労働者政党乃至社会主義政党を通じて国政に意志を反映させようとする議会主義に立ち、その労資関係においては「あくまで戦闘的、非妥協的な闘争を意味」するものだ。大嶽が、高野実と比較しながら「太田の経済主義はラディカリゼイション」であったということの意味がここでは不明である。

第3は労働組合とそれが担った戦後民主主義の評価について。「総評は、こうして自立的権力を守るために、合理化に反対する立場におかれたのである。資本主義経済を前提とすれば、それは、民間企業においては、長期的に初めから敗北を予定された戦略でしかなかった。合理化と生産性向上への反対は、マクロ的に見れば日本の経済成長に反対することであり、ミクロには自らの企業の発展（あるいは「生き残り」）を拒否すること（ママ）を意味する」(22頁)と指摘している。大嶽のこうした労働運動の経済主義評価とつぎの戦後民主主義評価とは、実は、密接な関係がある。

> 総評における反米、反再軍備への強い関心は、こうした企業レベルの労使の直接対決における後退によって生じた鬱憤したエネルギーを政府とか米国とか、いわば遠い敵との「対決」という、直接傷を負わずまた内部分裂の危険もない安全な争点における運動によって発散していたという面があると言わざるを得ない。[5]

つまり、同論文によれば、戦後民主主義は、労働者の職場で鬱積したストレスの発散、憂さ晴らしの産物である。こうした戦後民主主義に対する評価が導き出されてくる背景には、上に見た太田薫の経済主義に対する独特の評価にもうかがわれるように、戦後日本の労働組合が戦後民主主義を担ったこと、そうした労働組合の実態をいわば"逸脱"と見做すような理解の枠組が底にあるように思われる。

ところで、大嶽の総評運動に対するこうした評価は、実は、それほど独創的でも新しいものでもない。例えば清水慎三は1962年、「労働運動における使命感の欠落」につぎのように書いた。

> ところで安保の退潮、三池の収拾以後、時日の経過と共に活動家層への

---

[5] 大嶽同上論文、7頁。

風あたりははげしくなった。安保については「活動家という連中は職場で職制に締めあげられ，グウの根も出ないから街頭でエネルギーをぶちまけてハネ上る」と言われ，三池闘争では「活動家は自分の職場ではホドホドに妥協し，外に出たときだけ基本線を押しとおす」と非難された。そして結局のところ，「安保の場合街頭行動の割に政治成果が上がらなかったのは生産点が弱いからだ」といわれ「三池の悲劇は炭労の他山組合他企業がそれぞれのヤマで各個撃破されたから」そして最後には「三池の職場闘争には問題がある」というところまで追いこまれた。そして組合指導部の組織論では「活動家とは未熟無能無責任なハネ上り」の位置に成下り，組合の外では「活動家を支えとする」安保と三池は構造改革論の引き出物として先ず血祭にあげられた感さえある。[6]

　大嶽論文の主張と，清水が同時代の観察において伝えるそれとは見事に瓜二つで驚かされる。かつて学問的反省を加えずに感覚的・経験的に言われていたことが今日，学問的研究の成果として示されることのうちに，この間の労働運動と戦後民主主義をめぐる状況の歴史的変化が鮮明に表れていると言えるだろう。そればかりではない。

　大嶽はみずからの戦後民主主義理解をさらに推し進めて別稿でつぎのように論じている。

　　とりわけ，戦後の社会党，共産党は，議会制民主主義に対して，しばしば「ブルジョア民主主義」，「院内主義」という侮蔑的呼称を与え，デモやストによって政権を打倒したり，政治を変更したりすることを正当化してきた。保守党の側からいえば，大衆扇動による「暴力革命」の提唱であり，また，戦前右翼やマスコミが無責任な「対外硬」の主張で日本の外交政策を誤らせた事態の再現と映った。西ドイツの社会民主党やドイツ労働総同盟がこうした大衆運動を，ヒトラーの権力奪取，ないしは東ドイツに見られた共産党の扇動による議会政党への抑圧と同類の，議会制を危機にさらす危険な手段であると抑制してきたこととは，やはり対照的であった。[7]

---

6) 清水慎三「労働運動における使命感の欠落——総評新路線に思う——」，『世界』1962年11月号，170-1頁。
7) 大嶽秀夫「五五年体制の形成」(『戦後改革とその遺産』岩波書店，1995年，所収)，24頁。

第Ⅰ部　戦後民主主義と労働運動——その形成

ここでは，戦後民主主義とそれを担った運動が，対外硬，ナチス，東ドイツ共産党に比肩するものとされる。こうした理解の所有者は「保守党の側からいえば」と婉曲に限定的に示されているが，それが今日では「共通の認識」であると同じ論文の後段でつぎのように述べられている。

　　日本の革新勢力における，こうした議会制を否認するような含意をもつ大衆運動への正統性の依拠は，大衆運動に対するきわめてナイーヴな，少数の活動家によって操作されるという危険な傾向に対するあまりに無防備な，認識に支えられたものである。ちなみに，西ドイツでは，社会民主党首脳は，議会制へのコミットメントから，大衆運動を動員して，政府の施策を覆そうとしたり，倒閣を試みることはなかった。それは前述のようにナチス的手法であり，かつ，東ドイツでも採用された全体主義的手法であるとの自覚からである。…中略…そもそも西欧では，「市民革命」の幾多の経験から，その「行き過ぎ」に強い警戒，警告が民主主義者自身によって繰り返されてきた。それはフランス革命時代に遡るが，革命の行き過ぎが独裁に，そしてしばしば「王政復古」や「帝制」に向かうことが，様々な論者から指摘されてきた。現代では，民主化がしばしば，ラテン・アメリカ的な軍事独裁や，また共産主義が登場してからは，共産化という独裁という危険を生んできたことが明らかである。現在では，こうした議論は，保守に限らず，共通の認識であろう。しかし，戦後初期の日本においては，こうした議論を展開するのは，吉田茂や松本烝治などの保守主義者に限られていた。[8]

戦後民主主義を清算しようとする議論が，サンフランシスコ講和条約と国民に内容を知らせずに密室で日米安保条約に署名した吉田茂，また幣原内閣の国務大臣として憲法草案を作ったもののお話にならないとしてGHQからにべもなくボツにされた松本烝治らの先見性を評価するのは整合的だ。

こうした民主主義観においては，ドイツ連邦共和国の隣で，今日なお議会，政府の決定に抗議して時に街頭デモでそれを覆すフランス共和国の民主主義の在り様は「ナチス的，全体主義的手法」であり「独裁という危険を生」むものとなる。しかしドイツと異なり典型的な市民革命としてのフランス革命を経験

---

8)　大嶽同上論文，41-2頁。

した国民が支持し実践する民主主義,「共和国の伝統」とは今日なおそういうものだ。また,「自由と民主主義の国」アメリカの後ろ盾で新自由主義政策を先駆的に追求したチリのピノチェト軍事独裁政権が, 選挙で成立した社会主義を目指すアジェンデ政権をホワイトハウスの承認とCIAの協力を得て剥き出しの暴力によって打倒することで誕生したこともよく知られている。そればかりではない。

大嶽論文に従うと,「民主か独裁か」のスローガンに共感して労働組合ばかりでなく多くの市民が「独裁」に抗議して国会を取り巻いた日本の1960年安保闘争も同様に「ナチス的, 全体主義的手法」,「独裁という危険を生」むものと見做されてしまうだろう。だが, やはり, こうした反対物への転化という大嶽論文の弁証法的な理解は妥当性を欠くように見える。

ここで吉田, 松本などの保守政治家や「そもそも西欧」に仮託して示されている大嶽論文の見解とは異なる理解を第1章以下で対置させてゆきたいと思う。

Ⅱ 課題の設定

ここまで, 連合結成とその後の連合の動向——またそれを反映し強化しようとする言説——が総評労働運動の否定, 清算を目指したものであること, それが同時に戦後民主主義の否定にもなることを見てきた。それらを踏まえて本稿が課題とするのは, そのように, 今日, 労働運動の実践においても, 研究においても, 否定され, 清算されようとする総評労働運動とまたそれが自己と不可分に担った戦後民主主義とは何なのか, 或は何だったのか, また何であり得るのか, ということである。戦後民主主義とそれの実働部隊となった総評が政治と社会に与えた影響は, 他の先進諸国の労働運動よりも深く大きかったと思われるし, 世紀の変わり目頃から注目されたアメリカの社会運動ユニオニズムに比しても, より成熟した運動だった。こうした特殊な性格をもつ労働運動がどのように形成され, 成立したのかを検討することが本稿の課題である。

[1] **総評労働運動と戦後民主主義の歴史的規定性**
(1) 山岸章の「労働運動の哲学」
 連合が, 総評の体現した労働運動, イデオロギーの克服を課題として登場し

てきたにもかかわらず，実は，興味深いことに，ほかならぬ連合結成を領導し官民を統一した新「連合」の初代会長である山岸章の「労働運動の哲学」に，戦後民主主義の歴史的規定性を見出すことができる。山岸章はつぎのように書いている。

　　NTT発足に先立ち，民間に移行した全電通は85年2月26日から臨時全国大会を開き，50年（昭和25年）の結成大会で決定した綱領を全面改訂した。原案は，結果的にほとんどわたしが自分で書いた。
　　1．全電通は「社会的に価値ある労働運動」の構築を総路線とする。
　　2．反戦と平和の闘いを続ける。
　　3．PTTI，ICFTUを基軸とした国際連帯を推進する。
　　4．国内労働運動の統一を目指す。
　　5．民主的な社会主義日本を目指し，これを目指す政党と協力関係を結ぶ。
　　6．組合民主主義を貫徹する。
　　7．団体交渉路線を堅持し争議行為にあたっては，世論の協力を得る条理の通った闘いを構築する。
　　8．「人間尊重と社会の進歩，国民福祉向上に寄与する情報通信」の実現に最善を尽くす。[9]

　1と7は端的に連合の路線を示すものである。3で述べられているICFTU（国際自由労連）は，総評初期に一括加盟するか否かで紛糾したことがあった。そのときはICFTUが朝鮮戦争における国連軍の活動を支持していることが問題となり，結局一括加盟にならなかった経緯がある。

　しかし，ここで注目されるのは2番目に掲げられた「反戦と平和の闘い」と5番目に掲げられた「民主的な社会主義日本を目指し」，さらに8番目に「社

9）　山岸章『我かく闘えり』（朝日新聞社，1995年），181-3頁。なお，山岸はつぎのようにも述べている。「私は『耐用年数』も考えて書いたつもりだ。ただし一つだけ，気がかりなのが5番目だ。当時，マスコミから変えろと指摘を受けた。本当は，「平和，人権，社会的公正を重視する民主的な政治勢力の結集をはかり，これを目指す政党と連携する」といった具合に書きたかったのだが，あの当時はまだ時期的に難しかった。「社会民主主義を放棄して資本主義で行くのか」という議論になったら，おそらく内部で混乱が起きるだろうと考えて，この形にしたのだが，今から振り返ると『やり残したかな』という感じがなくもない」。

会の進歩」,「国民福祉の向上」という文言が用いられていることである。これを書いたときのことを山岸はこう述べている,「この36年間,労働運動を指導する立場にいたわたしの思いのすべてを,労働運動の哲学のすべてを,ここに結晶させようと真摯な気持ちで書いた。この8項目こそが,わたしの組合人生のすべてなのだ——そう思いながら,一字一字書いた」と。

　山岸が,自身の「労働運動の哲学のすべてを,ここに結晶させようと,真摯な気持ちで書いた」もののなかに,こうした内容が含まれることが注目される。つまり,「反戦と平和」,「民主的な社会主義日本」,「社会進歩」,「国民福祉向上」を山岸の「労働運動の哲学」に欠かせないことばとしたものこそ,戦後民主主義を担った総評労働運動に他ならない,というのが本稿の仮説である。ここには,よし仮に文言上のことであったとしても,1950年代から60年代中葉にかけて戦後革新勢力のメルクマールとされた革新四指標(平和,独立,民主主義,生活擁護・社会進歩)が「独立」を除いて,すべて含まれている。

(2)　「実行可能な例外」としての戦後日本の労働運動

　欧米では——となかなか一括りにはできないのだが——反戦・平和運動は「新しい社会運動」の課題とされ,労働組合でなく市民がその担い手と想定されることが多い。

　イギリスのTUC,アメリカのAFL-CIOは両者とも主流は協調主義的労働組合運動の路線であり,平和問題についても,たとえばTUCは一貫してNATOを支持してきた。今日の連合が日米安保条約支持とは敢えて宣言しないことに鑑みても,彼我の労働運動の質的な違いは明瞭だろう。

　たとえば,1961年——日本での安保闘争の翌年——イギリス労働党は党大会において通常核武装とNATOに基づく防衛政策を多数決で決定したが,このとき著名な労働史研究家であり同時に反核運動のラディカルな活動家でもあったE.P.トムスンは労働党地方支部や労働組合がそれに反対することを期待していたが「ほんの短い一時期,労働組合が核武装反対運動と一方的核兵器廃絶を支持したことはあったが,平和運動は労働者の中で大衆的支持を獲得することに成功しなかった」[10]。また歴史家のE.J.ホブズボームは英仏の「労働者の伝

---

10)　リン・チュン『イギリスのニューレフト』(渡辺雅男訳,彩流社,1999年)。

統」を比較検討した論文で両者の「平和運動」を対比させつつ，わざわざ日本の労働運動における大衆的な平和運動に言及して，これを「実行可能な例外 the possible exception」[11]と位置づけている。

ホブズボームの指摘は，英仏では労働運動の担い手と平和運動の担い手とが分離していることを示している。つまり，戦後日本の総評労働運動が戦後民主主義の実働部隊として戦後労働運動にきわめて特殊な性格をもたらし，上に見たように，本人の主観にかかわらず，連合初代会長の「労働運動の哲学」にもその刻印を残すほど強力なものであったということは労働運動の一般論（というものがあるとして，それ）から説明しうることではない。また，いわゆる労働組合主義＝経済主義や労働経済学の諸範疇をもって労働運動を捉えるとすれば，「実行可能な例外」としての総評労働運動はあるべき労働運動（というものがあるとして，それ）からの「逸脱」と映るだろう。実際，そうした先入観がそれとして気付かれないままに，しばしば総評労働運動はあるべき労働運動からの「逸脱」と見做されたりするし，また，自覚的にも，先にふれたようにしばしば「政治的偏向」「悪しき政治主義」という批判がなされてきた。

だが，現実に存在するものを手持ちの概念で捉えられぬからといって，現実を任意に設定した当為——たとえば，P.ブルデューが「支配階級の戦略」と捉える経済主義[12]——からの「逸脱」と見做すとすれば，それは，そのように裁断された対象の限界ではなく，かえってその概念乃至認識の限界を示すことになるだろう。総評労働運動の歴史的な形成過程が考察の課題となる所以である。

2 課題と視角

(1) 課題

総評労働運動は，1950年代から60年代にかけて，平和と民主主義を掲げて力強い運動を展開し，戦後民主主義の実働部隊として活躍してきた。それらの運

---

11) E.J.ホブズボーム「労働者の伝統」，同『イギリス労働史研究』（永井義雄・鈴木幹久訳，ミネルヴァ書房，1968年）所収。訳文にはない「実行可能な」の語は原文を参照して補った。
12) 社会学者P.ブルデューは経済主義を支配階級が用いる象徴暴力の1つと捉え，「経済主義は支配階級の戦略の一つです。経済主義で言わんとするところは，被支配者の合法的な要求は賃上げであってそれ以外のものではないということ」と述べる。ピエール・ブルデュー「ストライキと政治行動」，同『社会学の社会学』（安田尚・他訳，藤原書店，1991年）所収。

動を大雑把に一瞥するだけでも，全面講和運動，朝鮮戦争反対，破防法反対闘争，軍事基地反対闘争，勤務評定反対闘争，警職法反対闘争，朝日訴訟支援運動，安保闘争，三菱樹脂事件支援闘争，日韓条約反対闘争，ベトナム戦争反対闘争，革新自治体運動，等々を数えることができる。

　労働組合がこのように，労働経済学で用いられる範疇，賃金や雇用の領域を踏み破って，平和と民主主義を掲げ，一般民主主義的課題にも積極的に取り組んだこと，さらにそれが政治と社会，さらに意識するとせざるとを問わず，個々人の内面をも強く歴史的に規定したことは，翻って諸外国の労働運動と比較するとき，戦後日本の際立った特徴として浮かび上がる。

　本稿では，諸外国の労働運動に照らして「実行可能な例外」とされる，こうした特殊な労働運動が戦後日本に，なぜ，どのようにして形成され，政治，社会，個々人の意識にどのような刻印を遺したかということを可能な限り追いかけてみたいと思う。

(2) 視角

　こうした本稿の課題からすると，検討の範囲は，労働組合が企業内や労働市場内で果す機能だけに限定するのではなく，政治，社会に占める位置を重視しなければならない。

　近年の労働組合に関する研究は，労働組合の存在理由が，暗黙裡に，殆ど自明の当為として，或はすでに当為と意識されることもなく，職場，労働市場に限定される傾向がしばしば見られたように思う。労働運動が工場の門外，企業外に出て政治的課題，社会的課題に取り組むことは，学問的対象になり得ないものとしてそっと捨象されるか，或は，先に見たように，労働者のストレスの発散と見做されてしまうこともあった。

　このようなアプローチは，1950年代に入って，大河内一男を中心とする研究グループが実証的に明らかにした，戦後日本の労働組合が企業別従業員組合という組織形態をとっていることを強く念頭に置いたものだと思われる[13]。こうした日本の労働組合の組織形態の特殊性に着目した研究の意義は明らかである。

---

13) 例えば，東京大学社会科学研究所編『戦後労働組合の実態』（日本評論社，1950年），大河内一男編『日本労働組合論』有斐閣，1954年，等。

そして，大河内の場合には，同時代に総評事務局長の高野実と総評の運動の在り方をめぐって「論争」した際，労働組合の内包・外延論を展開したことに窺われるように，大河内自身は「内包」について研究を進めながら「外延」について捨象していることの自覚があったように思われる。内包・外延というのは，ここでの文脈に即していえば，「内包」とは労働組合の職場，企業内における機能，「外延」とは戦後民主主義の実動部隊としての機能のことである。労働組合運動の「内包」「外延」という言葉の用い方が，大河内にとっては，恣意的に両者を分離したり一方を捨象したりすることはできないと認識されていたことを示していると思われる[14]。しかし，総評労働運動の停滞，後退とともに，労働運動，社会運動が社会の後景に退くに伴い，「外延」は学問的検討の対象からも退いていったかのようだ[15]。

「外延」を捨象するという点では，熊沢誠の，イギリスの労働組合主義を理念型として日本の労働組合運動を論じる，多くの鋭い示唆に富む研究も，同様の側面をもっている[16]。

そこでは，イギリスの労働組合主義を理念型として日本の労働組合の在り様を考察する際に，イギリスの労働組合運動の「内包」と「外延」の在り様，それをもたらした固有の歴史は省みられない。強い職場規制力，或は「奴らと俺たち」ということばに端的に示されるヒューマンな強い連帯感とそれを裏付ける情動を備えた労働社会など，価値的に優れていると判断される要素を，他の要素，たとえば先にふれた，E.P.トムソンが反対を呼びかけて空しかったTUCのNATO容認と無媒介に抽出して作られた「労働組合主義」が理念型とされて，そこへ至るまでの距離が日本の労働者，労働組合の課題として示される。

こうした方法が内包する問題性はその逆を考えるとよく見えてくるだろう。先に歴史家のホブズボームが日本の労働運動が展開した大衆的な平和運動を「実行可能な例外」と言及していることにふれたが，イギリスの研究者が「イ

---

14) 大河内一男「総評論」（『世界』1955年9月号所載）。
15) たとえば兵藤釗『労働の戦後史』上下（東京大学出版会，1997年）は戦後の労働組合運動史を通観した労作だが，ここでいう「外延」には安保闘争をはじめとして殆ど言及されない。
16) 熊沢誠『新編日本の労働者像』（ちくま学芸文庫，1993年），同『新編民主主義は工場の門前で立ちすくむ』（現代教養文庫，1993年）など。

ギリスの労働組合運動は日本のそれのように戦後民主主義のようなものを実現しなかった」として，トムソンが運動としてTUCに働きかけたことを研究に移して「なぜイギリスの労働組合はもっと平和運動に積極的に取り組まないのか」という問題意識から日本の「実行可能な例外」とされた労働運動が理念型とされ，同時にイギリスの労働組合の課題だという主張があったとすれば，どう応対したらよいのだろうか。しかし，「労働組合主義」，「労働社会」論の抱える問題はそれだけではなく，それ自体の内にも根差している。

　イギリスの社会学者ポール・ウィリスは『ハマータウンの野郎ども』[17]において，イギリス労働者階級の若者をつぶさに観察して，彼らが構成する労働社会が，「俺たち」の内部で，仕事上の能力やコミュニケーション能力が劣ると見做される仲間を常態的に仲間外れにし疎外することによって強く「団結」しているだけでなく，その強い「団結」が同時に女性差別，人種差別と骨がらみになっており，それが支配体制の維持と強化に貢献していることを批判的に考察している。つまり，労働社会自体が大いに問題含みなので，ウィリスはむしろこうした労働社会の克服をこそ課題としている。

　もっともこのようにいうだけでは，熊沢に代表されるような諸研究が日本の労働運動とその理論がかつて強い影響を受けてきた，多かれ少なかれマルクス主義に立つ研究成果に対する反省と批判に立って行われるようになったことの意義を過小評価することになるかも知れない。当時マルクス主義に立つ研究では，しばしば，労働組合を階級社会廃絶のための主体形成の場――先にもふれた，1985年に「民主的な社会主義日本を目指」すと述べた山岸章の「労働運動の哲学」にさえもその残響を聴き取ることができるだろう――として捉えられ，労働組合が政治，社会の課題に取り組むことが，近年とは対照的にかえって逆に，殆ど当為とされており，そこでは労働組合はもっぱら政治，社会との関わりによって評価されがちだった。そのために見えにくくなっていた労働組合運動が本来あるべきはずの位置を照らし出そうとする意図をもって熊沢らの研究が為されたことは，それらが具体的に示した洞察に明らかだろう。

---

17)　ポール・ウィリス『ハマータウンの野郎ども』（熊沢誠，山田潤訳，ちくま学芸文庫，1996年）。同書についてはピエール・ブルデュー『パスカル的省察』（加藤晴久訳，藤原書店，2009年），393頁以下をも参照。

こうした脈絡からいえば，本稿は従来の社会運動史を継承するものでもない。戦後民主主義を担った労働運動を「社会運動」として論じた研究[18]もあるが，そこでは，労働組合が一般民主主義的課題に取り組むことがかえって当然のこととされ，そのために，戦後民主主義を労働組合が担うこと自体に示される，戦後日本の労働運動のもつ特殊な性格への関心はかえってしばしば希薄だったように思われる。

3　本稿の構成

本稿は，「戦後民主主義の実動部隊」とも「実行可能な例外」とも評される，特殊な労働運動がなぜ，いかにして戦後の日本に形成されたのかを主題とする。それは敗戦後の，単なる「民衆の厭戦感」から生まれたものでもなく，支配層から唱えられた「一億総ザンゲ」の裏返しとして登場してきたものでも，はてまた占領軍による民主的改革にタダ乗りした自然発生的な運動でもないと思われる。そうではなく，戦後日本の労働者階級が幾多の闘争と葛藤を経てはじめて，そのような形で一つの主体形成を果したものとして，その主体的，自覚的契機を重視して捉えたいと思う。

そのような視座に立つと，戦後民主主義を構成した主体は，労働組合，知識人集団，社会主義諸政党であったと思われる。そこで以下，第1章「戦後民主主義の主体形成」では，それらが戦後民主主義の主体たるべく個々に成立してくる過程を扱う。具体的には，1947年の産別会議，総同盟による二・一スト挫折から産別会議自己批判大会を経て，民主化同盟，高野実が登場してくる過程，そして1949年秋の吉野源三郎がイニシアティヴを発揮して丸山真男，清水幾太郎らをはじめ広汎な知識人を組織した平和問題談話会の形成を追う。

第2章「戦後民主主義の形成」では，労働組合，知識人集団，社会党が間もなく有機的連関を形成し，それらがいわば戦後民主主義勢力として運動を展開する過程を扱う。具体的には，いわゆる総評の"ニワトリからアヒルへ"の転換を可能ならしめたもの，労働組合主義＝経済主義に抗しながら戦後民主主義を担う総評労働運動が形成されたこと，その意味について考察する。

第3章「戦後民主主義の確立」では，戦後労働運動史研究の論点の一つであ

---

18)　たとえば，塩田庄兵衛『日本社会運動史』岩波書店，1982年。

る，1955年総評における，高野指導と太田・岩井ラインの交替のもった意味について考え，高野指導は，太田・岩井ラインの登場とともに消失したのではなく，実質において1960年の"安保と三池"まで継続したことを戦後民主主義との関係において捉え，戦後民主主義の今日的意義を考察したいと思う。

第1章　戦後民主主義の主体形成

　戦後民主主義は，労働組合（総評），政党（社会党・共産党），知識人集団（主に平和問題談話会に組織された知識人）——この三者の結合によって成立したと考えられる。しかし，三者の間に截然とした機械的分業が存在したのではない。労働組合はやがて知識人集団が提起した思想を受容する過程で，その内容を単に墨守するのでなく豊富にしたし，また，労働組合間，さらに労働組合と政党との間には，摩擦，葛藤，闘争が繰返し生じた。つまり，労働組合，知識人集団，政党のいずれかが単独では，戦後の民主主義一般という意味でない，戦後の日本に固有の，戦後民主主義というものは生まれ得なかった。

　そこで本章では，労働組合，政党，知識人集団がどのような過程を経て戦後民主主義を担うべく主体形成していったかを概観する。特に重視して論じるのは以下の事柄である。

　第1，敗戦後の労働運動のヘゲモニーを握っていた産別会議内部から登場してきた民同グループと社会党左派との関係強化（第Ⅰ節）。第2，それと並行的に登場した，戦後民主主義をやがて積極的に推進していくことになる労働組合青年部，また，社会党系，共産党系の若年活動家たちの形成（第Ⅱ節）。かれらのうちから1950年代を通じて多くの職場活動家，地域活動家の集団が輩出された。第3，戦後民主主義の主要な運動形態である職場闘争と地域共闘が先駆的な形態ではあるが，共産党－産別会議によって追求されていたことと，それが総評の高野実，清水慎三，さらに全自動車日産分会の益田哲夫らによって批判的に継承されたこと（第Ⅲ節）。第4，知識人が平和問題談話会を組織することで集団的に主体化して政治レベルに登場してくる過程，そのなかでオルガナイザーとして活躍した吉野源三郎が当初から知識人集団と労働組合との共闘を企図していたこと（第Ⅳ節）。これら戦後民主主義の諸構成主体が有機的連関をもっていよいよ戦後民主主義を形成する過程は第2章で扱う。

　労働組合，知識人集団，政党という戦後民主主義の三つの構成主体が，偶然にも時期を同じくして，また主張をも同じくして，予定調和的にあたかも"一

億総ザンゲ"の裏返しのように，或はそうでなくても，敗戦後の国民大衆の厭戦感の直接の量的延長から戦後民主主義と呼ばれる思想と運動が形成されたかのように受け止められることもある。さらにはGHQが主導した民主的改革のなだらかな量的延長上に登場してきたかのごとく捉えられがちである。しかし，ここでは，もっと自覚的かつ主体的な歴史的現実に対する働きかけがあって，初めて戦後民主主義が形成されたことを重視する。見通しをよくするために，主要な論点を予め挙げておこう。

第1に，1947年二・一ストの挫折から50年7月の総評結成，或は平和四原則（全面講和，中立堅持，再軍備反対，軍事基地提供反対）を採択する51年3月の総評第2回大会における，いわゆる"ニワトリからアヒルへ"の転換までの期間は，しばしば労働運動の「後退期」と位置づけられてきた[1]。しかし，本稿では，この「後退期」とされる時期にこそ戦後民主主義を担う諸主体の主体形成が行われたことを重視する。

第2に，この時期における労働運動と政党との関係は，労働組合運動史，政党史というように個別に考察され，必ずしも相互の有機的連関を踏まえずに，並列的・並行的に捉えられることがあった。ここでは，労働組合−政党関係をなるべく単一の過程として捉えてみたい。そこで，労働組合，民同グループの「新しい労働者政党」をつくることを課題とした強力な働きかけが社会党（左派）に対してなされたこととそれが持った意味を強調する。

第3に，戦後民主主義は，共産党−産別会議を克服した，社会党（左派）−民同グループ（後の所謂社会党−総評ブロック）によって領導されたと理解されがちだ。しかし，戦後民主主義は，例えば後述するレッド・パージにおける対応に現れたように，そのように社会党（左派）−民同グループのみから，それらに内在する諸契機のみから形成されたのではないと思われる。この時期の社会党（左派）−民同グループは，共産党−産別会議をはじめ，民同グループよりも「左」に位置する勢力から絶えず刺戟を受け，それを受容することではじめて主体形成を遂げていったと考えられる。

---

[1] 大河内一男『戦後日本の労働運動』（岩波新書，1955年），清水慎三「総評三〇年のバランスシート」（同編著『戦後労働組合運動史論』日本評論社，1982年，所収）兵藤釗「戦後労働運動の展開」（同『現代の労働運動』東京大学出版会，1981年）など。

I　民主化同盟の登場

　民主化同盟（以下，民同）は，共産党−産別会議に対抗して，1947年7月以降に労働組合の全国組織や各単産，単組に横断的に登場してきた労働運動の潮流である。これら民同グループが中心となり，やがて戦後民主主義の構成主体の一つになる総評（日本労働組合総評議会）が結成された。そこで，はじめにこの民同がどのようにして自己形成し，どのようにして勢力を拡大していったかを見よう。

　そこで留意したいのは，第1に，民同グループは，最初に産別会議内部から登場してきたのであって，産別会議と対抗関係にあった総同盟内部から登場してきたのではない，ということである。つまり，それまでの総同盟の産別会議への批判は民同登場の契機とはならず，細谷松太らの産別会議内部からの批判，産別会議民主化同盟の登場を待たなければならなかった。民同にとっては，産別会議の路線も総同盟右派の路線も批判さるべき対象であった。民同グループが，自身が属する総同盟内部においてもヘゲモニーを勝ち取るのは48年10月の総同盟第3回大会における高野実総主事当選であり，労働運動全般のヘゲモニーを確立するのはレッド・パージを経てのことだった。

　第2に，民同グループは産別会議内部から登場してきたということから，実は，総評が戦後民主主義の担い手になってゆく過程で，運動形態や運動スタイルの特徴の幾つか——特に地域共闘と職場闘争——は民同を媒介にして産別会議の運動から受け継がれたと見られる。

⃞1 産別民主化同盟の登場

　民同グループは，共産党フラクションの労働組合引き回しに対する批判を契機として，1947年2月1日に予定されていた二・一スト挫折直後に登場して労働運動のヘゲモニーを順調に掌握していったかのように受け止められがちだ。だが，民同グループが本格的に登場するには二・一ストから1年を経た，翌48年2月産別民主化同盟の結成を待たなければならなかったし，民同のヘゲモニーが揺るがぬものになるのは，総同盟内部では，同48年の第3回大会で高野実が右派を抑えて総同盟総主事に就任すること，そして労働運動全般において

は49年の定員法を契機として実質的にはじまるレッド・パージを利用することによってだった。そこで先ず，民同グループの登場の契機となった産別民主化同盟（産別民同）について見ていこう。

二・一ストがマッカーサーの命令によって挫折したことを契機に，産別会議内部で従来の運動に対する自己批判が必要だとの認識が強まっていったが，同47年7月のいわゆる産別会議自己批判大会は共産党の強い介入によって逆に自己批判論を斥けて閉幕した。このことに強い懸念と不満を抱いた，産別会議事務局次長の任にあった細谷松太が中心となって産別民主化同盟が結成された。この細谷らの動きが契機となって，総同盟内部に，勝手連のごとく民同グループが誕生することになる。

(1) 二・一スト後の労働運動の状況

二・一ストを共産党－産別会議が当時の労働運動を強引な指導で引き回した暴挙というように捉える議論は，共産党－産別会議のみでそのような「引き回し」が可能なほどの力を持っていたことを前提してしまうことに示されるように，むしろ当時の共産党－産別会議のヘゲモニーに対する過大な評価を含んでいるように思われる。実際は，二・一ストは共産党－産別会議と社会党－総同盟が共同して取り組んでいたものだった。

二・一スト前夜には，病床にあった高野実の自宅に，共産党からは徳田球一，野坂参三，長谷川浩，聴濤克巳，社会党からは鈴木茂三郎，加藤勘十，島上善五郎らが集まり，二・一スト準備と吉田内閣打倒後の政権構想を協議していた[2]。つまり，総同盟も産別会議が主導した二・一ストの方針に当初から反対していたのではなく，1946年秋，十月攻勢以降の運動の昂揚のなかで一般組合員の共闘要求に押されて産別会議と歩調を合わせていた。高野実は，晩年になって，つぎのように記している。

> 私は，手塚氏（手塚和彰「ゼネスト論争と春闘体制」『現代の眼』一九七四年五月号所載：引用者補）のいうように①二・一ストが極左の「独善的」ゼネスト論だったという主張には賛成しがたい。また②その当時，民同派

---

2) 高野実「《遺稿》二・一ストの評価について」（『高野実著作集第一巻』柘植書房，1976年，所収）150-1頁。高島喜久男『戦後労働運動私史第一巻』（第三書館，1991年）474-5頁。

24

I 民主化同盟の登場

　民主化同盟（以下，民同）は，共産党－産別会議に対抗して，1947年7月以降に労働組合の全国組織や各単産，単組に横断的に登場してきた労働運動の潮流である。これら民同グループが中心となり，やがて戦後民主主義の構成主体の一つになる総評（日本労働組合総評議会）が結成された。そこで，はじめにこの民同がどのようにして自己形成し，どのようにして勢力を拡大していったかを見よう。

　そこで留意したいのは，第1に，民同グループは，最初に産別会議内部から登場してきたのであって，産別会議と対抗関係にあった総同盟内部から登場してきたのではない，ということである。つまり，それまでの総同盟の産別会議への批判は民同登場の契機とはならず，細谷松太らの産別会議内部からの批判，産別会議民主化同盟の登場を待たなければならなかった。民同にとっては，産別会議の路線も総同盟右派の路線も批判さるべき対象であった。民同グループが，自身が属する総同盟内部においてもヘゲモニーを勝ち取るのは48年10月の総同盟第3回大会における高野実総主事当選であり，労働運動全般のヘゲモニーを確立するのはレッド・パージを経てのことだった。

　第2に，民同グループは産別会議内部から登場してきたということから，実は，総評が戦後民主主義の担い手になってゆく過程で，運動形態や運動スタイルの特徴の幾つか——特に地域共闘と職場闘争——は民同を媒介にして産別会議の運動から受け継がれたと見られる。

[1] 産別民主化同盟の登場

　民同グループは，共産党フラクションの労働組合引き回しに対する批判を契機として，1947年2月1日に予定されていた二・一スト挫折直後に登場して労働運動のヘゲモニーを順調に掌握していったかのように受け止められがちだ。だが，民同グループが本格的に登場するには二・一ストから1年を経た，翌48年2月産別民主化同盟の結成を待たなければならなかったし，民同のヘゲモニーが揺るがぬものになるのは，総同盟内部では，同48年の第3回大会で高野実が右派を抑えて総同盟総主事に就任すること，そして労働運動全般において

は49年の定員法を契機として実質的にはじまるレッド・パージを利用することによってだった。そこで先ず，民同グループの登場の契機となった産別民主化同盟（産別民同）について見ていこう。

二・一ストがマッカーサーの命令によって挫折したことを契機に，産別会議内部で従来の運動に対する自己批判が必要だとの認識が強まっていったが，同47年7月のいわゆる産別会議自己批判大会は共産党の強い介入によって逆に自己批判論を斥けて閉幕した。このことに強い懸念と不満を抱いた，産別会議事務局次長の任にあった細谷松太が中心となって産別民主化同盟が結成された。この細谷らの動きが契機となって，総同盟内部に，勝手連のごとく民同グループが誕生することになる。

(1) 二・一スト後の労働運動の状況

二・一ストを共産党－産別会議が当時の労働運動を強引な指導で引き回した暴挙というように捉える議論は，共産党－産別会議のみでそのような「引き回し」が可能なほどの力を持っていたことを前提してしまうことに示されるように，むしろ当時の共産党－産別会議のヘゲモニーに対する過大な評価を含んでいるように思われる。実際は，二・一ストは共産党－産別会議と社会党－総同盟が共同して取り組んでいたものだった。

二・一スト前夜には，病床にあった高野実の自宅に，共産党からは徳田球一，野坂参三，長谷川浩，聴濤克巳，社会党からは鈴木茂三郎，加藤勘十，島上善五郎らが集まり，二・一スト準備と吉田内閣打倒後の政権構想を協議していた[2]。つまり，総同盟も産別会議が主導した二・一ストの方針に当初から反対していたのではなく，1946年秋，十月攻勢以降の運動の昂揚のなかで一般組合員の共闘要求に押されて産別会議と歩調を合わせていた。高野実は，晩年になって，つぎのように記している。

> 私は，手塚氏（手塚和彰「ゼネスト論争と春闘体制」『現代の眼』一九七四年五月号所載：引用者補）のいうように①二・一ストが極左の「独善的」ゼネスト論だったという主張には賛成しがたい。また②その当時，民同派

---

2) 高野実「《遺稿》二・一ストの評価について」（『高野実著作集第一巻』柘植書房，1976年，所収）150-1頁。高島喜久男『戦後労働運動私史第一巻』（第三書館，1991年）474-5頁。

が「労働運動の自立と経済闘争の全面的な展開」をしていたという主張にも賛成しがたい。そういう明確な理論というか「路線」がいまだ〔存在せず〕、コントンたる状況下に急テンポにふくれ上がって〔いった〕自然成長性を正当に見なければならない。[3]

　マッカーサーによって中止命令が出された当日、総同盟が発した声明は、もちろんその直前まで高野実の自宅で社会党、共産党、総同盟、産別会議の幹部が会合を持っていたことにはふれないが、「これは明らかに政府の無誠意と労働政策の貧困によるものであって、その責任はあげて政府にありというべきであるが、また一部の極左分子が平和的解決を回避し、更に政治ゼネストへ導かんと扇動しつつある事実も一因として見逃すことはできない。労働者の政治目的は労働組合が国民大衆と結びつき民主的な方法によって達成されるべきである」[4]と述べて、「一部の極左分子」の責任よりも吉田内閣のそれを強く主張していた。

　だが、すぐにも総同盟は共産党－産別会議への批判を強めていく。それから2週間あまりを経た2月17日の総同盟中央委員会では、「労働組合が共産党の指導と絶縁すること」などを決定し、機関紙『労働』1947年2月21日付は、「全官公庁の争議をあそこまでもってきて、マ元帥の中止命令を受け、我が国労働組合の名誉を国際的にも失墜せしめ、反動の前にゼネスト禁止の実例を作ったその不見識、無能、無策はまことに、慚死に値する」と語気を強め、さらにつぎのように述べた。

　　全労会議（全国労働組合会議。二・一スト後、2月3日に発足。産別会議から提案された労働戦線統一を目標とした連絡組織：引用者補）は、(1)ゼネスト批判をきっかけに起きようとしている労働組合の民主化の熱意と気運を制してしまい、(2)労働組合と政党との関係をますます混乱せしめ、(3)労働組合が共産党の指導を清算しようとする意志を妨害することになる。これらは真に自由にして独立の労働組合本来の使命に反する結果となることは、もはや疑う余地がない。

---

3)　高野実「《遺稿》二・一ストの評価について」（『高野実著作集第一巻』柘植書房、1976年、所収）474-5頁。
4)　大河内一男監修・総同盟五十年史刊行委員会『総同盟五十年史　第3巻』（1968年）177-8頁。

このとき総同盟は全労会議をこのように否定しながら，みずからの提唱で46年11月29日に結成されていた全労懇（全国労働組合懇談会。二・一ストに至る過程で開店休業状態にあった）を持ち出し，これによって労働戦線統一を追求することで，その後の主導権の獲得を展望していた。

　つまり，労働戦線統一の流れ——高野実の自宅で「朝めし会」と称して社会党−総同盟と共産党−産別会議の幹部が一堂に会していたことに象徴される——は二・一スト挫折後も続いていて，総同盟は全労懇を押し出すことで運動の主導権を握ろうとした。ところが，その全労懇に産別会議はみずからが提唱した全労会議を引き連れてなだれ込んだために，全労懇は産別会議が優勢を占めることになった。産別会議機関紙『労働戦線』2月18日付によれば，全労会議は280万人を数えた。

(2) 全労連の結成

　二・一ストから1カ月，3月1日，全労懇が，総同盟，産別会議，日労会議，国鉄，全逓など約50名の出席で開かれ，そこで全労連（全国労働運動連絡協議会）の結成が満場一致で決定され，同月10日，全労連が発足した。このときの全労連の構成は，産別会議117万2057人，総同盟111万0085人，日労会議21万0000人，国鉄労組総連会53万0000人等，計28組織，445万7824人，組織労働者の84％を結集した[5]。全労連結成とともに解散した，産別会議がリーダーシップを持った全労会議280万人は，全労連の構成人員のおよそ六割強に及んだ。そのゆえだろう，全労連は運営方式として「満場一致」の原則を定めていたが，翌48年，産別会議が全労連に多数決制を導入しようとすると総同盟は全労連を脱退する。

　全労連は，1950年8月に団体等規制令により解散されるまで3年余しか存続しなかったが，つぎに見る諸点において，後に形成される戦後民主主義と関わりで無視し得ない影響を遺したと思われる。

5）　組織数，人数は『資料労働運動史昭和22年版』607-8頁に記載のものを集計した。全労連が当時の組織労働者の84％を集めたことは，法政大学大原社会問題研究所『新版社会・労働運動大年表』（労働旬報社，1995年）。

① 地域組織の結成

　第1に，全労連によって，後の総評時代には「平和と民主主義の実践の場」（「総評組織綱領草案」）と位置づけられる労働組合の地方組織の組織化が急速に進んだ。つまり，戦後民主主義に特徴的な運動形態である地域共闘は産別会議－全労連から引き継いだ地域組織の遺産をもって可能になったと考えられる。

　産別会議が主力となっていた全労会議は「組織方針」において「一，中央の全労に準じ各府県単位に地労を組織する。／二，全労は地労との一体化をはかり緊密な連絡をなす。／三，各組合別ならびに地労に全労の決定事項を流す，地労においてはその線にそって労働戦線の統一を連絡し促進せしめる」[6]として，地方組織の確立に精力的に取り組んだ[7]。こうした全労会議の取り組みは全労連の規約に「本加盟の各組合は相協力して地方及び地区に於て地方産別組合並に単独組合をも糾合して当該地方の実情に即した自主的連絡協議機関を作る。これは本会の下部機関ではないが連絡を密にする」（規約第5条）というように反映した。

② 全労連における独自の文化運動

　第2に，戦後民主主義運動に特徴的なスタイルであるサークル運動（労音などの文化運動）は全労連のなかで育まれ，後の総評に継承されていった。労働

---

[6] 『労働戦線』1947年2月11日付。

[7] 『労働戦線』1947年2月18日付には，「茨城県労働組合連盟，青森県労働組合協議会，長野県では総同盟も参加した労働組合会議があり，山口，広島，岡山でも民主団体が中心となって参加団体が集められており，大阪，兵庫では協議会準備会が発足した。愛知，群馬では産別が中心となって準備会が持たれ，九州では25日小倉市で準備会が正式に開かれることになっている」とある。

　また，東京地方労働組合評議会編『戦後東京労働運動史』（労働旬報社，1980年）は，「この時期（二・一スト後：引用者補）における労働運動上注目される現象は，とくに東京において地方組織への志向が強化されたことであった」，「とりわけ選挙シーズンを前にして産別，総同盟は，ともに選挙対策の意味を含めて全労連の枠組を自派に有利にしようと努力し，47年秋から翌春にかけて地区労の組織化が目立った。その1つとして，記録の残されている東京・北区労連についてみると，戦争中工業地帯として集中爆撃を受けたこの地域では，組織化はいちじるしく，いち早く城北地区工大会議がつくられた（37組合1万7000名）。当時は産別系の組合が多かったが，二・一ストにおける官公労と共闘を汲むところが少なくなかった。その他の地区では，地区労協のかたちをとるところが多く，二・一前後，活発に活動を強めていった」（206頁）と記している。

者の自立的な文化運動は，全労連という枠組みのなかで横断的に展開していった。増山太助はつぎのように述べている。

　　全労連の結成と同時進行のかたちで，労働者の"自立的"な文化運動がにわかに進展した…中略…この動きは「二・一ゼネスト」"挫折"後，急速に加速し，片山，芦田二代の社民・中道政権下で一定の地歩を確保した。そのため，左翼的な労働組合から，文化運動は「階級心をにぶらせ，闘争を弱体化させる」という警戒の声があがり，なかには，労働組合の文化部や青年婦人部を対策部化して，青年，婦人の独自活動，サークル活動を統制するところもあらわれた。しかし，労働者の自立文化運動は，全労連という大枠のなかで，各組合が文化を通じて交流し，組合活動の幅を拡大して，友情を深める面で積極的な役割を果たした。[8]

このなかから国鉄詩人連盟の運動，やがて「平和の歌声」運動を展開する中央合唱団などが生まれた。さらに総同盟，産別会議，国鉄総連合の三者共催で47年メーデーに向けた労働歌の募集が行われ，「町から村から工場から」(『国鉄詩人』編集部)，「ああ太陽だ」(東京山之内製薬向島支部・竹内志葦)，「世界をつなげ花の輪に」(全日本電工神奈川県支部ビクター分会・篠崎正)が当選し[9]，永く歌い継がれることになった。特に「町から村から工場から」の作詞者が『国鉄詩人』編集部というように個人でなく集団による作詞であることは当時の文化運動が内包していた思想の質の一端を示すものだろう。

1948年末には自立文化サークル協議会が，文学，演劇，映画，美術，音楽，ダンス，科学，スポーツの分野で確立し，自立劇団協議会の場合，東京を中心におよそ120の劇団が活動しており，そのなかから新劇界に脚本家，演出家，俳優として多くの人材を輩出した。またそのような労働者文化の地方への普及を目的として「文化工作隊」が生まれ，「全国を風靡する勢いを示した」[10]。

このように商業主義と一線を画する，消費によって文化に触れる形式を乗り越え，文化の生産を積極的に直接に担う労働者の自立的な文化運動は「平和の歌声」運動などに示されたように，戦後民主主義の，地域と並ぶ拠点である職

---

[8] 増山太助『検証・占領期の労働運動』(れんが書房新社，1993年)，264-5頁。この項は増山同書に拠るところが多い。
[9] 『労働戦線』1947年3月4日付。
[10] 増山太助『検証・占領期の労働運動』(れんが書房新社，1993年)，264-5頁。

場の団結，連帯を強化して，同時に職場闘争の強固な下支えとなっただろう。したがって，労働者自身のイニシアティヴによって職場組織を強靱にして労働組合が資本に抗して職場秩序を左右することを可能にする，こうした自立的な労働者文化運動は当然のことながら経営によっても干渉されることになった[11]が，労働運動は1960年代中葉までこれをよく守り発展させていった[12]。

③ 労働者の自立的な文化運動と工職混合組合形態

このような自立的な労働者文化運動は，ホワイト・カラー層が中心的な担い手となって展開したものと思われる[13]。例えば，全生保千代田生命支部では，千代田生命本社において「文化的な活動のなかからはじめて強い団結によって賃上げ闘争も成功し組合員の文化的な教養も向上する」として，音楽や演劇のサークルが組織された。同様のサークルは，関東配電，三菱銀行，商工省，第一生命等の職場にも生まれた[14]。

つまり，戦後日本独自の組織形態とされる工職混合組合は，こうした自立的な労働者文化運動を生み出し，また発展させていく上で，大きな役割を果たしたと考えられる。それは間もなく戦後民主主義が形成される際に，平和問題談話会の声明が雑誌『世界』に掲載された際に，労働組合が間髪をおかずにそれをわがものとし，戦後民主主義の実働部隊として登場することを可能にした重要な要因となっただろう。この点は第2章で詳述するが，平和問題談話会に組織された知識人たちが多く寄稿していた雑誌『世界』が労働組合に数多く持ち

---

11) 『労働戦線』No.26，1947年4月第2週は「われわれ労働者の盛り上がる自主的な文化活動は反動攻勢にとっては頭痛の種」となっていて，経営・官庁などで「組合の経済的な弱みにつけ込んで」文化運動に予算を多く付けてこれを取り込もうという「反動攻勢を展開してきている」と述べて，これに対して総同盟（大門義雄），産別会議（松本慎一），日労（清水）らが集まって対策が協議されたと報じている。
12) 下山房雄「戦後日本資本主義の展開と労働者階級の主体形成」，経済理論学会編『現代資本主義と労働者階級』青木書店，1979年所収。
13) 戦後の労働運動一般においてホワイト・カラーの「主導的役割」を強調したものとして二村一夫「戦後社会の起点における労働組合運動」（『シリーズ日本近代史・4戦後改革と現代社会の形成』岩波書店，1994年所収）。二村はその傾向は産別会議が特に強かったことをつぎのように指摘している，「とくに運動の指導部では，ホワイト・カラー，というより知識分子が大きな役割を果たしている」，「政党なども含めた広い意味での労働運動を考えると，こうした性格はさらに鮮明となる」（48頁）。
14) 『労働戦線』No.31，1947年5月第2週。

込まれ，労働組合がそれを摂取し，さらに豊富化していったことには工職混合組合であったことが大きく寄与していると思われる。

工職混合組合形態は，階級意識を鈍化させ，強い階級意識を内包した労働社会の形成を困難にすると批判されることがある。つまり，先に見た，増山太助が当時のこととして伝えていた，「左翼的な労働組合」からの「文化運動は階級心をにぶらせ，闘争を弱体化させる」という文化運動批判とこうした工職混合組合に対する批判は，論理において通底し共鳴しているといえよう。

そのような強い労働者主義とでもいうべき視点からは，上に垣間見たように，工職混合組合という組織形態，ブルー・カラーとホワイト・カラーとが同一労組に組織されたことによって職場の団結を強固にし，賃上げ闘争など労働組合にとって即自的な労働組合主義＝経済主義が重視する課題に積極的に寄与しただけでなく，さらには戦後民主主義をも可能にしたという歴史がこぼれ落ちてしまうだろう。

④ 高野実の文化運動観

そして総評を"ニワトリからアヒルへ"と転換させた立役者である高野実が逸早く労働者の自立的文化運動を擁護していたことが注目される。高野はこうした運動が芽生えてきた，1947年7月には「文化運動を重視せよ」とつぎのように主張した。

> 文化活動の目的は，もっと明らかにされる必要がある。音楽やダンスや映画やそういうものは単なる娯楽の手段たるに止まらず，われわれが民主革命の指導階級としてふさわしい知性を獲得するための，換言すれば現代世界の政治経済を理解し，科学を学び，且つ自己犠牲の上に立つべきことを理解するためにこそ，文化活動があるのだということを十分宣伝する必要があろう。[15]

高野のこの時点における，こうした文化運動に対する積極的な理解は――高野はここで同時に「組合員はその政治生活のために是非とも，社会党，共産党何れかに加入すべきである。そういうことによってのみ，政党と労働組合とは

---

15) 高野実『新労働運動の目標』(『高野実著作集第一巻』柘植書房，1976年，所収)，394頁以下。

世紀の相互関係をあらわすにちがいないのである」と総同盟主流とは不協和音を奏でることになる文言を挟んでいるが，そのことをも含め——後に高野が戦後民主主義運動のリーダーの一人として登場する際に積極的な意味を持つことになっただろう。

(3) 産別民同の登場
① 産別会議幹事会での自己批判

　上に，産別民同にふれる前段として，二・一ストとその後に生まれた労働運動の特徴的な状況を一瞥してきた。スト挫折によって産別会議の力は大きく削がれたとはいえ，その後も産別会議の影響力は大きく，1カ月後には400万人を上回る全労連という形で労働戦線統一の趨勢が前進したばかりでなく，「後退期」ともいわれるこの時期に地方組織の成立，文化運動の展開など，後に戦後民主主義後の特徴をなすものが形成されていたことを見た。

　このように，先にも引用した高野実の「自己批判」の言葉を借りれば，「明確な理論というか「路線」がいまだ〔存在せず〕，コントンたる状況下に急テンポにふくれ上がって〔いった〕自然成長性」[16]は二・一スト挫折によって遮られることなく続いていたといえるだろう。

　しかし，全労連の結成にもかかわらず，産別会議は1946年11月時点では162万2318人で同時期の総同盟（85万5399人）の二倍弱の人員を誇ったのに[17]，先にも見たように全労連結成時の47年3月には産別会議117万2057人，総同盟111万0085人というように，二・一ストを経て，産別会議は約45万人の組織人員を失い，なお僅かに総同盟を上回るとはいえ人員数としてはほぼ拮抗する形になった。そして，産別民同はこの事態への対応をめぐる産別会議内の対立から生まれてきた。

　産別会議は，先ず，組織人員の減少を防ぐため，また労働運動のイニシアティヴをたしかなものにするために，二・一ストに対する一定の自己批判が必要だと考えた。産別会議を強化することを課題として，自己批判が必要だと判

---

16) 高野実「《遺稿》二・一ストの評価について」（『高野実著作集第一巻』柘植書房，1976年，所収）474-5頁。
17) 産別会議，総同盟の人数は『資料労働運動史昭和20・21年版』。

断したのである。

　産別会議は，二・一スト挫折から3カ月後，5月に自己批判の内容を明らかにし，7月の全国大会ではそれに沿った新方針を確立することを目指した。機関紙『労働戦線』ではそのための紙上討論が組織された。

　5月10-11日の幹事会は，「一，産別会議はなんでもストライキばかりにもって行き，もっとはばのある日常斗争に欠けている。／二，共産党の直接の指導下にあるような印象が一般大衆に深まっている。／三，運動の進め方が十分民主的に行なわれていない」の三点を問題にし，土橋一吉副議長（全逓）は，「産別会議は全労働者のためにあくまで必要であり，これを拡大強化するために自己批判する」と産別会議の基本運動方針の正しさを確認し，幹事会は全幹事出席のもと，つぎの決議を行った。

　　われわれは過去八カ月の斗争をかえりみた場合これらの論難のすきを与えてこのためわが陣営の一部に動揺が生じた点について厳しい自己批判をしなければならない。そこで幹事団は幹事団はじめ組織指導者と大衆との遊離の傾向やストライキのみに重点を置いた傾向があったことを率直に認め産別会議の飛躍的発展のためには組合のてってい的な民主化を行い，幅のある組合運動を展開することが労働者の手で民族経済を復興する所以である。[18]

　産別会議の中心的な組合の一つである全逓の出身で，しかも産別会議副議長である土橋の発言に示されるように，この自己批判は産別会議主流派のイニシアティヴでなされたものだった。しかし，この直後，14-15日の執行委員会はこの幹事会決定に戸惑うことになった。

　その場でも土橋は組織強化のための自己批判であるという発言を繰り返し強調したが，「率直に自己批反しようとしていることは全幅的に支持するが，幹事会の発表は攻げきに対する防御な印象を受けた」（機器・吉田），「二・一スト後産別を正しいとみとめてきたところ発表が逆になったので非常にこまる」（生保・宮地）等の意見が大勢を占めたのである[19]。先にも見たような総同盟の

---

18) 『労働戦線』No.32, 1947年5月第3週号。
19) 『労働戦線』No.32, 1947年5月第3週号。また，産別民主化同盟について本稿と異なる理解を提示している兵頭淳史「産別会議民主化同盟の成立過程」（『大原社会問題研究所雑誌』第451号，1996年6月），同「産別民同から総評へ——労働組合における「戦後革新」

産別会議批判は言うに及ばず，一般組合員からの二・一ストをめぐる疑問，不満，批判に職場で産別の正しさを強調しながら組織維持を図ってきた組合ほど，幹事会の自己批判決定はそれまでの方針の正しさを擁護してきた自分たちをあたかも背後から狙う弾となってしまうのだから，幹事会の自己批判はなおさら受け入れにくかっただろう。つぎに，こうした自己批判をめぐる齟齬が7月の産別会議臨時大会でどのような結果を導いたのかを見ていこう。

② 産別自己批判大会

ここでは，後の行論とも深く関係するので，この産別自己批判大会（7月10-13日）に全日本出版印刷労連の書記として出席していた吉野源三郎の回想を，やや長くなるが，引用する。吉野は雑誌『世界』編集長であり，6月25日の全日本印刷出版労働組合第2回大会では松本慎一の後任として書記長に就任し，産別自己批判大会から間もなく7月28日からはじまる，賃上げを課題とした，凸版，大日本，共同，帝国印刷，東京証券を相手とする「五社闘争」で大きな役割を果たす，組合活動家でもあった[20]。その吉野は間もなく平和問題談話会に丸山真男，清水幾太郎，久野収ら多くの知識人を組織してゆくオルガナイザーとしても重要な役割を果たしていく。

　そうした中で，産別があの当時日本の組織労働者の46％を占めた大きな全国組合をつくっていながら，二・一ゼネストの後で，組合自身のなかからそれについて批判が起こりました。民同が出てきたのは47年夏ですね。実際に分裂したのは48年。この平和問題談話会第1回声明があったのは翌年2月だったのですから，ちょうどそのころです。ぼくはそのころ出版印刷の関係で産別のいわゆる自己批判大会に出ているのです。ちょうどぼくのうしろに全遞の代表者たちがひとかたまりいるんですね。細谷松太君や松本慎一君がすでに分裂のきざしをみて非常に心配をしていました。組合の民主的な運営の問題，特定政党による指導，支配の払拭，完全な政党支持の自由，それから組合運動をストライキ一点張りでやっていたことの誤

　　路線成立史序説」（法政大学大原社会問題研究所・五十嵐仁編『「戦後革新勢力」の奔流』大月書店，2011年，所収）を参照。
20)　参照，杉浦正男「印刷出版労組の結成と運動」（法政大学大原社会問題研究所編『証言　産別会議の運動』御茶の水書房，2000年），42頁以下。

りを清算，こういう自己批判をすることによって，民同派をつなぎとめて分裂を防ごうということで彼らは非常に苦心していた。ところが，これは一晩でひっくり返った，共産党の指導で。そして出てくるもの，出てくるものが，「坊主ざんげとはなにごとだ」というわけですよ。組合の活動のために身をもって先頭に立って戦ってきたのは共産主義者じゃないか，ほかに自信があるなら出てこい，というような強い線です。それで引き返しがつかなくなって，とうとう民同が産別を割るわけですが，ぼくのうしろにいた全逓の連中は，そういう雰囲気をじりじりみているんですよ。[21]

この場にいて，こうした観察を行った吉野がやがてどのような構想に基づいて平和問題談話会を切り盛りしていくことになるかは後述することにして，このような産別自己批判大会の成り行きに強い不満と批判を抱いた，細谷松太ら産別会議書記局グループが翌48年2月14日に声明を発した産別民主化同盟（産別民同）についてつぎに見ていこう。

③ 産別民同の発足

産別民主化同盟が1948年2月14日に発した声明はつぎのよう述べていた。

> 今や我が産別会議は労働組合運動の行き詰まりの焦点に立った。共産党フラク活動のベルトにかけられた左翼主義に対する相次ぐ脱退と批判の傾向はも早おおうべくもない。吾々産別の有志はここに幹部たると一組合員たるとを問わず，この動揺と混迷を断ち名実共に組合員の組合とする為めに産別の全組織に於て闘うこととなった。
>
> 吾々の実践の目標は一に労働法規改悪反対，資本家の組合御用化反対，政党の組合支配排除にあると共に，相手にも責任を要求し，自らも責任をとるところの生産闘争である。吾々の運動は所謂反共ではなく，産別会議の全組織を民主化する為め，一切の自由な組合をして一大陣列を結集し，民主的統一戦線の実現へ巨大な一歩を踏み出すものである。[22]

---

[21] 久野収・丸山真男・吉野源三郎・石田雄・坂本義和・日高六郎「〔未発表討論〕「平和問題談話会」について」（『世界』1985年7月臨時増刊号所載）における吉野の発言。この討論自体は1968年6月16日に行われたもの。

[22] 大河内一男監修・総同盟五十年史刊行委員会『総同盟五十年史 第3巻』（1968年），409頁。

この声明から3日後，2月16日に開かれた産別会議幹事会は，民同は解散すべし，という決定を賛成14，反対3，保留2で可決した[23]。これに対して，産別民同は「われわれは幹事会の決定に服することは出来ない。フラク活動を排除せずしてわれわれの行動のみを禁止する理由はない。19名の幹事中13名，49名の執行委員中30数名の共産党フラク・メンバーを有する産別の現状では民主的な討議は不可能である」との反論を発する[24]。

　さらに産別会議では21日には上の民同解散すべしの幹事会決定をめぐって執行委員会が開かれた。執行委員会で産別民同は「資本家，政府は産別を共産党の下部組織だとけん伝してブッツぶそうとかかっているので，この民主化運動によって制先し組合を守る」云々と発言した[25]。先に，47年5月の幹事会の自己批判決議をめぐる幹事会と執行委員会の緊張を見たが，ここでも執行委員会は幹事会と異なる対応を見せた。それも内容的には前回の対立とは主客が入れ替わったかのように，執行委員会はここで，幹事会の産別民同解散すべしの決定を覆し，産別民同を容認したのである。執行委員会は賛成28，反対5，保留2でつぎの決議を可決した。

　　　民主化同盟発足の心理的動機については一応了解する点がある。ただし，時期，方法，手段についてはわれわれの現在おかれている立場からみて遺憾である。しかし団結権は国民の基本的権利として憲法も保障するところであるから，産別会議の規約，綱領に反する行動または組合運動に有害な現象が出ない限り産別会議としては原則的にその存続に関与しない。この問題の発展過程において組合員である共産党員の正しい意味での成熟を期待すると共に，民主化同盟の自重をのぞむ。われわれはこの問題を大衆討議にかける当面する闘争のなかで解決してゆく。[26]

　見られるように，産別民同に対して，産別会議の規約，綱領に反しないように「自重する」ことを求め，労働戦線強化のためであるという産別民同の「心理的動機については一応了解する」としたのである。しかも，執行委員会は，返す刀で「組合員である共産党員の正しい意味での成熟を期待する」とわざわ

---

23) 矢加部勝美『労働戦線異状あり』三一書房，1949年，91-2頁。
24) 法政大学大原社会問題研究所『日本労働年鑑1951年版』時事通信社，1951年。
25) 矢加部同上書，93-5頁。
26) 『労働戦線』No.79，1948年2月26日付。

ざ言及して，共産党にも「自重」を求めたごとくである。

ところで産別民同は先の2月14日付の「声明書」で「吾々の実践の目標は一に労働法規改悪反対，資本家の御用組合化反対，政党の組合支配排除にあると共に相手にも責任を要求し，自らも責任をとるところの生産闘争である。吾々の運動は所謂反共ではな」いと述べていた。反共ではないとあえて宣明したのは，産別自己批判大会後に登場してきた反共民同と自己を峻別しなければならなかったからだ。

なお，ここで述べられている「生産闘争」とは，産別民同のみならず，総同盟内の民同派も含めて，産別会議の運動路線を表現した「ストライキ一点張り」という言葉と対のようにして，民同が自身の運動路線を表現するために，産別会議との相違を鮮明にするために用いた言葉だった。

④ 反共民同の登場

産別民同解散すべしという産別会議幹事会の決定に対してすぐさま幹事会を批判する文書（後述）を発表したのは，炭労の武藤武雄，47年11月7日に国鉄反共連盟を立ち上げていた斉藤鉄郎，藤井専蔵，総同盟の原虎一らだった[27]。

武藤武雄率いる炭労はすでに，産別自己批判大会から3カ月後，10月12日，二・一スト前夜に統一単産として結成された炭協（炭鉱労組全国協議会）の第5回大会で，炭連，日鉱とともに炭協からの脱退を宣言していた[28]。

また同じ頃，10月16-19日の国労第2回臨時大会では，賃金と地域闘争，特に後者，地域闘争の是非をめぐって大きな論争が起っていた。国労組織部長星加要が提案した「今後の闘争方針」は，「地域闘争」とは「支部が独自に指令権をもって闘争する」ものとして却けながら，「部分闘争」とは「中闘の指令により一部が闘争を展開すること」と定義して，「中央闘争委員会の指令で統制するが，部分闘争をおこなわせることがある」としていた。果たして地域闘争の是非についての採決は賛成328，反対258，棄権4，無効7で，本部案が否決されて地域闘争方針が採択された。このように当時の国労における共産党系

---

27) 法政大学大原社会問題研究所『日本労働年鑑1951年版』時事通信社，1951年。
28) 『炭労一〇年史』(1964年，労働旬報社)，156頁以下。

活動家のヘゲモニーは「無記名投票」[29]で多数を獲得しうるほどのものだったが，採決後，議場は紛糾し，中央執行委員，中央委員が相次いで辞職，議長を務めていた斉藤鉄郎とともに中執支持派の代議員が退場して大会は流会になる[30]。そして，その翌日から，斉藤らは「臨時大会の決定は組合員の意向ではなく，共産党の陰謀であるとし，反共連盟をつくって，組合から共産党を排撃することを申し合わせ」[31]，11月7日，上野駅会議室にて，国鉄労働組合反共連盟結成大会を開いた。経過報告を行った斉藤は国鉄反共連盟幹事長に就任した。これを契機として，国労内部では，以降，民同派と共産党支持派，及び両派の間に立つ，48年4月に結成された革同（国鉄労働組合革新同志会）が指導部や方針をめぐって長く「しのぎを削」ることになった[32]。

さて，こうして47年11月から48年にかけて民同が横断的に成立してくる。民同は，先に見た吉野源三郎が正確に回想しているように，47年7月の産別自己批判大会の顚末が契機になってようやく11月以降，二・一ストからは10ヵ月も要してようやく民同として明確な姿を整えてくるのである。

つまり，一方では，全労連の結成に見られるように，労働戦線統一が進展しており，それは46年一〇月闘争から47年二・一ストにかけての労働運動の上昇過程において，一般組合員に支持されていたものだ[33]。細谷ら産別民同も，産別会議を脱退する組合が相次ぐなかで，それへの対応として産別民同を結成し，労働戦線統一の強化を課題としていただろう。産別会議において幹事会と執行委員会の，それぞれの判断が背反したことに示されるように，状況判断の振幅が大きい時期だった。

2 民同グループの前進と右派勢力の後退
(1) 初期民同の運動の性格

ここで横断的に登場してきたこの時期の民同——初期民同と呼ぼう——の性格をまとめておこう。初期民同には産別民同から国鉄反共連盟（後に国鉄民同）

---

29) 『国鉄労働組合二〇年史』（労働旬報社，1967年），238頁。
30) 『国鉄労働組合二〇年史』（労働旬報社，1967年），237頁以下。
31) 『国鉄労働組合二〇年史』（労働旬報社，1967年），242頁以下。
32) 『国鉄労働組合五〇年史』（労働旬報社，1996年），24頁以下。
33) 産別会議，総同盟共に結成大会で労働戦線統一を決議していた。

までの幅があった．それぞれに民同を名乗り，産別会議の従前の運動への強い批判という共通項を持ってはいたが，その先，"反共"であるか否かの点で大きな違いがあった．つまり，"反共"であるがゆえに産別会議を批判するのか，"反共"ではないが産別会議を批判するのか．

この違いは，これら色合いを異にする二つの民同が公然の秘密としてGHQの支援を受けて"ニワトリ"の総評を結成し，さらに，その総評を平和四原則を我がものとする過程で"アヒル"へ転換させるか否かという課題に直面したときに両者を決定的に分かつことになった．

例えば，後段で見るように，平和四原則を運動に持ち込むことに大きな役割を果たした岩井章は，48年4月，国労上諏訪大会で国鉄反共連盟の名称を国鉄民主化同盟と変更させている[34]．また，総評結成に「私鉄提唱」で役割を果たした，私鉄総連書記長の津脇喜代男は「とくに国鉄民同（前身・反共連盟）や総同盟右派の印象は強烈で，イヤーな感じだった」[35]と述べている．つまり，このように，反共を旨とする民同，当時の総同盟主流であった右派は，このとき労働運動のヘゲモニーを握るのに必要な十分な権威を確立していなかった．

かれらは，産別会議の二・一スト後の組織動揺という「敵失」によっても，なお労働運動の流れを自分たちの側に引きつけることができなかった．そのことは，産別会議が二・一ストを挟んで失った45万人を総同盟が獲得することができなかったことにも示されている．総同盟が産別会議を人員で上回るようになるのは下山事件，三鷹事件，松川事件のフレーム・アップを経た48年末のことだ．が，その時点では産別会議，総同盟ともに全労連結成時の100万人台を割っていた（産別会議72万0079人，総同盟97万9021人[36]）．

だからこそ反共民同は，細谷らの産別民同の動きを機敏に捉えて活動を開始した．つまり，産別会議をその幹部である細谷すらが批判しているという事態が，それまでかれらが倦むことなく粘り強く展開していた産別会議批判よりも数段の権威と重みをもって広まったところで，はじめてみずからの反共を旨とする活動を旗揚げすることができたのである．

---

34) 岩井章『総評とともに』（読売新聞社，1971年），45頁．
35) 高島喜久夫『戦後労働運動私史・第一巻』（第三書館，1991年），488頁．
36) 人員数は『資料労働運動史昭和23年版』．

48年2月19日，すなわち産別民同が産別会議幹事会で活動禁止の決定を受けた翌日，間髪を入れずに，武藤武雄炭労委員長，原虎一総同盟主事，斉藤鉄郎国労全執行委員長，藤井専蔵国労文化部教育部長，藤島克已日本放送協会本部労働組合執行委員長の5名が連名で産別会議幹事会の決定に「厳重抗議」しながら産別民同を「あくまでも歓迎する」声明を発したのもそのためだ。

　同声明はつぎのように述べる。「産別会議幹事会は，18日，産別会議平組合員大衆の間から湧き上った民主化の要求に対して，そのよって来る根本理由をきわめようとはせず，徒らに19人中13人の共産党中央フラクの絶対多数をたのんで，共産党フラク活動の禁止をとりあげることなくして，一方的に産別会議民主化同盟の活動禁止の決議を強行した。これは単なる民主的形式によって，労働組合の真の民主的運営をチョロマカシた反労働者的行為にほかならない。／われらは，産別会議内に嵐のようにまきおこった民主化運動を歓迎する。あくまでも歓迎するものである。同時に18日の決定は，あくまで，非民主的，非階級的，反労働者的共産党中央フラクションの独裁と断定するものである。依而よって，幹事会の18日の決定に対し，日本労働者階級の名において厳重抗議するものである。右抗議す[37]」（全文）。この声明は抗議には不似合いな，どこか明るい高揚感に覆われている。

　さらに総同盟はこの反共民同有志の声明が出た翌20日，第7回中央常任委員会で「共産党の労働組合対策には全面的に反対であるとともに，フラク活動にも反対する。個人の政党支持の自由は認めるが，組織として支持する政党は現段階においては社会党しかない」ということを基本態度として決定して，つぎの声明を発表した。

　　　みずからの労働組合で層一層民主化しようという大運動が，あまねく労働組合の平組合員大衆の手によってまきおこされている。わけても共産党フラクのベルトが中央，地方の機関に及んでいる労働組合傘下の平組合員大衆の反抗運動は漸く熾烈を極めるにいたった。このことは，兇悪な資本の攻勢を粉砕し，日本民族の自主的経済を打ちたてようとする本能的な民族生死の闘いとして，且又，民主革命における労働者階級の歴史的任務を

---

37) 大河内一男監修・総同盟五十年史刊行委員会『総同盟五十年史　第3巻』(1968年)，410頁。

果そうとする自己発見の運動にほかならない。いまから一年前には，こういう大衆の間の自己発見はなかった。そのために日本の労働運動の偉大なる前進を見ることは出来なかったのだ。

しかして，産別会議がその幹事会における19人中13人の共産党中央フラクの独裁支配になやみ，職場においても，批判を弾圧し，徒らなるストを強行してきた結果，民主的形式ではなくて民主的運営のために闘おうとする平組合員大衆の自己発見と勇猛とによって結ばれたのが，正に産別会議民主化同盟なのだ。

われわれは，こういう意味で新労働運動のために，産別民主化同盟の誕生を祝福する。立ちあがりつつある職場大衆を激励し，これと共同して，建設的労働組合運動の大同団結運動に進むことを念願してやまぬものである。

右声明する。[38]

第1段落，「兇悪な資本の攻勢」「本能的な民族生死の闘い」「自己発見の運動」といった語彙は声明の作成に高野実の関与を想像させるが，それはさておいても，「民主革命における労働者階級の歴史的任務」など，総同盟が当時用いていた言説を示すために，全文引用した。第2段落は，前日の5名有志で発した声明と重なる。第3段落の結論部分には，総同盟として産別民主化同盟結成をどのように捉えていたかがよく示されている。総同盟が，産別民主化同盟を，「歓迎」にとどまらず，さらに「祝福」するのは，「建設的労働組合の大同団結」を目指していたからだ。

細谷らはこうした援軍に顔をしかめたに違いない。これでは総同盟の主流であった右派と自身との境界が雲散霧消してしまうからだ。また，この時点で高野－細谷ライン[39]で，どこまで具体的構想があったのかはわからず，この声明自体，性急に作成されたためか，結局のところ，産別民同の結成を励ますよりも，総同盟が自身の従来からの産別会議批判を正当化することだけになってしまっている。実際の「平組合員大衆の自己発見と勇猛」は，なおしばらくの紆

---

[38] 大河内一男監修・総同盟五十年史刊行委員会『総同盟五十年史　第3巻』（1968年），415-6頁。

[39] 「「高野・細谷ライン」のころ──細谷松太氏に聞く（戦後労働運動の証言）」，『月刊労働問題』1978年9月号。

48年2月19日，すなわち産別民同が産別会議幹事会で活動禁止の決定を受けた翌日，間髪を入れずに，武藤武雄炭労委員長，原虎一総同盟主事，斉藤鉄郎国労全執行委員長，藤井専蔵国労文化部教育部長，藤島克己日本放送協会本部労働組合執行委員長の5名が連名で産別会議幹事会の決定に「厳重抗議」しながら産別民同を「あくまでも歓迎する」声明を発したのもそのためだ。

　同声明はつぎのように述べる。「産別会議幹事会は，18日，産別会議平組合員大衆の間から湧き上った民主化の要求に対して，そのよって来る根本理由をきわめようとはせず，徒らに19人中13人の共産党中央フラクの絶対多数をたのんで，共産党フラク活動の禁止をとりあげることなくして，一方的に産別会議民主化同盟の活動禁止の決議を強行した。これは単なる民主的形式によって，労働組合の真の民主的運営をチョロマカシた反労働者的行為にほかならない。／われらは，産別会議内に嵐のようにまきおこった民主化運動を歓迎する。あくまでも歓迎するものである。同時に18日の決定は，あくまで，非民主的，非階級的，反労働者的共産党中央フラクションの独裁と断定するものである。依（よっ）而，幹事会の18日の決定に対し，日本労働者階級の名において厳重抗議するものである。右抗議す[37]」（全文）。この声明は抗議には不似合いな，どこか明るい高揚感に覆われている。

　さらに総同盟はこの反共民同有志の声明が出た翌20日，第7回中央常任委員会で「共産党の労働組合対策には全面的に反対であるとともに，フラク活動にも反対する。個人の政党支持の自由は認めるが，組織として支持する政党は現段階においては社会党しかない」ということを基本態度として決定して，つぎの声明を発表した。

　　みずからの労働組合で層一層民主化しようという大運動が，あまねく労働組合の平組合員大衆の手によってまきおこされている。わけても共産党フラクのベルトが中央，地方の機関に及んでいる労働組合傘下の平組合員大衆の反抗運動は漸く熾烈を極めるにいたった。このことは，兇悪な資本の攻勢を粉砕し，日本民族の自主的経済を打ちたてようとする本能的な民族生死の闘いとして，且又，民主革命における労働者階級の歴史的任務を

---

37) 大河内一男監修・総同盟五十年史刊行委員会『総同盟五十年史　第3巻』（1968年），410頁。

果そうとする自己発見の運動にほかならない。いまから一年前には，こういう大衆の間の自己発見はなかった。そのために日本の労働運動の偉大なる前進を見ることは出来なかったのだ。

　しかして，産別会議がその幹事会における19人中13人の共産党中央フラクの独裁支配になやみ，職場においても，批判を弾圧し，徒らなるストを強行してきた結果，民主的形式ではなくて民主的運営のために闘おうとする平組合員大衆の自己発見と勇猛とによって結ばれたのが，正に産別会議民主化同盟なのだ。

　われわれは，こういう意味で新労働運動のために，産別民主化同盟の誕生を祝福する。立ちあがりつつある職場大衆を激励し，これと共同して，建設的労働組合運動の大同団結運動に進むことを念願してやまぬものである。

　右声明する。[38]

　第1段落，「兇悪な資本の攻勢」「本能的な民族生死の闘い」「自己発見の運動」といった語彙は声明の作成に高野実の関与を想像させるが，それはさておいても，「民主革命における労働者階級の歴史的任務」など，総同盟が当時用いていた言説を示すために，全文引用した。第2段落は，前日の5名有志で発した声明と重なる。第3段落の結論部分には，総同盟として産別民主化同盟結成をどのように捉えていたかがよく示されている。総同盟が，産別民主化同盟を，「歓迎」にとどまらず，さらに「祝福」するのは，「建設的労働組合の大同団結」を目指していたからだ。

　細谷らはこうした援軍に顔をしかめたに違いない。これでは総同盟の主流であった右派と自身との境界が雲散霧消してしまうからだ。また，この時点で高野－細谷ライン[39]で，どこまで具体的構想があったのかはわからず，この声明自体，性急に作成されたためか，結局のところ，産別民同の結成を励ますよりも，総同盟が自身の従来からの産別会議批判を正当化することだけになってしまっている。実際の「平組合員大衆の自己発見と勇猛」は，なおしばらくの紆

---

38)　大河内一男監修・総同盟五十年史刊行委員会『総同盟五十年史　第3巻』（1968年），415-6頁。
39)　「「高野・細谷ライン」のころ——細谷松太氏に聞く（戦後労働運動の証言）」，『月刊労働問題』1978年9月号。

余曲折をまぬがれないが，左の産別会議と右の総同盟との間に活路を開くことになるだろう。

(2) 民同が推進した生産闘争の性格

しかし，このように労働戦線統一の強化を目指した産別民同をはじめ民同諸派は，産別民同発足の際の声明文にも課題として盛り込まれていた「生産闘争」に邁進することになった。こうした初期民同の性格は，1950年代に戦後民主主義の担い手となる総評労働運動との連続よりは，それを飛び越えて，むしろ総評に対する批判者としての全労さらには60年代のJC運動と類似するものだ。初期民同と"ニワトリからアヒルへ"の転換を遂げた総評との断絶は，戦後民主主義と労働運動の関係において重要な論点である。

太田薫は1958年，総評議長に選ばれる直前，「民主化運動の反省と民同組合の発展」[40]において「民主化運動は，第1に，労働者の企業中心の考えを強め，労働組合を労資協調につなぎとめるのに重要な役割を果たした。共産派はスト激発主義・階級闘争至上主義に走ったのにたいして，民同派は経済闘争一本で，賃上げの前提として生産復興闘争を主張した。そして，このような民同派の立場は労働者の企業中心の考えを強めた。その生産復興闘争の中味は多くの場合，資金・資材よこせのアベック闘争だった」と民同の生産闘争を総括している。民同派が戦後民主主義の担い手へと主体形成していく過程で，とりわけ高野実に見られるように，生産闘争乃至生産復興闘争への自己批判が生まれることになる。

生産闘争と初期民同との関係の深さは，48年3月の時点で，高野実が書いたつぎの文章に明瞭に示されている。

> 全電工の神奈川県五社連盟の火蓋に相応じて，日立連合が民主化同盟参加をきめ，港湾，生命保険，日通関東関西も相次いで起ち，産別の王座を占める電産も，中闘の過半数を占めるにいたり，全逓もまた東京地協のうちに全逓民主化連盟の烽火があげられた。／もっともフラクションの激しかった機器三菱重工下丸子分会は絶対多数で産別会議脱退を決議した。石川県の機器7000の半分を擁している小松製作所もまた2月25日，2851票対

---

40) 太田薫「民主化運動の反省と民同組合の発展」，『月刊労働問題』1958年8月号所載。

674票で産別脱退を決議「産別機器の共産党的全体主義の政策，行動，宣伝が本当の民主主義と組合員の利益とは相容れない」といっている。広島の重鎮三菱三原車輌のうちにも，民主化ののろしはあげられ格闘が続いている。神戸の主柱川崎製鉄所も会計の53万消費事件に端を発して，共産党系組合長及青年行動隊の横暴と闘う平組合員の反撃運動が勃発し，ビラ戦と組合員争奪が引きつづいている。藤永造船のような中立の代表組合も，どしどし民主化の運動の旗上げに加わってきている。[41]

こうした大企業を中心に，産別会議・全通の地域闘争・職場闘争に対抗して，民同派の生産闘争が展開された。だが，それは上の高野の文章にも窺えるように，資本よりも産別会議を敵に見立てる運動のごとくだった。生産闘争は当時においても「日本版スタハノフ運動の受入体制と化しつつある」と論評されるほどで，結局のところ，「"経営民主化"，さらには"産業の社会化"を謳いながらも，これを事実上棚上げし，生産増強運動に矮小化していった」[42]。それは，他ならぬ高野自身が，晩年「民主化運動をとらえた条件――自己批判」において，つぎのように記すほど「コンラン」した「ヒドイ」ものであった。

　　私の混乱と空白はかなり長く続いた。47年8月～48年10月位か，その間全金第2回大会の議案中わたしのかいたもの，翌年3月頃までの関金の新方針など，みな，悪い。ただ社党下請と生産闘争ばかり，関金では年次大会で方針を差し戻すこと2回。恥ずべし，恥ずべし。コンランし，ヒドイときだ，ジグザグだった。[43]

つまり，「コンラン」は後述するように，高野が総同盟総主事に就く48年10月まで続いたと述べている。民同が産別会議内部からの産別批判を待ってはじめて運動を展開することができたという弱さに示されるように，こうした生産闘争は長続きしなかった。民同運動の初期にあって生産闘争を指導した高野自身が間もなく変貌していくのである。こうした事態への自己批判，断絶の意識がなければ，後述するような総評を"ニワトリからアヒルへ"と左旋回させる

---

41)　高野実『民主化運動の理論』(『高野実著作集第一巻』柘植書房, 1976年, 所収) 435-6頁。
42)　兵藤釗「職場の労使関係と労働組合」(清水慎三編著『戦後労働組合運動史論』日本評論社，1982年)。
43)　高野実「民主化運動をとらえた条件――自己批判」,『高野実著作集第一巻』(柘植書房，1976年)，479頁。

高野の活動はかなわなかったにちがいない。

(3) 民同の前進と戦前型右派幹部の後退

　生産闘争は初期民同の性格を脱した民同左派（高野実と後の労働者同志会）によって克服されていくが，実は，高野実はこの生産闘争の過程で，戦後労働運動に新たに登場してきた民間大企業労組幹部の支持を獲得した。そのことによって，高野は，戦前型右派幹部である原虎一を総同盟主事から引きずり下ろして，みずからがその任に就くことに成功する。つまり，民同の前進と戦前型右派幹部の交代は，この当時総同盟左派であった高野実の総同盟主事就任に示されるイニシアティヴの獲得によってはじまった。

　こうした総同盟における高野の擡頭の政治的契機は片山－芦田内閣で主役を務めた総同盟右派幹部が関与した汚職事件だった。それまで総同盟は民主化運動の進展に満足して「結成以来，一貫して共産党排除の立場をとり，民主的労働組合の中核として，健全な労働組合主義をスローガンとして活動してきた総同盟にとっては，一挙にわが国労働運動の主柱になる絶好の機会」[44]と捉えていたが，昭和電工事件で事態は急変した。48年6月，昭和電工事件が発覚し，9月末から10月初めに，栗栖越雄（経済安定本部長官），西尾末広（但し，これより早く7月に土建業者からの収賄が発覚し国務大臣を辞任）が逮捕され，芦田内閣は10月6日総辞職して，第2次吉田内閣を誕生させた。

　そして10月21-24日に開催された総同盟第3回大会では，総同盟の日常活動が不活発であるのは会長の松岡駒吉と総主事の原虎一，松岡－原ラインが原因だとして，「総同盟刷新強化のためには，松岡－原ラインを切るべきだ」と，高野を代表として単産や地連の左派系幹部からの本部批判が相次いだ。総同盟中央委員でもあった西尾末広に対して，「右派は同志的愛情をもって西尾の自発的辞意を認めるべきで，除名するのは行き過ぎであると擁護し」[44]たが，大会に先立つ15日の社会党除名処分に重ねて，総同盟においても西尾は除名処分を受ける。

　高野実が率いる民同の質的な前進の第一歩は，それまで民同を「歓迎」し，

---

44)　大河内一男監修・総同盟五十年史刊行委員会『総同盟五十年史　第3巻』(1968年)，431頁。

「祝福」していた戦前型右派幹部と対立し，これに勝利を収めることからはじまったといえるだろう。そのことを示すのが，この総同盟第3回大会における人事だった。

　会長には対立候補がなく松岡駒吉が留任したものの，信任308に対して不信任191，無効14に及んだ。そして総主事には高野実が299票対209票で原虎一を破って就任した。副会長には左派の重盛壽治（340票），山花秀雄（304票），やっと第三位に右派の金正米吉（296票）が就任するという結果になった。総同盟ではこれを境に左派が擡頭していく。

　高野は，「松岡王国」と称された総同盟本部で当初は少数派だったが，戦前左派＝評議会系の支持に加え，戦後に労働運動に登場してきた民間大企業労組幹部――宇部窒素の太田薫，住友重機の藤田高敏，日本鋼管の中島英夫ら――の支持を獲得して総主事に就任した[45]。もっとも，「執行委員は，左派よりも右派が多く，かならずしも，左派の指導権が確立したことにはならなかった」が，「しかしながら，この大会を皮切りに，総同盟左派の活動は，ますます活発になり，やがて昭和24年の第4回大会では，執行委員会でも過半数を制して完全に指導権を確立し，同25年の第5回大会では，ついに総同盟の解体を決定して，総評へ馬をのりかえるにいたるのである」[46]。

　このような総同盟の左旋回の基底には，片山－芦田内閣での労働者状態の悪化，高野が「自己批判」したような「ただ社党下請と生産闘争ばかり」の，「コンラン」した「ヒドイ」状態に対する一般組合員の不満と批判の堆積があっただろう。1947年6月1日の片山内閣の発足から翌48年10月6日の芦田内閣の総辞職まで1年4カ月，社会党が連立内閣を構成し，片山－芦田内閣の支持を表明していた総同盟傘下の労働組合は運動を自重するのでなければ抑制されがちだったし，それが右派のヘゲモニーの根拠でもあり効果でもあった。それゆえ片山－芦田内閣の失敗は労働運動「再開」の契機となった。

　そして高野が総主事に就いた48年10月の総同盟第3回大会の後，11月19-22日には産別会議第4回大会が開かれ，「反労働者的」だとされ圧倒的多数で産

45）　清水慎三「解説」（『高野実著作集第二巻』柘植書房，1976年，所収）。
46）　大河内一男監修・総同盟五十年史刊行委員会『総同盟五十年史　第3巻』（1968年），431頁。

別民同解散決議がなされた。上に見たように，総同盟で左派の高野が「コンラン」を抜け出して労資「アベック闘争」である生産闘争を放棄し，イニシアティヴを取るようになって戦闘化しようという時期，「生産闘争」の他に運動路線を提示できなかった産別民同が支持と共感と同情を失ってしまったことは興味深い。「生産闘争」のかけ声は，47年6月から48年10月まで，つまり片山－芦田内閣期，労働者にとっては多かれ少なかれ「われらの政府」を戴いていた時期が過ぎると雲散霧消してしまったことになる。

3 社会党－総評ブロックの端緒的形成

民同グループのヘゲモニー獲得と同時に，この民同が要となって，後の戦後民主主義のもとで，「社会党－総評ブロック」と呼ばれたものが端緒的に形成された。ここで，社会党－総評ブロックの端緒的形成というのは，具体的には，社会党左派－民同の結合である。いうまでもなく，この時期には未だ総評が結成されていなかったが，このときに形成された社会党左派－民同の結合が，後の社会党－総評ブロックの原型となった。

社会党左派－民同ブロックとでもいうべきものは，つぎに扱う49年1月総選挙で社会党が連立内閣の失敗を批判されて惨敗した直後から，民同派が社会党に大量入党し，左派を党内において躍進させたときに成立した。もちろん，それまでも総同盟と社会党は人的にも密接な関係を持ち，選挙においても協力関係にあったが，この時期に，民同派が社会党に大量入党したことによってもたらされた変化は，それ以前の総同盟主流派を担っていた松岡駒吉ら右派幹部と社会党主流を担っていた西尾末広ら右派との関係とは明らかに質を異にするものだった。

(1) 共産党の躍進の背景

1949年1月，「馴れ合い解散」による総選挙が行われた。社会，民主，国協の三党は大幅に議席を減らし，かわって自由党が152議席から269議席へと著しく増大して単独で過半数を制することになった。吉田内閣打倒を課題にしていた二・一ストが挫折したとはいえ，その直後の選挙で片山内閣を実現させたのに，いま再び吉田内閣を許してしまったのである。

それだけではない。このとき，実は，同時に共産党も，前回，二・一スト後

の選挙での4議席から35議席へと大きく数を伸ばした。そして、このことが、民同－社会党の危機感を増幅した。共産党の躍進は、かれら民同が力を込めて批判してきた共産党－産別会議の「引き回し」、「ストライキ一点張り」の闘争戦術、そして地域闘争、職場闘争、さらに産別民同解散決議が、社会党の自責点があったとはいえ、国民大衆のなかで忌避され批判されているどころか「支持」されたことを示すことになるからだ。

前回47年選挙の際に共産党が4議席にとどまったことは二・一ストにおける共産党の「引き回し」が国民大衆から批判されたと解釈されることがあるが、今回49年選挙では、それに先だって、先述したように、48年11月、産別会議第4回大会において、「引き回し」を厳しく批判していた産別民同を禁止し、事実上、産別会議から排除していたのだから、産別会議は反省を示して世論の批判を受け容れるどころか、今やそれに耳を貸そうともしないという姿勢を示していたことになる。

実際にも、産別民同のリーダー、細谷松太は49年1月選挙直前に産別会議は「極左変更」、「赤色労働組合」として「玉砕」するだろうという見通しを持っていた。曰く「統一の可能性を、相次ぐ実践によって自ら打ちこわし、一〇月闘争の余勢をかって、ますます極左偏向をとりはじめたかれらは、内部からおこった自己批判の要求にも耳をかさず、ついに今日のごとく、地域人民闘争をもって、産別をして権力闘争に玉砕せ（し）めんとする赤色労働組合への道をあゆましめた」[47]と。

ところが実際の選挙の結果は、細谷の所謂「赤色労働組合への道」を進む産別会議の在り方が今回49年選挙には影響していないどころか、むしろ、プラスに働いたということを示す。細谷も言うように、共産党－産別会議の主流は二・一スト挫折を「自己批判」をするなどは「坊主ざんげ」だと嘯いて、この間一貫して民同の「生産闘争」を批判して、職場闘争、地域闘争に邁進していたのだから、それらが支持されたということになるだろう。

しかも、問題は単に共産党が支持を拡大したというだけではない。有権者数を分母とした絶対得票率では、共産党は前回2.5％から7.1％と4.6ポイント増大させ、社会党は前回13.5％から9.8％へと3.7ポイント減少させた。これは「前

---

47) 細谷松太「産別会議を批判す」、『中央公論』1949年2月号所載。

回社会党に期待した人々のうちかなりの部分が，この選挙では共産党に転じた」[48]ことを示すものだろう。共産党の支持の増大はもっぱら前回選挙における社会党支持者を引き剥がしたことによってもたらされたものだった。

この事態に対して脅威を抱いたのは社会党ばかりでなく，それは米日の支配層にも共有されただろう。そして支配層は社会党よりももっと深刻に事態を受け止めたに違いない。当時のイギリス労働党よりもマイルドな社会党が労働者の支持を結集できず，結果として共産党に労働者の支持が集中するならば，占領終結の見通しが立たないばかりか，占領終結後の日本において労働者を体制内に統合しておくこと，同時に，国際的には日本を「自由主義陣営」に留めておくことも，いずれも困難になるという見通しを彼らは抱いたに違いない。

そうした支配層の危機感を正当に見なければ，49年1月選挙から半年余の7月，8月にかけて相次いで起こる下山事件，三鷹事件，松川事件などのフレーム・アップやレッド・パージは，日米支配層の共産党-産別会議に対する途方もない過大評価とそれに基づくヒステリックな過剰反応，いわばアクシデントという程度のことにしか評価できなくなってしまうだろう。ソ連による西ベルリン完全封鎖がすでに行われており，10月には海のすぐ向こうで中華人民共和国の成立が宣言される情勢だった。

こうした情勢のなかでアメリカが日本にどう臨もうとしていたかを忖度するために，アメリカが当時ヨーロッパ諸国にどのように介入していたかを一瞥しておこう。アメリカはたしかにマーシャル・プラン実施過程で左派を議会レベルから効果的に排除していくことに成功しつつあったが，それでも1948年4月のイタリアでは共産党が選挙に勝利しそうな瞬間があった。その時，国務省顧問は「イタリアが赤になれば，共産主義をヨーロッパで阻止することはできない」[49]と警告していた。当時国務省政策企画委員長だったジョージ・ケナンは「異常な事態が強く働いているときには……合衆国政府が時として公然活動には適しない，また正式に責任を取れないような行動をする必要があった」[50]と

---

48) 石川真澄『戦後政治史』（岩波新書，1995年），50-1頁，219頁。
49) ジョン・L・ガディス『冷戦』（河合秀和・鈴木健人訳，彩流社，2007年），43頁以下，187頁以下。訳文は原文を参照して本稿の都合でことばを補ったり若干変更させていただいた箇所がある。以下同様。
50) ジョン・L・ガディス『冷戦』（河合秀和・鈴木健人訳，彩流社，2007年），187頁以下。

回顧している。そのようにしてイタリアで48年4月の共産党の勝利を阻止することに成功すると、間もなくCIA（アメリカ中央情報局）は「宣伝，経済戦争」，「生産手段に対する破壊活動及び反破壊活動と社会資本の破壊・撤去措置を含む予防的直接行動」，「地下抵抗運動・ゲリラ・亡命者の本国解放運動グループへの援助及び脅威にさらされている自由世界諸国の現地反共分子への支援を含む敵国に対する破壊活動」を正式に任務とするようになった。そして，これらは「もし暴露されても，アメリカ政府がうまく責任を否認できる」ようなやり方で遂行されなければならないとされた[51]。ならば，日本の1949年夏がアメリカの格別にどす黒い影にべっとりと覆われているように見えても，当然と言えようか。

(2) 社会党再建大会

さて社会党は，共産党の躍進とは対照的に，前回144議席（解散時111議席）から3分の1の48議席にとどまった。しかも委員長の片山哲，書記長だった西尾末広，さらにマス・メディアから「現実左派」と呼ばれた，芦田内閣労相の加藤勘十，同逓信相冨吉栄二，野溝勝ら「大物」が落選した。社会党はこの厳しい結果を受け，4月に第4回党大会（49年4月14-16日）を開催した。

この党大会はしばしば「再建大会」と称されるように，森戸・稲村論争をとおして，社会党がはじめて社会主義を正面から論題にし，踏み込んだ議論が行われたことで重視されてきたものだ。議論は，党の性格，プロレタリア独裁，マルクス主義と社会民主主義，民主革命と社会主義革命等々に及んだ。それまで，後に西尾と民社党を結成することになる右派の水谷長三郎がマス・メディアに「おれと西尾（末広）と平野（力三）が社会党の生みの親」[52]と折りにふれ吹聴していたことからすると，上のテーマを掲げて論じ合ったこの大会が「再建大会」といわれるのはもっともなことだろう。ここでは戦後民主主義の主体形成という視点からこの大会をみよう。

---

51) ジョン・L・ガディス『冷戦』（河合秀和・鈴木健人訳，彩流社，2007年），187頁以下。
52) 清水慎三『日本の社会民主主義』岩波新書，1961年，15頁。

① 「新しい労働者政党」の構築を目指した民同グループ

注目されるのは，第1に，この大会で，民同グループが社会党をみずからの代表する労働者政党とすべく位置づけて大量に入党し，いわば社会党の「乗っ取り」を目指したことである。民同グループは，党大会の2カ月前の2月12日，全国労働組合会議準備会結成大会を約500名で開催した。そこでは，山川新党，労農党との提携を踏まえながら，共産党と一線を画した「新しい労働者政党」として社会党の再建を目指して民主的政治勢力が結集することが決議された[53]。これを機に労組の民同派幹部の社会党入党が相次ぐことになったのである。この「新しい労働者政党」運動は，この後も社会党の在り方に労働組合が不満を抱いたとき，例えば全面講和運動等において，繰り返されることになった。

② 社会党青年部の運動

第2に，社会党青年部が，総選挙の惨敗をうけて「労農組合の同志諸君を迎え入れる闘争」をこの時期に全国展開したことである。これによって，再建大会前に民同派幹部に加えて労働組合青年部が多く社会党入党を果たしていた。この大会で鈴木茂三郎が浅沼稲次郎を破って書記長に就任したのは，民同派幹部の入党に加え，若年の党青年部の活躍によるものだった。これによって社会党はその性格を大きく転換することになった。

中央執行委員には左派10名，右派10名，中間派5名，そして労働組合から5名が選ばれた。労働組合から選ばれたのは，高野実（総同盟），落合英一（産別民同），宇野弘（産別民同），沢田広（国鉄民同），菊川孝夫（国鉄民同）である。前4者は民同左派であり，菊川は星加要らと独立青年同盟，愛国労働運動に積極的に関わる民同右派だった。総同盟主事を高野と争って破れた原虎一も中央執行委員に選ばれているが，社会党は幹部から一般党員まで圧倒的に民同左派が力を持つ政党になった。

③ 社会党－総評ブロックの端緒的形成

以上のことから，この時期に，社会党内における左派幹部，青年部，労働組

---

53) 月刊社会党編集部『日本社会党の三〇年（一）』1974年，202頁。小山弘健・清水慎三『日本社会党史』芳賀書店，1965年，77頁。

合における民同派幹部，労組青年部が合流し，かれらが社会党の左旋回と労働組合における民主化運動を同時並行的にもたらしたことがわかる。ここにやがて社会党－総評ブロックと称される，社会党と労組の結合を見ることができる。労働組合，とりわけ総同盟における民同派の伸張が先行し，かれらが「新しい労働者政党」の確立を唱えて社会党第4回大会を前に大量入党していることから明らかなように，この時期の社会党の左傾化の原動力は，労組幹部層並びに労組青年部に根を下ろしていた民同勢力だった。以降，社会党，労働組合に惹き起こされたこの変化は不可逆的に進行し，その流れが戦後民主主義運動を形成していくことになる。

(3) 右派連合の形成——独立青年同盟

もちろん，左派が展開しているこうした大きな変化を右派はただ拱手傍観していたわけではない。左派結集は右派結集を惹き起こす。社会党再建大会から3カ月，7月6日下山事件，同15日三鷹事件の後，25日に独立青年同盟（独青）が結成される。

独青は，社会党からは右派の浅沼稲治郎，菊川忠雄，労働組合からは，総同盟会長の松岡駒吉，原虎一，国鉄反共連盟からは星加要らを来賓として招いて，約200名の出席で結成大会を開いた。これは主に鍋山貞親に指導されたもので，後に全繊同盟会長となる宇佐見忠信が中心的メンバーの一人だった[54]。ここに先の総同盟大会で苦杯を嘗めた戦前型右派と民同右派（戦後型右派），そして社会党右派との連合が成立した[55]。

独青の「結成趣意書」には，みずからを「真に民族を愛し祖国を憂うるわれら青年」として，「日本社会主義青年同盟準備会の一部は徒らに左翼的言辞を弄するばかりか，コミュニズムに対する斗争を理念的に揚棄せむとするばかりでなく，かえって真に社会民主主義のために斗おうとするわれわれにたいして裏切り的態度を表明するに至った」，「我々の敵は既に明確にされた。それは我々を無視し搾取する資本主義だ！　われわれの民族を売り，我々の自由を奪

---

54) 高野実「労働組合右翼支配の陰謀」，『高野実著作集第二巻』，また高島喜久男『戦後労働組合運動私史第一巻』第三書館，490-1頁。
55) 戦前型右派，戦後型右派の区別については高木郁朗「日本労働組合運動における『右派』の系譜」（清水慎三編著『戦後労働組合運動史論』日本評論社，1982年，所収）。

う共産主義だ！」とあった。

　細谷松太ら産別民同が結成した新産別全国委員会は8月23日，独青は「反共に名をかる反動的な運動である」として，その成立の経緯から「社会党の一部と関係のあることは事実である。よって社会党は労働組合に対する影響を考慮し，自らこの運動に対して責任を明かすべきである」，また，「青年運動のこのような大衆組織の方法に対しては，独立青年同盟たると，社会主義青年同盟（現在準備中であるときく）たるとを問わず，労働組合は反対せねばならない」等と決議した。この決議は新産別から社会党中執に出ていた落合英一によって，2日後の25日社会党中央委員会に伝えられる。

　しかし，独青はこの年，49年11月，すでに高野のヘゲモニーが確立していた総同盟第4回大会でも独青排除決議をうけ，十分な展開を見ることができなかった。さらに翌50年1月の社会党第5回大会では独青が問題の焦点となって，社会党は3カ月たらずの期間だが分裂状態に陥る（第1次分裂，同年4月4日に統一回復）。この第5回大会直前に，社会党青年部は全国大会を開き，独立青年同盟に所属する党員の除名と片山哲委員長の不信任を決議していた。

　社会党－総評ブロックの端緒的形成は，こうして労働運動における民同の左右対立，社会党内における青年部及び幹部の左右対立の構造の形成でもあった。この社会党的運動勢力の内部における対立構造は60年安保闘争前夜に西尾末広の除名を経て，西尾による民社党の結成でクライマックスを迎えるまで存続した。

Ⅱ　活動家層の形成

　ここまで見てきた戦後民主主義の主体形成の過程で注目されることは，民同左派においても，社会党左派においても，青年層が大きな役割を果たしていることだ。左右対立が直接には青年部の左傾化に危機感を持った独青問題というかたちで現れたのは，青年活動家層の擡頭があったからだ。1950年代に社会党（左派社会党）と総評が，様々な障害や困難を乗り越えて，全面講和運動に取り組んでいく際の原動力となったのもかれらであり，ついには西尾末広を社会党から除名して六〇年安保闘争の立役者の一となる。

　ここではそのような青年活動家の例として，55年に高野実を破って総評事務

局長に就任する国労出身の岩井章とやはり後に86年国労修善寺大会で委員長に就任する六本木敏に注目して，この当時の活動家層の形成を瞥見しよう。岩井と六本木を取り上げるのは，岩井が総評事務局長として60年代中葉までの労働運動の上昇過程を担い，また六本木が修善寺大会で国労委員長に選出され国鉄分割民営化反対闘争を指導したということからだけではなく，第2章で論じる，諸労組の平和四原則採択の天王山と位置づけられた国労の平和四原則採択に青年部は大きな役割を果たしており，その点からも，岩井，六本木をとおして青年活動家の形成過程をうかがうのは適当だと思われるからだ。

さらにそれだけではなく，これから見ていくように，岩井は47年から社会党，社青同（社会主義青年同盟）を経て活動家として自己形成し，六本木は46年共産党系の青共（日本青年共産同盟）を経て活動家として自己形成している。両者のこうした相異は，戦後民主主義の構成主体の一つであった社会主義政党，社会党系，共産党系のそれぞれの活動家の，この時期の異同と共闘の様子をうかがうのに都合がよい。

1 岩井章の場合

岩井章は1922年に生まれ，45年，23歳のときに敗戦を迎え，復員して国鉄の上諏訪機関区に所属し，55年，じつに33歳の若さで総評事務局長に就任する。復員して間もなく機関区の青年部長になっており，46年暮れには甲府支部の専従を務め，先にふれた，47年二・一スト後の，社会党が大躍進した4月総選挙の頃に社会党に入党して，甲府支部長と上諏訪地区労議長を兼任した。

青年活動家養成について岩井は「地区労の段階で私は当時，社会主義青年同盟というものを結成したことがある。私は各所でグループを集めては，青年を教育した」[56]と述べている。さらに社会党右派・民同右派・独青が危機意識を持って対抗した社会主義青年同盟については，「その当時，私は社会党青年部の地方役員をしていたが，そのころ知り合ったのが加藤勘十氏の息子の加藤宣幸，大柴滋夫，ちょっとあとになって森永栄悦のような連中だった」，「それらの交流がある程度発展して，それが社会主義青年同盟というようなかたちのも

---

56) 岩井章『総評とともに』読売新聞社，1971年，43頁。岩井の経歴を含め，引用は同書に拠った。

のになった」と述べている。そして，総評の平和四原則の採択では総評と「社会党青年部との結びつきがあった。しかも，それがわりあいにコンパクトな結びつきだった。それは，私が社会党青年部の常任みたいなことをやっていたりして，関係が深かったためである」と述べている。また，国鉄反共連盟を反共はよくないとして，国鉄民主化同盟に改称させたのも岩井たちだった。斉藤鉄郎，星加要，菊川孝夫，加藤閲男が組織した国鉄反共連盟について，岩井はつぎのように述べている。

　　それら人たちが，（国鉄反共連盟を結成しようとして，1947年：引用者補）11月7日，上野駅の二階に集まったときにも私は来ている。そのとき，すでに大和与一，柴谷要と私の三人が左派的な立場に立ってグループを結成しており，反共という名前がよくないことを主張している。／なぜ左派的になったかというと，前の青年部，加藤宣幸とか大柴という人たちの繋がりがあって，この三人が別のフラクをそのころつくりつつあった。当時，私の年齢からいって，星加氏や加藤氏などは大先輩で，年輩からいうと室伏憲吾なんかとだいたい同じだった。／こうして，22年11月，いわゆる民同ははっきりと反共連盟の性格を明らかにし，11月20日の中央委員会で民同が主導権を握った。そのとき，鈴木市蔵と伊井弥四郎が中央からおりた。反共連盟から国鉄民主化同盟と名称をかえたときに，われわれ三人がある程度動いた。この名称を変えた大会は23年3月の上諏訪大会だった。[57]

もちろん「そのころ反共連盟の中では，大和，大柴，岩井などの動きに対して，星加，加藤という先輩格が『何だお前ら，なまいきな』という感情を持っていた」という。

　岩井ら青年層が社会党と労働組合を縦横無尽に動き回って，社会党－民同（左派）を結合し，双方の戦闘化を担う活動家として自己形成していったのは上に垣間見られるような活動をとおしてだった。

2　六本木敏の場合

　六本木が1986年の国労修善寺大会で中央執行委員長に就任し，国鉄分割民営化反対闘争の先頭に立ったことはよく知られている。その六本木は1930年生ま

---

57) 岩井同上書，45頁。

れであるから，岩井よりも8年若い。1945年，15歳のときに敗戦を経験し，その年国鉄に入社している。1950年，20歳で盛岡車掌区青年部長を務め，岩井が33歳で総評事務局長に就任した55年には25歳で盛岡地本執行委員になっている[58]。

六本木は16歳で青共（日本青年共産同盟）に加盟し，争議支援に行ったり，その頃は，マルクス主義関係の書物の出版をもっぱらにしていたナウカ書店の本で学習会を組織したりしていた。六本木はつぎのように回想している。

> 教習所には400人の生徒がいて，青共メンバーは12，3人。当時の教習所は，戦前の軍隊的規律のまま運営されていたので「規律一本で運営するな」と壁新聞をはって，流行の"民主化闘争"を組織したこともある。／東京の芝にある労働会館で開かれた青共の第3回大会には代議員として出席したから，いっぱしの活動家だったのだろう。本人はもうすっかりそのつもりで，ベレー帽などをかぶって各工場に青共組織を作るために走りまわっていた。国鉄で労働運動をやるのだという自覚は，この時期に形成されたのである。[59]

六本木は49年3月に教習所を卒業すると盛岡車掌区に配属された。時あたかも，この5月，行政機関職員定員法が制定され，それを機に実質的なレッド・パージがはじまる。

> 私が盛岡車掌区に配属されたのは，こうした緊迫した時期だったが，当時の私は組合活動よりも青共の活動の方に興味があった。勤務帰りの夜行列車に乗りながら，駅につくたびに青共の新聞『青年の旗』をその地区のメンバーに配達していく，などという活動をやっていたのである。1949年の総選挙では共産党が一挙に35議席を獲得していたから，このままネズミ算的に共産党が増えていって，革命が起こるかもしれないなどと，10代終りの私は考えていたのである。／ところ定員法が施行されると共産党系の活動家が職場から一掃され，組合に残ったのは札付の民同（民主化同盟）右派だけだった。民同右派は職制と結びつきながら組合役員となった。職場には強権的な支配が横行し，言いたいことも言えないような暗いムード

---

58) 六本木敏については，六本木敏『人として生きる』教育資料出版会，1988年に拠った。
59) 六本木同上書，26頁。

がまん延していたのである。また翌年の50年には，共産党が所感派と国際派に分裂してしまった。アレヨアレヨというまの出来事で，当時の私にはなにがなんだかわからなかった。その共産党の分裂の混乱が青共にも飛び火し，事実上，私が結集していた組織も崩壊した。そのため私は，青共を離れざるをえなかったのである。／そして民同右派のやり方に批判的だった私は，彼らの支配する国鉄労働組合のなかで運動しようと決意したのである。このとき，私は21歳，1950年だった。レッド・パージ後の，国労にとっては最悪の時期に労働組合運動をはじめた。[60]

　こうして六本木は民同右派に対抗しながら組合活動に力を傾注し，50年盛岡車掌区分会の青年部長，翌51年には分会の執行委員，53年には盛岡支部書記長に就任した。六本木が組合で次第に重職に就いていく過程は，戦後民主主義の上昇期とそのまま重なっており，同時に民同右派が後退していく過程である。

　　　民同右派と職制が一体となって支配する職場で必死に闘っていた私にとって，新潟大会（1951年，平和四原則を採択した大会。これを機に民同の左右分解が決定的になる：引用者補）の結果と左派社会党の成立はほんとうに朗報だった。当時，職場における共産党の影響はレッド・パージでゼロになっていたし，私の周辺には革同（革同会議）の活動家もいなかった。"右派社会党など日本の革新運動で何が言える立場か"と反発していた私は，左派社会党の戦闘性に惹かれ，入党したのである。[61]

　いくらか第2章の内容に踏み込むことになったが，岩井，六本木ともに20代そこそこの，やがて労働運動の指導者となる青年活動家が，産別会議の凋落から民同の擡頭，総評の"ニワトリからアヒルへ"への転換，全面講和運動に至る時期に，どのように形成されていったのかの一端を見た。かれらが困難な時期にそれでも労働組合の役職にその位置をしっかりと占めていくことに示されているように，なるほど岩井や六本木のような優れた活動家は稀だとしても，そのような活動家を支持して責任を与えることのできる，さらに大勢の活動家，組合員たちが土台に蓄積されていったことも同時にうかがい知ることができるだろう。

---

60)　六本木同上書，27-8頁。
61)　六本木同上書，29頁。

Ⅲ 「地域闘争」と「職場闘争」の可能性
　──戦後民主主義の運動形態の端緒

　ここまで民主化同盟と社会党の主体形成に向けた軌跡（第Ⅰ節），ついでそれを担った活動家たちの形成（第Ⅱ節）を見てきた。次節で知識人集団の形成（第Ⅳ節）を扱う前に，ここで全逓と国労が展開した，地域闘争と職場闘争を一瞥しておこう。この時期の地域闘争，職場闘争が戦後民主主義に特徴的な運動形態として批判的に継承されていくからである。

　岩井が上諏訪地区労議長を兼任していたことは上にふれたが，地区労，地評などの労働組合地域組織が担った地域闘争，またその地域闘争と並んで職場闘争は，運動の現場においても研究においても，しばしば批判的，清算的に総括されるにもかかわらず，それらは戦後民主主義を支える運動の原型となったばかりか，今日まで労働運動の大きな遺産となっていると考えられる[62]。

　批判的，清算的評価が重視するのは，全逓や国労の地域闘争，職場闘争が，当時共産党の唱えた地域人民闘争とも綯い交ぜになって，「極左的」，「無政府的」のことばで当時から民同派によって批判されていた事態だ。興味深いことに，1950年代前半に高野指導のもとで──共産党は当時，党としての労働運動への影響力を喪失していた[63]──これらを批判的に継承した大衆闘争路線が推進された際にも，やはりそうした傾向が指摘され批判されたものである。

　高野指導下では，こうした闘争に対して，かつての共産党の「地域人民闘争」に転化する恐れがある，などと批判され，それに対しては，「議会主義的偏向」という反批判が向けられた。本稿がこれを重視するのは，そうした批判にもかかわらず，地域闘争，職場闘争が戦後民主主義を支えた主要な運動形態となったという事実に基づく。

---

62)　総評末期に「地評・地区労は総評の財産」と盛んにいわれたことが想起される。清水慎三「総評三〇年のバランスシート」（清水編著『戦後労働組合運動史論』日本評論社，1982年），小畑精武「地域労働運動のルネサンス」（『現代の理論』1989年3月号所載）を参照。
63)　清水真三『戦後革新勢力』（青木書店，1966年），180頁以下。

1 ゼネスト戦術の反省としての地域闘争と職場闘争

(1) 地域闘争と職場闘争が編み出された背景

　職場闘争,地域闘争は,二・一ストがマッカーサー命令によって禁圧されたことをうけて,中央の指導による統制ではなく,各職場,地域にイニシアティヴを移行して,下からの闘争を盛り上げながら,それを中央に集約しようというものだった。これは,二・一ストに至る過程で,下部の意見が運動に反映されにくく,またストライキが闘争の中心的な戦術であったため,職場に労働者の不満と批判が蓄積したこと,スト戦術が地域の市民,農民を置き去りに進展していったことへの反省を経て登場してきた。

　ゼネスト戦術は,政治的にはGHQに阻まれ,社会的には地域から労働組合を浮き上がらせる結果をもたらしていたし,職場内の要求実現が進まなかったために労働者の職場要求が相当に蓄積されていた。そこで自覚的に一般組合員の要求に直接に依拠して編み出された闘争形態が職場闘争と地域闘争だった。

　かの産別会議幹事会の自己批判に,「職場内の条件を考慮しないで,共同闘争を機械的にした傾向があった」,「生産復興について政治的にのみ解決することを強調し,現実の職場内の復興運動について無方針であった」とふれられていたが,地域闘争,職場闘争はこうした反省の結果として編み出されてきたものだといえるだろう。

　一般組合員の要求に積極的に依拠して闘おうとしたことは,地域闘争,職場闘争という闘争形態を最初に採用した労働組合が,産別会議の自己批判をリードした土橋一吉が委員長を務める全逓であったことに示されている。土橋は産別会議議長も務めており,自己批判大会を決めた幹事会で,積極的に自己批判の必要を認めていたことは先に見たとおりである。当時共産党員でなかった土橋は, 3分の2を共産党員が占めるといわれた産別会議中央執行委員会で「産別会議自身の立場を確立し,一党支配にかたよるな」と主張し,幹事,執行委員の幹部層が大衆とヨリ深く結びつく必要を強調していた。その土橋が,47年6月,産別会議自己批判大会の直前,全逓の臨時大会（6月11-14日）で最低賃金制の確立を目指して職場闘争と地域闘争を打ち出したのである[64]。

---

64) 細谷松太は,後年,土橋をつぎのように論じている。「かれを右から左に旋回せしめたものは,時代の力というよりほかにない。かれは闘争によって鍛えられ,大衆の志向にう

(2) 地域闘争・職場闘争と生産闘争の対立

　産別会議に対抗する総同盟がこの時期，片山・芦田内閣下で生産闘争に邁進していたことは先に見たとおりである。総同盟はいわば"われらの政府"という新しい条件下での労働運動を強いられたわけだが，そればかりでなく，これも先に見たように，二・一ストがマッカーサーの介入を招いて挫折した責任を共産党‐産別会議に帰していたから，幹部層が自覚的に一般組合員に依拠して新しい闘争戦術，運動形態を編み出す必要に迫られることがなかった。また，対照的に，産別会議は片山・芦田内閣下で公務員賃金が低位に抑制されたために，かえって戦闘化する条件があった。

　こうした相異をもたらした背景としてさらに考えられるのは，産別会議と総同盟の依拠していた労働組合の性格の相違である。

　生産闘争（高野によれば「コンラン」，太田薫の言では資本との「アベック闘争」）を展開した総同盟・民同派は大企業民間労働組合を中心に広まったのに対して，職場闘争・地域闘争を展開した産別会議の主力は全官公，とりわけ全逓と国労だった。大企業の企業別労働組合よりも，全逓，国労という全国組織形態をとる労働運動に，地域闘争・職場闘争はヨリ適合的な要素があったと考えられる。後年，高野指導下において，企業城下町で地域闘争・職場闘争が展開されるようになると，そうした闘争は局地戦化しやすいという批判がなされたが，この時期にはそうした批判はない。むしろ，反対に容易に全国的闘争に転化する様相を示した。48年の全逓三月闘争が，地域ストを集中して実態的にゼネストをつくり出そうとして再度GHQの介入を招くほどに——全逓内部でそのことが自己批判された——高まりをみせたことは，一般組合員の意識，要求にも適合していたからだろう。

2　全逓第3回臨時大会

　地域闘争と職場闘争の方針が明らかにされたのは1947年6月の全逓第3回臨時大会（6月11-14日）だが，全逓副委員長の高原は『中央公論』1948年2月号

ながされて群雄の上に頭角を抜いていた。高原（共産党員で全逓副委員長）のロボットにすぎないなどと，知ったかぶりをするものも多かったが，土橋は傑出した指導者であり，余人をもってしては，あの大全逓をきりまわし得ない大将の器であった」。細谷松太『戦後労働運動の歴史と人物』日刊労働通信社，1972年，71-5頁。

で地域闘争についてつぎのように述べている。

　　地域闘争が組合として一番はじめに取り上げられたことは職場闘争であった。即ち職場でその職場の長に向かって徹底的に闘いをしなければいけない，ということが最初に挙げられた原則だった。…中略…職場の長は，それが妥当だと思うならば，先頭に立ち組合員に尻を押されながら，その上の長に対して闘わなければならぬ。…中略…またこういう様な職場闘争だけでは全人民的な闘争へ発展することはできない。従ってこれを本当の地域の闘争，地区の労働者が一緒になって闘う闘争，地区の労働者が先頭に立って，農民，市民の組織がすぐその次に続いてくる闘争に発展しなければならぬ。[65]

　高原が述べている点で興味深いのは，職場闘争が地域闘争のなかで地域闘争と同時に登場していることだ。

　ここでの「全人民的闘争」というのは，例えば，「町工場は資材とか金融とかからいって結局大企業ないし独占金融資本と深い関連に立たされ，直接間接支配下にあって，多くは下請的な仕事をしているのだから，本当の相手は大企業であり，独占資本なのだ。そこでやっぱりどうしても大企業の人民管理，その下請工場としての町工場の企業闘争が続いて来なくてはならぬ。地域闘争というものは，こうして全人民的な闘争というものに拡がってゆく」というものだった。

　大河内一男は，こうした地域闘争を肯定的に捉えながら，「この新しい闘争方針は二・一スト禁止を直接の機縁とするものであったが，そうした消極的意味をこえて，その後長く日本の労働組合の戦術として，かつまた，企業別組合の制約から脱出するための有効な手段として，重要な意義をもち，近年にいたるほど，いわゆる『地域ぐるみ』の闘争の重要性は，ますます大きくなってくるのである」と述べている[66]。もっとも，大河内によれば，このときの全逓の実践自体は「変則的なスト戦略で，自然発生的なサボタージュの衣をまとった

---

[65] 『資料労働運動史　昭和22年版』332頁以下。
[66] 大河内一男『〔改訂版〕戦後日本の労働運動』岩波新書，1970年，112-128頁。また，大河内は1955年，高野指導を「外延」的運動に急であるとして，「内包」の充実，つまり組合主義的運動を強化すべきことを岩井章が事務局長就任直後に述べている。参照，大河内一男「総評論」，『世界』1955年9月号所載。

戦術で，多かれ少なかれ陰性な何ものかをひそめていた」，つまり，「山猫争議」であり，職場離脱戦術だったとしているが，こうした地域闘争の思想が，次章以下で詳しく検討する，高野実の「ぐるみ闘争」や「地域ストライキ集団」等のことばで代表される運動論やまたつぎに見る「総評組織綱領草案」にも継承された。

3 地域闘争・職場闘争の批判的継承

　後年，全逓にはじまった地域闘争，職場闘争は「総評組織綱領草案」(1958年) に批判的に継承されたが，その経緯について，草案の作成に携わって全文起稿した清水慎三はつぎのように回想している。

> 　地域人民闘争戦術というのは四八年の全逓闘争の時から出てくるのですが，これについては革命戦略として成功する条件があるとは思わなかった。…中略…また共産党がこのころからとくに労働組合の現場で手をつけかけていたことは，職場の職制権力に対して，これを変えていくという意味の職場闘争ですね。僕は，そういう政治的あるいは革命的戦略の意図のものでない労働運動を現場につくり出さなければならないと考えるようになりました。数年後に表舞台に立つ全自動車の益田哲夫さんと同じように共産党の提案を受けとめ，それをつくりかえて総合的職場づくりに活用する必要を感じていた。[67]

　清水は「総評組織綱領草案」において，労働運動をそのまま革命運動とする，いうなれば「赤色労働組合主義」のごとく位置づけるのではなく，労働運動を「階級解放を生産点で支えるべき社会主義への下部構造の日本型原型に成長」[68] せしめることを構想していた。とすれば，清水は，上の発言にもかかわらず，かえって「政治的あるいは革命的戦略の意図」に溢れていたといえようが，産別会議における地域闘争と職場闘争が批判されたような，労働運動と革命運動との輪郭がぼやけて革命運動に収斂してゆくような運動ではなく，革命の（劇的転換というよりは，おそらくは長期にわたる）過程における労働組合独

---

67) 清水慎三『戦後革新の半日陰』日本経済評論社，1955年，102頁。
68) 「総評組織綱領草案」前文，『総評組織綱領草案と現代労働運動』労働教育センター，1979年，42頁。

自の役割を見据えて，労働運動に課題提起を行っていたように思われる。

こうして「総評組織綱領草案」には，職場闘争を扱った「職場活動と職場組織」（第1章），地域共闘を扱った「国民的結合のための諸問題」（第9章）が設けられた。後者では，「労農提携」，「労商提携」，「平和運動の各種カンパニア」の項が立てられ，国民諸階層との共闘が強調されている。こうした地域共闘は中小企業労働者の組織・支援活動において，また平和運動，自治体改革など文字どおり「国民結合」の場として今日にも引き継がれている[69]。

職場闘争についても，「総評組織綱領草案」は「職場闘争は必ず職制支配の排除，職場民主化の要求を内部にもった階級闘争の性格を帯びる」と述べ，全逓の職場闘争を継承していることが明らかだ。実際，「総評組織綱領草案」は「職場活動と職場組織」の冒頭「運動史的考察」においてつぎのように述べている。

> 戦後の組合再建から間もなく，1948年頃，産別会議と全労連は確かに職場闘争を指導し激励した。然しながら，その思想が革命段階としての戦略戦術から出ており，またそのやり方も末端職制のつるし上げに偏し，指導方法も引廻しに過ぎ，かつまた高い任務をもつ地域権力闘争への発展をあせったため，組合運動に広く根を張ることができないままレッドパージとともに後退した。とはいえ，当時の全日本自動車労働組合とくに日産自動車分会がその道程をかなり長期にわたって実行し，相当の成果をあげつつ後の段階にこれを引き継いだことは今日率直に評価さるべきであろう。[70]

地域共闘は高野実が総評事務局長を退いた1955年以降も，中小企業労働者の組織・支援活動において，また平和運動において存続し，職場闘争はその峰のみを辿れば，1953年日産争議，1957年国労新潟闘争を経て1960年三池闘争と連なり，その裾野には民間大企業から中小企業までの広い裾野をもった闘争として展開され，70年代に入っても国労によって取り組まれ，大きな成果を上げた。

しかし，当時共産党書記長の徳田球一自身が，職場闘争の過程で職場放棄が起こったことを批判的に捉えて「興奮のあまり」と言わざるを得ない状況が生まれたのも事実である。「幹部闘争から大衆闘争へ」のスローガンに示される

---

69) 本書第Ⅱ部第3章「1990年代新自由主義東京における労働運動」を参照。
70) 『総評組織綱領草案と現代労働運動』労働教育センター，1979年，47頁。

ように，組合員大衆の即自的要求と力に同時に依拠し，そのエネルギーを大きく引き出そうとする運動形態だけに，「行き過ぎ」がしばしば発生しやすかったということだろう。

先に，47年10月の国労第2回臨時大会でも，共産党系活動家が「地域闘争」を主張し，民同派が本部による「統制」を主張し，前者が多数決で制したことが，岩井章もその場に居合わせた国鉄反共連盟の結成に直結したことにふれた。こうした労働運動内部における対立，葛藤は，60年の三池闘争，その後の構造改革論争のなかでも表面化したもので，分厚い活動家層を抱えた，上昇期の日本の労働運動が必然的にもたらした看過すべからざる一面だろう。60年代以降に成立した企業支配は，労働運動が"安保と三池"を通して質量ともに増大した，これら組合員大衆の力にどのような形を与え得るか，或は反対に，資本が職場においてどのようにこの力に対応して資本蓄積を阻害しない安定的な枠内に馴致させることができるかの鬩ぎ合いの過程で成立したものだった[71]。

Ⅳ　知識人集団の形成——平和問題談話会

上述してきたように，民同左派が成長軌道を掴み，社会党が「新しい労働者政党」として左に舵をきったとき，知識人が政治レベルに登場してきた。それに不可欠の役割を果たしたのが先に産別自己批判大会の項で引いた吉野源三郎である。

［1］吉野源三郎の人民戦線構想と平和問題談話会

1948年7月——高野が総同盟第3回大会で総主事となるのはこの後10月のことである——，アメリカ，フランス，カナダ，イギリス，ブラジル，ハンガリーの著名な学者8名によって「八科学者の声明」，いわゆる「ユネスコ声明」が出た。この声明は，4月のソ連によるベルリン封鎖，アメリカのマーシャル・

---

[71] 企業支配については渡辺治「現代日本社会の権威的構造と国家」（同『企業支配と国家』青木書店，1991年，所収）。また，職場，生産点における労働運動が1960年代中葉に後退へ向かうことを豊富な統計資料を用いて強調した下山房雄「戦後日本資本主義の展開と労働者階級の主体形成」（経済理論学会編『現代資本主義と労働者階級』青木書店，1979年所収）を参照。

プランの具体化により，冷戦対立が表面化してきた時期にそれを憂慮する東西の学者が連名で世界平和を訴えたものだ。

雑誌『世界』編集長だった吉野源三郎は，この「ユネスコ声明」を7月末ないし8月初めにGHQ・CIEから入手した。戦後，社会党と共産党の間で何度か試みられることはあっても一向に進展しない統一戦線の具体化を粘り強く模索していた吉野にとって「ユネスコ声明」は大きな示唆となった。平和を課題に「人民戦線の統一戦線」を立ち上げることができると考えたのである。吉野は，社共対立，労働戦線の分裂——産別自己批判大会に出席していたことは先にふれたとおり——という状況を踏まえ，自身の立場で主体的に取り組めることとして，知識人を統一戦線の要にしようとした。

吉野は，1968年に行われた「未発表討論『平和問題談話会』について」[72]で，ディミトルフの名を挙げ，1935年のコミンテルン第7回大会での反ファシズム統一戦線・人民戦線への戦略の転換，翌36年，西安事件を経ての第二次国共合作・抗日統一戦線について触れている。

〔コミンテルンは：引用者補〕そして統一戦線でファシズムの台頭と戦おうといって方向転換したのですが，そのときは手おくれだったわけですね。ぼくたちがびっくりしたのは，西安事件で中国の共産党が国民党と組んで統一戦線をつくったということでした。そしてまさに日本はこの抗日統一戦線で負けたわけなんですけれども，日本の敗戦後にはそういう失敗と成功の経験が生かされなかった。というよりは，その経験がなかったというべきかも知れません。ファシズムと戦った経験者は，いろいろな意味で実績を持っているのですが，戦後に牢から出てきた人たちの指導ではそれ以前の戦術だったわけです。それで人民戦線の統一戦線はずっと提唱されながらもだめだった。

吉野は，しかし，いまこの時，「ユネスコが鉄のカーテンを越えてやれるんなら，日本でも広く立場を越えて」「平和に関してはそれを越えてディスカッションできるんじゃないか」と考えた。

　……司令部の方針も変わりましたのは，ちょうど48年2月のチェコの政

---

[72]「未発表討論『平和問題談話会』について」，『世界』1985年7月臨時増刊，所載。この討論自体は1968年6月16日に行われたもの。

変ですね。それといっしょにソ連の国連代表が抜けて，アメリカに対して攻撃が激しくなります。それによって日本のマルクス主義者の態度も非常に戦闘的になった。このままいったんじゃ統一戦線もなにもないという状態で，私は比較的にそういう連中につき合いもあったものですから，ひどく心配になりましてね。日本の戦線がひどく乱れていて，私は個人的な気持ちでいえば，これではだめだ，なんとかもう一度結びつくようなものが必要なんじゃないかという気持ちでした。また，そのころコミンフォルムは「恒久平和と人民民主主義のために」という機関紙をだしていて，ぼくなんかのぞきますと，かつてぼくたちが若くて勉強しておりましたころは，もっとも批判されたような「人類の名において」とか，そういう言葉がコミンフォルムの代表的な論文のなかに出てくるわけですよ。[73]

そしてこのあと，吉野は，このようにコミンフォルムが「恒久平和」や「人類の名において」とか述べているから，「平和」を軸にして人民戦線・統一戦線の可能性がある，だから平和問題談話会を……とは，「あまり田中（耕太郎：引用者補）先生や安倍（能成：引用者補）先生にはお話ししなかったんですけれども」と続けている。

この吉野の発言に，久野収は「吉野さんはぼくをつかまえて，いまいわれた気持ちを何回か伝えられた」といい，丸山真男は「ぼくは，そこまで吉野さんの底意は残念ながら読めなかったな。もっと素朴に参加していた」と応じている。

吉野の，久野と丸山とへの対応のちがい，つまり吉野は人民戦線，統一戦線構想の問題については，丸山を田中耕太郎，安倍能成と同様に位置づけて敢えて丸山にはそこまで語らなかったのに，久野にはそれを打ち明けたのは，久野が当時清水幾太郎の間近で活動していたことに拠るだろう。清水と丸山の違いについては後述するが，この時代の清水は間もなく労働運動と密接な連携を持ちながら運動に参加するようになることに見られるように，例えば1980年代に『戦後を疑う』，『日本よ国家たれ』などの著作によって保守的論客として知られた清水幾太郎とは同一人ながらも別人のようであったことに留意されたい。

---

73)　前掲，久野収・丸山真男・吉野源三郎・石田雄・坂本義和・日高六郎「〔未発表討論〕「平和問題談話会」について」，『世界』1985年7月臨時増刊号所載。

そして，ここで強調しておきたいことは，吉野が当初目論んでいたのは，間もなく平和問題談話会という形で，知識人を集めて声明を出すということよりも，もっと強いものだったということだ。

2 野坂参三オルグの計画

　吉野は，社共対立はもとより，労働戦線における産別会議と総同盟，民同派の分裂の状況を見据えて，「人民戦線の統一戦線」の課題を「平和」に定めた。
　そこで吉野がはじめに目指したのは野坂参三をオルグすることだった。野坂がコミンテルン第7回大会に出席していたというだけではなく，吉野の見るところ，当時の共産党幹部，「戦後に牢から出てきた人たちの指導ではそれ〔統一戦線：引用者補〕以前の戦術」（前出，吉野の発言）だった。吉野は，1946年に野坂が帰国して，山川均らの提唱とともに一度は盛り上がった「民主戦線の失敗の連続をみていて非常につらかった」と述懐している。吉野がいま平和問題談話会を立ち上げようとしている時点から2年余り前，1946年1月26日，山川均大会委員長，荒畑寒村司会で野坂参三歓迎大会が日比谷公園で1万人を集めて開催され，そこで野坂が民主人民戦線について演説，片山哲社会党委員長がそれに呼応していた。このように野坂はいまだ統一戦線のシンボルだったが，ところが野坂オルグの意図は挫折する。吉野はその経緯をつぎのように述べている。

　　当時まだ共産党が平和革命の時期で，コミンフォルムの批判を受けて，転向をとげる前だったということもありました。それでじつは私の考えですが，東京では小泉信三先生のところに行って，野坂参三氏に参加してもらいたいと思うがどうかと相談したんです。それは野坂さんが慶応の学生であったときに，「共産党宣言」をはじめて読んだのは小泉先生から借りてのことなのですね。小泉氏も野坂氏の人柄についてはかねてよくいっておいでになる。思想的に違っておっても，一つの問題について話しあいができない仲じゃないと思ったものですから，それで小泉先生のところに行ったわけです。ところが小泉先生はこれには反対だった。共産党だけではない，およそ公党の責任者が出てきたときに，個人的な見解を腹蔵なく述べることは望みがたいことだ，けっきょく公党から発表されている公式の見解以上のことは述べないようになっているから無意味だろう。これが

小泉先生のお話だった。それで，野坂氏がダメだとすれば，これはぜんぜん政治家は辞めよう。ユネスコも学者だけでやったんだから，こちらも学者だけにしようと思ったのです。[74]

丸山はこの吉野の発言をうけてつぎのように応えている。

　私の記憶では，夏の終りごろ岩波の役員室で吉野さんとそれから安藤次郎氏，当時の出版労組の書記長ですか，彼がいて，そこで政治家を加えるかどうか話し合ったことがあります。おそらくいまのお話を伺うと，小泉さんのご意見をきかれたあとだったと思うんですよ。野坂は学者かも知れないけれども，政治家を一人加えるわけにはいかない。政治家を全部排除するか，全部加えるかどっちかで，けっきょく全部排除して，学者，文化人でやろうということを，お話ししたことがありますよ。[75]

つまり，野坂オルグがかなえば，労働戦線，政治戦線の統一への道が開けるという構想は吉野ひとりのものでなく，同席していた，吉野の後を継いだ出版印刷書記長の安藤次郎も同様の判断をしていたということだろう。

丸山は，久野収と違って，吉野から統一戦線の構想をそもそも打ち明けられていなかったが，吉野に対して，野坂をオルグする条件として「政治家を全部排除するか，全部加えるか」を示した。政治家を「全部排除」して，或は政治家を「全部加え」て，その名に値する力を持つ人民戦線を立ち上げられるはずはないから丸山はこのとき吉野に比して明らかに保守的，自由主義的な民主主義者だった。

丸山が日本の保守を批判するのに，福沢諭吉，陸羯南，エドマンド・バークら，いわば丸山が「健全なナショナリズム」を保持すると見做す，古典的な保守主義者の言説を用いたことはよく知られている。丸山にとって，こうした論法は，敵の武器を敵に向けるという戦術レベルに留まることではなかっただろう。

丸山は『世界』1946年5月号に載せた「超国家主義の論理と心理」でつぎのように記している．「戦犯裁判に於て，土屋は青ざめ，古島は泣き，そうして

---

74) 前掲，久野収・丸山真男・吉野源三郎・石田雄・坂本義和・日高六郎〔未発表討論〕「平和問題談話会」について」(『世界』1985年7月臨時増刊号所載)。
75) 前掲，久野収・丸山真男・吉野源三郎・石田雄・坂本義和・日高六郎〔未発表討論〕「平和問題談話会」について」(『世界』1985年7月臨時増刊号所載)。

ゲーリングは哄笑する。後者のような傲然たるふてぶてしさを示すものが名だたる巣鴨の戦犯容疑者に幾人あるだろうか」。ふてぶてしく笑ってみせると何なのだ？　と借問したくなるが，この日独比較に見られる相違とそれを埋めることこそが丸山の根本的な——丸山の研究に一貫して持続する，1972年論文「歴史意識の古層」に倣っていうならば，「執拗低音」というべき——問題関心であり同時に課題だった。

　かつてナチス突撃隊を組織して第三帝国ナンバー 2の地位にまで上り詰め，いまはニュルンベルク国際軍事裁判被告のヘルマン・ゲーリングを引合いに出してまで丸山が強調したかったことは，日本の超国家主義とドイツのナチズムとの「責任の自覚」の有無に示される相違である。丸山にとって，「責任を自覚」することのない，「封建社会から受け継いだ『遺産』」を引きずる「自由なる主体意識」を持たない，政治家，軍人はもとより「日本国民」の最重要課題は，その「自由なる主体意識」の獲得にあった。

　「超国家主義の論理と心理」はつぎの一文で閉じられている，「日本軍国主義に終止符が打たれた八・一五の日はまた同時に，超国家主義の全体系の基盤たる国体がその絶対性を喪失し今や始めて自由なる主体となった日本国民にその運命を委ねた日でもあったのである」。だが，本稿が仮説としている主体の形成——丸山の所謂「悔恨共同体」の形成も含めて——は1945年 8月15日よりも後年のことになる。

　小泉，丸山はそれぞれ異なる理由で野坂オルグに否定的だったが，両者の意見に説得されたというよりは両者の反応に接して吉野は野坂オルグを断念したのだろう。「超国家主義の論理と心理」は丸山自身の回顧でも「自分ながら呆れるほど広い反響を呼んだ」[76]もので，当時30歳代前半の新進気鋭の論客として急速に影響力を持ちはじめていた丸山の賛意が得られれば，吉野は野坂オルグを追求したのかも知れない。

　野坂がこれから組織される平和問題談話会に加われば，社会党－総同盟，共産党－産別会議による「人民戦線の統一戦線」が可能だと判断していた吉野が丸山の意見に重きを置いたのは，政治家を組織することを諦めて人民戦線をいわば「人民戦線的文化活動」に縮小せざるを得ないならば，なおさらその丸山

---

[76]　丸山真男『増補版現代政治の思想と行動』未来社，1964年，495頁。

が必要だと考えたからだろう。そのとき，吉野は平和問題談話会＝「人民戦線的文化活動」を当初抱いていた人民戦線の構想とどう結びつけて，位置づけようとしていたのだろうか。例えば，人民戦線において文化活動がもつ意義について，1937年につぎのように書かれた文章がある。

> 政治上の人民戦線が成立していないところに，本当を云うと人民戦線の真に有機的な一翼としての文化運動は不可能だ。文化活動が終局に於て組織的な政治活動によって制約されるものである以上，そうなのである。だがそれにも拘わらず又，文化運動が断片的には政治活動から比較的な独立を有っているということも忘れてはならぬ。特にファシズム反対という否定的な側面から，概括的に包括して行く形の政治活動である人民戦線に際しては，文化運動は特にその独立性のモメントをそれだけ強く有つことが許されるわけだ。元来，人民戦線という政治活動に対応すべき文化活動…中略…の形態は，少なくとも外部から見る限り文化的自由主義であり，…中略…この文化的自由主義の一つの特色は，それが政治活動から比較的独立に，独自の活動の形を以て，間接に政治活動に参加又は同伴するということにある。して見ると人民戦線的文化活動は，人民戦線の政治的成立に先立っても，相当の程度に，人民戦線的意義を有つことができると云わねばならぬ。…中略…文化運動の人民戦線は，政治上の人民戦線の成立を待つことなく，実行に移され得るし，又実行されねばならぬだろう。その実行の内容となるものは，文化活動の公然たる社会的組織化と大衆の壇に立つ文化内容＝文化の大衆性とである。[77]

これは戸坂潤が1937年に書いた文章だが，それから11年を経て戸坂亡き1948年のこの時点では，吉野の考えでもあり得ただろう。同じ1937年に『君たちはどう生きるか』を著している吉野が戸坂潤のこの文章を読まなかったはずはないし，まして当時コミンテルンの人民線戦に関心を抱いていた吉野がこの文章

---

77) 戸坂潤「人民戦線における政治と文化」，戸坂潤『世界の一環としての日本』，『戸坂潤全集第五巻』（勁草書房，1967年所収），48頁以下，強調点原文。『世界の一環としての日本』は，「一九三七・三・一五」の日付をもつ序があり，1937年4月刊。ちなみに，歴史の進歩と個人の生き方とを重ね合わせるべきだと青少年に問いかけた吉野源三郎『君たちはどう生きるか』は1937年8月刊。

を見逃したということはそもそも考えにくい[78]。そして，読んでいれば，この戸坂の考えを今こそ実現しようと思っただろう。

　その場合，吉野は眼前に展開している戦後の新たな状況，条件を踏まえて，野坂オルグを構想した当初から，政治的統一戦線の直接の前提となるべき，戸坂のいうように政治的人民戦線と人民戦線的文化活動というようには截然と区分されない，両者の融合のような運動を考えていたかも知れない。そして戸坂のいう「文化運動の人民戦線は，政治上の人民戦線の成立を待つことなく，実行に移され得るし，又実行されねばならぬ」という点は吉野にとって揺るがなかったに違いない。

　吉野の構想は間もなく48年秋から平和問題談話会として現実に動き出し，翌49年2月「戦争と平和に関する日本の科学者の声明」（雑誌『世界』1949年3月号所載）が出された。もちろん，吉野はこの時点でも政治的な人民戦線，統一戦線の構想を完全に諦めたわけではないと思われる。しかし，この平和問題談話会の第一回声明――と後に呼ばれるようになる――が出たあと，日本の国内情勢は急転する。

　7月から8月にかけて，下山事件，三鷹事件，松川事件と共産党弾圧の引鉄となるフレーム・アップが相次ぎ，共産党はもとより産別会議も大きな痛手を被る。さらにドッジ・ラインの実施が確定し，定員法が施行され，実質的なレッド・パージがはじまる。レッド・パージは翌50年，朝鮮戦争の勃発とともにさらに激しさを増した。また，吉野が「転向」と表現するように，50年1月，共産党はコミンフォルム批判を契機に党を分裂し，一部は極左冒険主義に突っ走った。

　その同じ過程で労働運動の場では，民同派が，レッド・パージに反対する行動を具体的に組織することもなく，むしろ，それらに便乗して，ついに労働運動の主流に立った。例えば，国労では，国鉄当局が50年7月18日，中央闘争委員会，各地本中央委員だった共産党員62名を馘首したとき，加藤閲男国労委員

78）　戸坂潤とともに1932年に唯物論研究会を立ち上げた古在由重にとって吉野源三郎は「マルクス主義の理論のほうの教師」で同時に「親友」であった。吉野は古在に「マルクス主義の理論」ばかりでなく特高に捉えられた際のアドヴァイスまでしている。1931年に治安維持法で逮捕されるまでの吉野について古在由重・丸山真男『丸山真男対話篇1　一哲学徒の苦難の道』（岩波同時代文庫，2002年），59頁以下。

長は，反共民同の星加要らとはかって，「解雇された者には組合員の資格がない」として民同派のみからなる中央委員会を招集し，中央委員を新たに補充して，当局の馘首を追認した。

　この時期の労働運動について，太田薫は1970年代後半，すでに企業主義的労働運動が主流となっていた時点で，つぎのように振り返っている，「共産党の人たちが企業組合の幹部を痛烈に批判することに対する感情問題をまじえて企業と癒着しながら，何ら機械もこわさない，破壊しない共産党員の労働者を『企業を破壊する』，『機械を破壊する』といって労働組合の力で除名するだけでなくて，労働者の基本的な権利である雇用の権利さえ無視して解雇を認めたということは，日本の労働運動に深い傷跡」を残した，と[79]。実際，民同派がそのままでいたならば，全面講和運動も破防法反対闘争も，その後に続く戦後民主主義運動もあり得なかった。民同派が戦後民主主義の担い手として主体形成してゆく過程は次章で扱う。

　さらに，吉野がこうした困難が積み重なる状況のなかで，それを打ち破るために現実への介入を続けていく様も次章で見る。しかし，その際に，吉野が産別自己批判大会に全日本出版印刷労働組合書記長として参加していたこと，また平和問題談話会の人選を岩波書店の役員室で丸山と話しているときに全日本印刷出版労働組合の，吉野の後を継いだ書記長安藤次郎が同席していたことは，丸山が「吉野さんの底意は残念ながら読めなかったな。もっと素朴に参加していた」といっているにもかかわらず注目しておいてよい事柄である。

　「人民戦線的文化活動」＝「文化運動の人民戦線」を追求した平和問題談話会の運動がその内容として「文化活動の公然たる社会的組織化と大衆の壇に立つ文化内容＝文化の大衆性」を獲得していくことを可能にした条件は，偶然によってもたらされたのではなく，当初から自覚的，主体的に追求されていたことが，ここにあからさまに透けて見えるようだから。後に見るように，平和問題談話会総会の場で同会が労働運動と強い連携を持ってゆくべきと発言して空気を一変させたのは羽仁五郎だったが，平和問題談話会が労働運動と強い繋がりをもってゆくべきことは吉野の構想に当初から折り込まれていたにちがいないのである。

---

79)　太田薫『増補春闘の終焉』(中央経済社，1978年)，18頁。

第2章　戦後民主主義の形成
―― "ニワトリからアヒルへ" の過程

本章の課題

　第1章「戦後民主主義の主体形成」では，労働組合－社会主義政党－知識人が，それぞれに戦後民主主義の担い手たるべく形成されてくる過程を検討した。本章では，いよいよ総評－社会党－知識人が有機的連関をもって戦後民主主義を形成してくる過程を考察する。

　冷戦の一方の当事者として日本国内の条件整備を行おうとするアメリカ・GHQから公然の秘密として支援を受けて結成された総評が短時日のうちに平和四原則を掲げて劇的に戦闘化する過程は，これまでも一般に "ニワトリからアヒルへ" といわれていた[1]。

　しかし，この謎めいた比喩の内実がどのようなものであるかは，これまで十

---

[1] "ニワトリからアヒルへ" という表現がどうして生まれたのか，ということについては諸説紛々である。GHQ労働班長ブラッティが「国際自由労連へ入ることは世界の趨勢だ。ビッコのアヒル（lamed duck）になるな」，つまり群れからはぐれたアヒルになるな，と忠告した際に，通訳がその意味がわからずにアヒルとだけ訳したのが発端という説。また，47年3月総同盟のある幹部が選挙方針を述べるなかで「共産党及び共産主義者はつねに民主団体を利用し，その名を借りて選挙闘争をおこなうので，もし総同盟がこうした民主選挙対策委員会あたりの推薦したものをうっかり応援していると，鶏の卵だと思って温めていたが，孵化してみたらアヒルだったというような，へそをかむようなことがおこる」云々と述べたのが最初という説もある（以上，高島喜久男『戦後労働運動私史第二巻』第三書館，1993年，131-2頁）。さらに，童話「みにくいアヒルの子」の話を間違えて，本来だったら "アヒルから白鳥へ" といわれるべきところが "ニワトリからアヒルへ" ということになってしまった，という可能性もあるようだ。太田薫はこの転換期を「高野（実：引用者補）さんが，いみじくも『ニワトリがアヒルになった』と童話の言葉を借りて表現したような，日本の労働運動，そして総評の運動にとって，きわめて重要な質的転換の時期だった」と記している（太田薫『闘争のなかで』青木書店，1971年，61頁）。しかし，筆者はニワトリがアヒルになるという筋書きの童話は寡聞にして知らないから，ひょっとしたら太田の思い違いかもしれない。

分に明らかにされてこなかったように思われる。それは，総評の急激な左旋回現象を，単に要約する言葉として用いられてきた嫌いがある。

だが，運動路線をめぐって高野実と対立した太田薫もこの過程を「きわめて重要な質的転換の時期」[2]（強調点は引用者）と回顧しているように，この転換は戦後労働運動史を考える場合には決定的といってもよい重要な問題である。"ニワトリからアヒル"への転換がなく，産別会議の凋落からGHQのサジェスチョンによる総評へ，そしてこれが職場闘争や地域闘争の可能性を省みることなく……という具合に，戦後日本の労働運動が展開したとすれば，これ以降の労働運動史のみならず，戦後政治史はガラッと変わったものとなったはずだからだ。

"ニワトリからアヒル"へとして，ひとり総評の左旋回のみを表現する，このどこか牧歌的なフレーズが表現している歴史の内実はそれほど牧歌的でも，単純でも，底の浅いものでもなかった。そこには，総評－社会党－知識人，それぞれの主体的努力による三者の有機的関係の形成があり，それが同時にじつは戦後民主主義の形成であった。この過程を明らかにするのが本章の課題である。

I　講和三原則と平和四原則

1　講和三原則と平和四原則

講和三原則とは，①全面講和，②中立堅持，③軍事基地提供反対を内容とするもので，1949年11月24日社会党中央委員会に，社会党きっての外交通といわれた外交官出身の曽祢益が提出した「講和問題に対する党の一般的態度」と題する草案にはじめて登場する。その後，この講和三原則に51年1月の社会党第7回大会（1月19-21日）で④再軍備反対が付加され，やがて平和四原則と呼ばれるようになった。

平和四原則として定式化される以前の講和三原則を"平和三原則"と呼ぶこともあるが，本稿ではその呼称を用いない。このことは両者の性格の相違に大きく関わるからだ。これまで，当時の運動の経験者も，研究においても，しば

---

[2]　太田薫『闘争のなかで』青木書店，1971年，61頁．

しば講和三原則と平和四原則の性格の相違が曖昧に位置づけられてきたように思われる。そしてその場合には，平和四原則とは講和三原則の，質的変化を伴わない，たんなる延長上に再軍備反対が加わったものだと理解されることが多かった。しかし，両者が持った政治的意味合いは全く異なり，講和三原則と平和四原則の間には闘争とそれがもたらした大きな断絶が存在する。

　この闘争と断絶は，何よりも，講和三原則が社会党右派の曽祢益から提案されたにもかかわらず，その曽祢益自身が平和四原則を決定した社会党第7回大会で三原則と再軍備反対に，つまり平和四原則に反対したことによく示されている。同大会では曽祢益自身がみずから講和三原則反対の討論に立ったのである。一見自説を否定したように見える曽祢益だが，或る意味では曽祢益は一貫していた。講話三原則が平和三原則と呼ばれるようになるのは，再軍備反対とセットになってからであって，それ以降は平和四原則という呼称が一般化していく。

2　社会党における講和三原則決定

　社会党で講和問題についての討議が本格化するのは，先述のように，49年11月24日の中央委員会に曽祢益が「講和問題に対する党の一般的態度」[3]という草案を提出してからである。このとき社会党が講和問題を取り上げたのは11月初めにアメリカ国務省が対日講和条約を検討している旨の報道がなされたことがきっかけだった。

　曽祢が社会党員になったのは1949年夏だが，片山内閣期に，官房長官だった西尾末広によって，外交官出身の経歴が認められて官房次長に就いて[4]以来，曽祢は社会党右派と関係が深かった。第1章でふれた，左派がイニシアティヴを握った49年4月の社会党第4回大会（所謂再建大会）後，「鈴木書記長から加藤勘十氏をトップに党本部に外交委員会を作るから，外交問題の手伝いをして

---

3)　曽祢益原案全文は社会文庫編『日本社会党史史料』（柏書房，1966年），211-2頁。中央委員会決定文は月刊社会党編集部『日本社会党の三〇年（一）』（日本社会党中央本部機関紙局，1974年）226-9頁。なお，曽祢益『私のメモワール』（日刊工業新聞社，1974年）には，曽祢益自身が講和三原則をうたった草案を執筆乃至提出したという記述はない。朝鮮戦争勃発後，曽根自身が自ら執筆した講和三原則に反対しなければならなくなったからだろう。

4)　曽祢自身は，西尾が自分を登用したのは民政局次長ケーディスの示唆によったものだと記している。曽祢前掲『私のメモワール』141頁。

くれないかという話」[5]があり，その経緯で曽祢が草案を執筆したものと思われる。

草案は12月4日の中央執行委員会で最終的につぎのように5項目に分けて決定された。第1項「根本的態度」，第2項「全面講和」，第3項「日本の安全保障」，第4項「民主主義の擁護と国際協力」，第5項「講和問題に即する国内政治体制」。曽祢提出案にはここでの第4，5項目がなく，これは中央執行委員会で付加された。

第2項「全面講和」はこう述べている。「日本は憲法において非武装，中立を宣言したのであってその主旨はみずから戦争を放棄するはもとより，国際紛争に対しても当然中立的立場を意味する。／現在不幸にして世界は二つの陣営に分かれているがこの際日本は一方の陣営とのいわゆる単独講和が他方の陣営とわが国の関係を機微ならしめることを憂慮し強く全面講和を要望するものである。ことに単独講和の場合，実際問題として日本の安全保障の形式的内容が講和を結ばない他方の陣営にして日本の中立立場に疑惑を抱かさせしめるに至るおそれがあるから一層われわれをして全面講和を要望せしめる所以であり，いかなる状況においても日本から進んで単独講和可なりとの立場をとるべきでない」（第2項全文）。

第3項「日本の安全保障」では「わが憲法の規定した中立的位置に鑑みわれわれが特定国または特定国家群との間にたとえば基地提供等の消極的にもせよ軍事的負担を含むような軍事的または政治的な協定を締結するようなことにはわが党は反対する」[6]と述べて，中立と軍事基地提供反対を主張している。

ここに講和三原則（全面講和，中立堅持，軍事基地提供反対）が，一応は，出揃ったわけである。しかし，後の平和四原則との関係で，この講和三原則については留意するべき点が幾つかある。第1に，これら原則がここではすべて憲法から導き出されている点である。占領下では，GHQの強い指導の下で作成された憲法を掲げることは誰からも批判される恐れのないものであったから，講和三原則がみずからの根拠を（敢えて）終始憲法にしか置いていないのは重

---

5) 曽祢前掲『私のメモワール』156頁。
6) 下線部は曽祢原案では「によってわが国の安全保障を求めるような意図をもっていないことも当然了解されるところと信ずる」となっていた。

要な意味を持っている。というのは，一つには，憲法を盾にとって非武装・中立を主張することは，この時点では社会党の独自色を示すものではなく，吉田自由党政府をも含む一致した見解だった。つまり，この講和三原則には，当時の政治との関係で，何ら急進的或は反政府的なものは含まれていない。もう一つは，ここで社会党が憲法を唯一の根拠として講和三原則を主張しているのは，間もなく，総評の平和四原則が憲法を根拠とすることを不十分として，そのことを自覚的に否定して，平和四原則を「労働階級の立場」として打ち出した態度と著しく異なっていたことである。

　講和三原則についてさらに留意すべき点は，上述の点と関連するが，この原則に当時の政府も表だって否認はできないという意味で"常識"的線を示したに過ぎないものだったということである。やがて朝鮮戦争と再軍備に直面するなかで，これが"常識"でなくなり，「曲学阿世」の主張とされ，激しい争点になったことから逆算して，講和三原則が49年11月時点ですでにそのような意味を持っていたと逆算してしまえば，闘争の末に獲得した平和四原則の意味が見えなくなってしまう。

　この時期，11月6日，吉田茂首相は第6回国会における施政方針演説で非武装と戦争放棄を説き，11日には参議院で単独講和も考慮するべきと答弁していた。社会党の講和三原則が，こうした吉田内閣の全面講和を放棄し，単独講和推進の姿勢に歯止めを掛けようとしたものであることは明らかである。実際にも，外務省条約局はこの時期に単独講和を予測した検討作業を開始していた[7]。そこで，この講和三原則がどの程度——どこまでも反対を貫くのか，そこそこで妥協するのか——のものだったのかは，曽根自身が講和三原則に反対するようになることで容易に想像されることだが，戦後民主主義の主体形成に深く関わることなので後にまたふれよう。

　講和三原則を決定した「講和問題に対する党の態度」には「わが憲法の中立性，平和性にかんがみ，みずからの兵力によって中立を守る義務が免除」さるべき，という「再軍備反対」と類似する文言があった。しかし，吉田の施政演説方針にもこうしたロジックによる再軍備反対は示されていた[8]のであり，当

---

7) 五十嵐武士『対日講話と冷戦』（東京大学出版会，1986年）182頁。
8) 渡辺治『日本国憲法「改正」史』日本評論社，1987年，第2章。

時，日本の再軍備を公然と主張する政治勢力は国会には存在しなかった。その意味では，これもこの時点では，すべての政治勢力の一致点というべきで，決して社会党の独自性を示すものではなかった。

したがって，講和三原則はこの時点では運動において何ら存在意義を獲得していなかった。講和三原則が運動のスローガンとして独自の意義を獲得するのは，つまり平和四原則となるのは，翌50年6月に朝鮮戦争が勃発して以降のことである。以下に見ていくように，朝鮮戦争以降に再軍備反対を主張することと，それ以前にそれを主張することとは，決定的に意味が違ったのである。

II 平和問題談話会の登場

1 知識人の先導的役割

社会党の講和三原則が運動を惹き起すこともなく，いわば，ただ決定しただけといってよい状況のなかで，ほぼ同じ時期に知識人が積極的な活動を展開しはじめていた。第1章でふれた吉野源三郎の平和問題談話会がそれである。

(1) 戦後民主主義のオルガナイザーとしての吉野

吉野源三郎は，「少なくとも平和の問題に関して，社共の間に共通の理解が成立てば，平和擁護の線で統一行動の望みがある，またそれを足場にして，統一戦線を実現することも絶望ではない」[9]と考え，第1章で言及したように，まず野坂参三を組織しようとして，小泉信三，丸山真男の賛意が得られなかった。しかし吉野はそれで構想を全く放棄してしまうことはなく，政治家を排して知識人に限定して，48年秋頃から東京，近畿にそれぞれ部会を設けて平和問題談話会を組織する。

もちろん，吉野が「統一戦線」の起ち上げを企図していたことに示されるように，吉野は，知識人を集めてただ声明を出せばよい，と考えてはいなかった。平和問題談話会に組織された知識人集団が積極的に活動を展開し，戦後民主主義の構成主体の一つに成長したことについては，戦前戦中の非合法活動，戦後にも労働運動の経験を持つ吉野のオルガナイザーとしての功績を高く評価しな

---

9) 吉野源三郎「戦後の三〇年と『世界』の三〇年」，『世界』1976年1月号所載。

ければならない。藤田省三が後年吉野を追悼する文章で「戦後精神の管制高地」[10]と呼んだのもそうした吉野の活動を踏まえてのことだった。吉野から統一戦線構想を直に打ち明けられていた久野収は吉野をつぎのように回想している。

　もともと，吉野さんは革命的労働組合，産別所属の印刷出版労組の書記局主任をしていたほどですからね。また，共産党系の古在由重氏や松本慎一氏——ゾルゲ事件の尾崎秀美の親友です——と深い友情で結ばれていました。しかし，吉野さんは新しい出発点を設けるために，これら政治左翼の親友をあえて（平和問題談話会には：引用者補）招かなかった。…中略…吉野さんの経歴を見れば，かつては強い左翼のインテリで，治安維持法でなく，現役の兵隊で軍刑法で検挙され，衛戍監獄の経験を持たされたのは，この「吉野少尉候補生」と「野間宏上等兵」くらいのものでしょう。しかし産別の諸会議や共産党の革命主義的平和行動を経験し，吉野さんは左翼派でありながら，これではとてもうまくいかないという結論を引き出し，はっきり米ソ両陣営の共存方法を積極的に追求する方向に踏み出したのだと思います。[11]

(2) **知識人のリーダーシップ**

　戦後民主主義は，レッド・パージ及び全面講和運動の時期に，まず知識人集団によってリードされた。他の主体，社会党は講和三原則を決定したのみですることなく，共産党は49年1月選挙で35議席を獲得し，第1章で見たように若き六本木敏に期待を抱かせたのとは裏腹に，その後のフレーム・アップ，レッド・パージに曝され党勢を後退させたばかりでなく，翌50年1月コミンフォルム批判を受けて党を分裂し，52年10月選挙では全議席を失って，ついに55年六全協まで極左冒険主義に邁進することになった。共産党が党として戦後民主主義の構成主体に復帰するのはようやくこの六全協以降のことである[12]。また，

---

10) 藤田省三「戦後精神の管制高地——吉野源三郎氏の姿——」（同『戦後精神の経験Ⅱ』みすず書房，1998年，所収）。
11) 久野収『市民として哲学者として』（毎日新聞社，1995年），169-70頁。
12) 共産党が党として戦後民主主義に復帰するのが六全協後のこととしても，平和問題談話会に組織された知識人も加わった平和問題懇談会や民主主義科学者協会，民主主義文学

民同派は幹部層を主に49年からの実質的なレッド・パージに乗じて共産党－産別会議勢力の追い落としに血道を上げていた。こうしてレッド・パージに便乗する民同と，その後52年やはり共産党の弾圧を意図した破防法に力強い反対運動を展開した後の民同＝総評との対照は鮮やかである。

　吉野源三郎がこうした状況下で組織した平和問題談話会の逸早い活動の開始は，やがて知識人とともに戦後民主主義の構成主体となる労働組合，社会主義政党と対比すると，きわめて大きな意味を持ったものであったことが浮き彫りになるだろう。

2　平和問題談話会第1回声明の意義

　平和問題談話会の最初の成果は，1949年1月にとりまとめられ，『世界』49年3月号に「戦争と平和に関する日本の科学者の声明」（後に「第1回声明」と呼ばれる）として発表された。全文を起稿したのは清水幾太郎である。声明は冒頭で，日本の科学者が科学者として戦争を防げ得なかったことの自己批判を先に述べ，その上で，過ちを繰り返さぬために科学者相互の組織的な協力と，科学者と国民の共同があってはじめて言論の自由を守ることが可能であり，戦争を防止し平和を擁護することが可能になる，と論じている。

　　翻って，われわれ日本の科学者が自ら顧みても遺憾に堪えないのは，われわれも夙にこの平和声明（ユネスコ声明を指す：引用者補）に含まれているごとき見解を所有しておったにも拘わらず，わが国が侵略戦争を開始した際にあたって，僅かに微弱な抵抗を試みたに留まり，積極的にこれを防止する勇気と努力とを欠いていた点である。おそらくその原因の中には，われわれが日を追って言論の自由を奪われていったために，われわれの見解を広く国民の間に浸透させて平和を確保する力たらしめ得なかったこと

などにおける共産党系知識人の活動は党の分裂期においても少なからぬ影響力を持って継続していた。丸山真男はつぎのように述べている，「共産党が正面からマッカーサー元帥と衝突し，朝鮮戦争の前後からふたたび地下に追いやられるようになった後も，党はひきつづいて知識人の間に広汎なシンパ網を持っておりました。大学におけるレッド・パージ問題に対して，至るところで非常に大規模な同僚と学生の抵抗運動が起こり，GHQとこれに呼応した日本の権力の企図がほとんど潰えたのは象徴的な出来事でした」（丸山「近代日本の知識人」，同『後衛の位置から』未来社，1982年，119頁）。東京大学法学部では丸山，川島武宜，辻清明がレッド・パージのリストに挙げられていたという。

も数えられ得るであろう。／今後われわれの知識が真にわれわれの力であるためには，先ず，社会科学者の側に，自然科学者の側に，また両者の間に，誠実な協力と鞏固な組織とが作られることが重要であり，これによって知識は自己を守るべき防塞をもつことができる。次に，知識は広汎に且つ自由に国民の間に伝えられ，平和に対する強烈な関心が国民生活の隅々まで行き亘ることが大切である。われわれ科学者は国民に信頼し彼等と共に歩む時にのみ，はじめて何事かを為し得るものである。それ故に，最後に，言論の自由は戦争を防止し平和を擁護するための不可欠の条件と言わねばならぬ。戦争挑発者が常に言論の抑圧を以てその野蛮な企図を開始することは，なお，われわれの記憶に新たなるところであり，これはわれわれが身を以て得た経験の教訓である。

このように知識人としての反省の上に立って，国民と実践的に結びついて活動を行っていくという結論が打ち出されたのは，単に知識人の良心などと言慣わされるような曖昧な道徳感情によるものではなかった。この声明は，戦後の現下の「危機」を「戦前」と捉え，「戦前」状況における知識人の実践的役割という戦略的な思考を念頭に置いたもので，実際にもこの声明はこの戦略をめぐる知識人内部の厳しい闘争の所産として提示されたものだった。それだけにこの文章は，戦後民主主義の形成にとって決定的な契機をなすものであったと思われる。以下にこの文章が決定されるまでの知識人内部の闘争の経緯を見よう。

(1) 侵略戦争に対する知識人の責任

1948年12月12日，声明文を作成するための総会が開かれたが，そこで激しい議論がなされることになった。第1に注目されるのは，この総会を経ることによって，当初，清水幾太郎が各部会報告をまとめて作成した声明原案には当初なかった，侵略戦争に対する知識人の反省が声明に盛り込まれたことである。

戦後民主主義とは侵略戦争に対する強い反省を核として成長してきたものだったが，この点が，この声明で明確にされた意義は大きかった。これが単なる一般的な平和についての宣言ではなく，戦後民主主義の運動として以降の平和運動を特殊に力あるものにさせたのである。侵略戦争への反省は羽仁五郎の問題提起を受けて声明に書き込まれることになった。

羽仁は討論が始まって間もなく,「ユネスコの社会科学者がかように語りかけたのに対して,日本の学者がただちにこれに応えることができるかどうか」と前置きし,つぎのように続けたのである.

> 各部会からの御報告をうかがっていますと,実に美しい言葉が語られ,立派な決意がのべられています.しかし,私の非常な誤解かも知れないのですが,はたしてわれわれはこれを守りとおすことができるかどうか,われわれは簡単にこういう言葉をはく資格があるかどうか,――それを思うと私は非常に深い心の痛みを感ぜざるを得ないのです.

羽仁の発言が波紋を及ぼすことは明らかであるし,羽仁はそれを承知の上で行っただろう.羽仁はさらに続けて,「では,時間の節約のために,私がかような提案をする理由を三つ申し上げたいと思います」と,あらかじめ整理してきた論点を述べた.第1に日本の知識人が知識人としての「無責任」で「節操」を持たないできたことを指摘し,第2にそのことへの反省を促している.曰く,

> いままで日本の学者は,社会の中における自己の立場にもとづいて本来感じなければならないはずの責任を感じ得なかったのではないか,極端にいえば,無責任であったとさえいえるのではないかと思われます.というのは,絶対主義の下では学者は常に上に向かって責任を感じたけれども,決して下に向かって責任を感じなかったのであります.…中略…その責任感の欠如が学問の節操を確立させなかった.私はそう考えます.

そして第3に,今後「節操」を全うするために,

> われわれは絶えず人民に対して責任感を感じていくことが必要であり,且つ学者の言論と人民との間に強い連帯を作りあげてゆくことに努むべきではないか.それには,学者も,人民の中に人民自身の組織が成長して行くということに,大きな期待をかけなければならないのではないか…中略…そういう人民の組織――なかんずくその中心である各種の労働組合及びその国際的な組織――そういうものに対するわれわれの期待に支えられて,日本の学者も,今後,絶えず人民に対して責任を負い,学者としての節操を全うして行くことができるのではないか,と私は考えております.

と結んだ.羽仁発言のポイントは,侵略戦争を阻止し得なかった知識人の責任という問題であり,それを再び繰り返さないための知識人の実践的方針の提起であった.これが戦中,野呂栄太郎らとともに『日本資本主義発達史講座』

（岩波書店，1932-3年）を刊行，39年には『ミケルアンヂェロ』（岩波新書）を書いた，あの羽仁五郎の発言だけに意味は大きかった。この羽仁発言に議長を務めていた安倍能成は「羽仁君の言われたことは，結局具体的な問題としては，労働組合やあるいは国際労働組合など，民衆の組織を基盤としてこういう運動を展開すべきである，という議論に帰するのではないかと思われます。それから，考え方によっては，われわれここに集まった者が，学者としての節操を羽仁君から詰問されているということにもなる」とやや気色ばみつつ議事を続けた。「羽仁君から詰問されている」というのは安倍の実感であっただろう。

羽仁は再び立って，「こういう会合が労働組合の基礎の上にたたなければならない，あるいは先輩各位（羽仁は1902年生，安倍は1883年生：引用者補）に向かって私が詰問的言辞を弄した，というようなことはまったく議長の誤解」としながら，同時に「われわれは自身の良心を告白し，われわれが過去において犯した過ち深刻に反省し，そして将来そういう過ちを繰り返さないという新しい決意を披瀝しなければならない」云々と同じ主旨をさらに繰り返したものである。みずからも治安維持法によって獄中を経験したことのある羽仁の発言の底には，拷問によって殺された野呂栄太郎，戦死した友人知人への思いとともに，いま再び祖国が戦争と軍国主義の脅威にさらされているという強烈な危機の自覚があっただろう。総会で知識人の自己批判については丸山真男をはじめ賛同したのは，こうした認識が共有されたことを示していた。そして，議論の大勢も決まった終盤における中野好夫の発言も，羽仁の問題意識に沿った，知識人の責任と戦争の脅威を共有したものだった。その内容は，今日から見れば，間もなく朝鮮戦争により事態が急変していくのをすでに予想していたかのように見える。

　現在ではまだ私たちは，平和への意思を表明したり，平和を語ることが非常に楽であります。いや，楽なばかりでなく，ある意味では平和を語ることがむしろ人気のあることかも知れません。しかし，近き将来に平和を語り平和の意思を口に出すことが，非常に困難だという時期が来るかも知れません。あるいはそういう言論に対して危険さえ迫るという日が来るのではないかと思われます。そのときにおいても私たち皆が——というと失礼かも知れませんがとにかく今日平和をかたっている人々が口をつぐんでしまわないということに，それが大切な点だと思うのであります。かよう

なことを言い出すというのも，かつて私たちが，この点で誤りを犯した痛い経験があるからです。太平洋戦争前後にも私たちは確かに誤りを犯したと率直に言わなければならぬと思います。あの経験に徴しても，せっかくいま平和を語りながら，そういう危険の状態になったときに，この平和を語る声が小さくなるということでは，何のためにもならない。必ずそういう危険が迫るとは断言しませんが，少なくとも，そういう危険な時期があり得るということは，あらかじめちゃんと覚悟しなければならぬ。…中略…たとい将来平和を口にすることが危険であり，困難であるという場合が起っても，今日の考えを捨てないということを，特に附け加えていただきたいと思います。

中野のこの発言は，戦中に文学報国会に関わり，戦後，みずからを戦犯と自己批判した経験に裏付けられていた。中野はここで，戦争に反対するとともに，将来にわたって自分たちの現在の態度を変えないという集団的な意志を示そうと主張した。中野の後年の，沖縄問題や革新都政運動への積極的な関わりは，この日の自身の発言の延長にあったものだろう。

総会では，全員一致制を採ったために，声明文には反映されなかった意見もあり，また起稿段階で強められたり逆に弱められたりしたものもあったが，討議においては広範な問題にわたって，様々な意見が出され，なかに冷戦下における中立の意義を強調した発言もあり，それはらこれから見ていくように第二回，第三回声明へ継承されていく。

(2) 人民との結合組織か，知識人相互の連帯組織か

総会でさらに大きな議論になったのは，羽仁の提起の第2点，侵略戦争を繰り返さぬための，知識人の実践に関わる点だった。この点は大内兵衛も羽仁発言に賛意を示し，続いて都留重人も賛成した。第八高等学校で日本の中国侵略に抗議してストライキを組織，除籍処分を受けてアメリカに渡った経験を持つ都留はつぎのように発言した。

私たちとしてはかような，まあ恥ずべき歴史をもっておるのでありまして，その点を考えますと，こういう種類の声明を本当に意義あらしめるためには，…中略…私一個の考えでありますけれども，このような声明を機縁にして問題をもう一歩実践の問題に近づけること，——言うよりも行う

ことへ主力を注ぐような方向へ向けていくことと、それからそういう実践を効果あらしめるための組織の問題とをとりあげること、——つまり、どういう機構を通じて平和の条件を作りあげるかという組織の問題を取り上げることが、肝要な事柄であると思います。そういう実践的な問題の方へ私たちの注意を向けませんと、結局において再びお題目に陥るおそれもありますので、今日の討議に際しては、われわれ自身の体験なども参酌しまして、もう一歩実践の問題に突っ込んだ討議があってしかるべきではないか。

師である末広厳太郎の著作に対する戦中の検閲、伏せ字の惨さを間近に見ていた川島武宜は都留に続いてつぎのように発言した。

戦争中多くの学者に、その節操について遺憾な点があったことは事実であります。同時に今日この席上においでになる先生方の多くが、戦争中非常な圧迫をこうむられたということ、それにも拘らず、結局、支配勢力にへつらったり便乗したりしなかったということも事実であります。しかし、いずれにしても戦争を防止することはできなかった。ところで、何が故に日本の学者が日本の非合理的な戦争を防止できなかったかという問題を考えますと、やはり、日本の学者が日本の人民、民衆と絶縁されていて、これに何ら働きかけることができなかったという点に、根本の原因があったと思います。

このように議論が、知識人と国民、人民、民衆との結合に傾きかけたところ、それに反対する意見が登場する。丸山真男である。丸山はつぎのように発言した。

日本の社会科学者が——個々についていえば過去においていかに良心的な人があり、いかに自分の立場を守りとおした人があったにしても——全体として、結局、侵略戦争を防止することができなかったということについて、全く触れずにすますことはできません。このことについての自己反省と、今後の決意と覚悟とかいうものを、やはり（声明の：引用者補）一番最初に謳っておくのが適当なのではないかと思います。

こうして丸山は反省については支持したが、知識人と民衆との結合については、羽仁と異なって、知識人の連帯先決を唱えた。

民衆との結合も大切ではありますけれども、まず手近に社会科学者相互

の横の連絡をつけるということが必要なのではないか…中略…たとえば，満州事変以後の経験を見ても，マルクス主義者が抑圧されたとき，自由主義者は，それはマルクス主義者のことであって自分たちに関することではないという，冷淡な態度がなきにしもあらずであったのであります。その結果，マルクス主義の弾圧がおわると，続いて自由主義が抑圧され，各個撃破の形で言論の自由，研究の自由が奪われていったのであります。こういうことでは戦争を防止するなどということは思いも及ばぬことであります。学説の相違，立場の如何を問わず，およそ社会科学者に対する政治的抑圧は，いかなる抑圧にせよ，全社会科学者の関心事であります。できうれば，その連帯感に貫かれた組織をもちたいと思います。

　丸山の発言は，知識人と「民衆との結合」それ自体を否定しないまでも，それに優先するものとして，知識人相互の連帯の必要性を強調したものである。丸山のこの発言はまた，第1章で見たように，吉野に対して平和問題談話会には政治家を排すべきと発言したこととも一貫している。

　こうした議論を経て，声明文には，「われわれ科学者は，国民に信頼し彼等と共に歩む時にのみ，はじめて何事かを為し得るものである」という言葉が，討論のそれよりもやや弱められたにせよ付加されることになったが，組織論については丸山の意見が採用された。

　声明には「先ず，社会科学者の間に，自然科学者の間に，また両者の間に，誠実な協力と鞏固な組織とが作られることが重要」という表現で盛り込まれた。丸山は，この討議の別の箇所で「一般国民に対する平和運動をエネルギッシュに行うということを前文に謳っていただきまして，その具体的な実現手段というものを…中略…入れていただきたい」と述べているように，「民衆との結合」を軽視していたわけではない。しかし，そこでも丸山のいうのは「一般国民に・・・・・対する平和運動」であり，知識人として「一般国民」とともに或は「一般国民」として運動にコミットするという主張ではなかったことが注目される。というのは敢えてその路線を採った知識人が，発言こそしなかったが，この場にいたからである。

(3) 清水幾太郎と丸山真男

　ここにはすでに後の戦後民主主義運動との関わり方における，知識人の2つ

のタイプが登場していた。声明では丸山の主張が採用されているが，50年代から60年安保までの運動を領導したのは，羽仁らの主張した，積極的に「人民に責任を負い」，「人民の組織」にコミットしようとする路線だった。

　丸山の主張の対極に立つ知識人として，丸山と並んで60年安保闘争まで戦後民主主義に大きな影響力を持ったのは，その後の軌跡からするとにわかに信じがたいようだが，清水幾太郎だった。清水は，戦中，読売新聞の論説委員をつとめており，敗戦の年の読売争議のさなかみずから退社していた。清水として，戦中のみずからの言動に深い自責の念があったことは疑いない。清水は，この討議で発言を行っていないが，このときの様子を後につぎのように回想している。

　　私は，変化して行く空気の中で，次第に針の筵に座っているような気持ちになっていった。…中略…羽仁ペースで活溌に発言する人が殖え，その発言が10項目（各部会の報告を清水がまとめ声明の素案となったもの：引用者補）を並べた私に向けられているように感じられてくるにつれて，私は一種の眩暈を感じ始めていた。一体，どこの部会の誰が自己反省や自己批判を行ったであろうか。それが多くの部会で行われていたら，私は必ずそれを記録したであろう。私は密かに吉野（源三郎：引用者補）氏を恨んでもいた。多くの部会に出入りして，10項目のような文書を作るのは，他の人間の仕事ではなかったのか。獄中何年の人たちといわないまでも，検挙されたことのある人たちとか，或いは，監獄の壁と同じような大学の厚い壁に守られて，そこで静かに読書し思索してきた人たちの仕事ではなかったのか。早く唯物論研究会を退会し，「退会証明書」まで書かせ，大道芸人のようなジャーナリストとして生きて来た私の出る幕ではなかったのではないか。──今更，そんなことを言っても始まらない。こん畜生，自分の書いた10項目だけは何が何でも守ってやろう，と私は考えはじめた。[13]

　これは，清水が60年安保闘争を経て戦後民主主義に対する立場を大きく変えた後に書かれた文章だが，まさに討議で覚えた眩暈を「こん畜生」と断ち切ったこの瞬間から50年代を一貫する清水の戦闘的知識人としての活動が開始されたといっていいだろう。ユネスコ声明に対する平和問題談話会の見解をまとめ

13）　清水幾太郎『わが人生の断片』（『清水幾太郎著作集』第14巻，講談社，1993) 324-5頁。

ることがもっぱらの課題とされていたこともあるにせよ，事前の部会における討論で自己批判が乏しかったというのは，おそらく清水のいうとおりであろう。しかし，清水もいうように，羽仁発言で全体の空気と議論の方向が変わったということは，そこに侵略戦争を阻止できなかったこと，戦前戦中の自己の言動に忸怩たる思いを持つ者が少なくなかったことを示している。

また，その上で，羽仁発言とその後に羽仁を支持する発言が続いたことに，吉野源三郎の何らかの関与があったかも知れない。当初から統一戦線を構想していた吉野が，知識人を集めて議論させ，声明を出せばハイ終り，と考えていたはずはない。吉野は各部会の報告に今後の運動を展望して不十分なものを感じたがゆえに，吉野の何らかの介入により，清水が眩暈を覚えた，相次ぐ「羽仁ペースの発言」，「一体，どこの部会の誰が自己反省や自己批判を行ったであろうか」という事態になったのかも知れなかった。

清水自身は，1930年代末，「さんざん迷った末，戸坂潤を初めとする人々から軽蔑されるのは辛いけれども，惰性や義理で心中するのは愚かなことだと考え，唯物論研究会を退会」し，「既に会員でもない私も検挙のドサクサの巻き添えを食うであろう。それに備えて，何処まで役立つか知らないが，『退会証明書』の発行を求めた」ことがあった。清水が認めるように「退会証明書」の発行など，「確かに，『前例』はなかったであろう」。それゆえ「後に検挙された人たちから見たら，私のような卑怯な人間はいなかったであろう。卑怯と見られようと，何と見られようと，友を売らない限り，自分の身を守るのは，自分の権利だと信じていた」[14] 戦中の自分を思い出し，「眩暈」を覚え，「針の筵」に座らされているように感じたのだった。

そして，「こん畜生，自分の書いた10項目だけは何が何でも守ってやろう」という決意を抱き，この延長上に，日教組に働きかけ，米軍の試射が行われる内灘に自ら赴くというような，戦後民主主義運動を積極的に担う知識人としての清水幾太郎が形成された。そして清水が中心になって，間もなく平和問題談話会ならびにそれに呼応する知識人たちが総評，日教組の運動に積極的に参加し，また左派社会党の選挙応援までも行うようになったのである。

---

14) 清水幾太郎『わが人生の断片』(『清水幾太郎著作集』第14巻，講談社，1993年)，292-3頁。

(4) 知識人の「悔恨共同体」の形成

　以上に見た平和問題談話会に結集した知識人の討論の行われた光景は，あたかも丸山真男が後年指摘した戦後日本知識人の「悔恨共同体」の形成を目の当たりにするようでもあった。丸山は「悔恨共同体」について，つぎのように回想している。

　　けれども実際には，敗戦後，知識人たちをふたたび共同の課題と任務にまで結びつけ，立ち上がらせた動機はもっと複雑なものでした。「配給された自由」を自発的なものに転化するためには，日本国家と同様に，自分たちも，知識人としての新しいスタートをきらねばならない，という彼等の決意の底には，将来への希望のよろこびと過去への悔恨とが──つまり解放感と自責感とがわかち難くブレンドして流れていたのです。私は妙な言葉ですが仮にこれを「悔恨共同体の形成」と名付けるのです。つまり戦争直後の知識人に共通して流れていた感情は，それぞれの立場における，またそれぞれの領域における「自己批判」です。一体，知識人としてのこれまでのあり方はあれでよかったのだろうか，何か過去の根本的な反省に立った新しい出直しが必要なのではないか，という共通の感情が焦土の上にひろがりました。[15]

　大事なのは，ここでいう「悔恨共同体」は丸山自身を含めて通例理解されているように「敗戦直後」に自然発生的に生まれたものではなかったということだ。清水幾太郎の「恨み節」にも見られるように，こうした「自己批判」は「戦争直後」ではなく，戦後が危機にさらされようとしている瞬間，その危機の自覚を踏まえたときに形成されたのである。その意味では，敗戦後間もない頃に盛んに論じられた，知識人・文化人をめぐる「戦争責任論」の実践的な解決をここに見たといえるかも知れない。平和問題談話会の人選の過程で吉野源三郎は知識人個々の戦争協力の姿勢について一定の判断を行っていたから，「戦争責任論」について無関心であったはずはない。

　後にふれる，レッド・パージに実質的な反対闘争を組むこともなく，それを自己の労働運動のヘゲモニー確立のために利用した民同派は，やがてこれら知識人との共闘の過程で，戦後民主主義の担い手として自己変革を遂げてゆくだ

---

15)　丸山真男「近代日本の知識人」(同『後衛の位置から』未来社，1982年)，114-5頁。

ろう。

3 平和問題談話会第2回声明

　第1回声明の後，社会党が先に述べた講和三原則を策定した時期，平和問題談話会は第2回声明「講和問題についての平和問題談話会声明」を準備していた。つまり，社会党と同様に，講和問題の政治焦点化を踏まえて，49年秋から準備に入った。12月21日談話会総会が開かれ，翌50年1月に声明文を決定，雑誌『世界』の3月号に掲載された。

　第2回声明は，冒頭で講和問題についての捉え方を宣明した。第1回声明において確執，葛藤を経て築かれた一致点である。反省と過ちを繰り返さぬための実践への志向がより鮮明に示されているし，「政治的立場を越えて」云々の文言は第2回声明とその内容をめぐっても知識人内部の闘争があったことを示唆しているだろう[16]。

　　一年前，戦争の原因及び平和の基礎についての共通の見解を内外に表明したわれわれは，講和及び講和後の保障に関する最近の問題について再びここに声明を発する。われわれにとってこの問題の重要性は誠に比類なきものであり，その処理の如何は，思うに，日本の運命を最後的に決定するであろう。戦争の開始にあたり，われわれが自らの運命を決する機会を逸したことを更めて反省しつつ，今こそ，われわれは自己の手を以て自己の運命を決定しようと欲した。即ち，われわれは，平和への意志と祖国への愛情とに導かれつつ，講和をめぐる諸問題を慎重に研究し，終に各自の政治的立場を越えて，共通の見解を発表するに到った。連合軍による占領が日本の民主化に重要な刺戟と基礎を与えたことは，恐らく何人もこれを承認するであろう。併しながら，今後における日本の民主化の一層の発展が日本国民自身の責任と創意との下においてのみ可能であることもまた疑いを容れぬところである。

---

16) 第2回声明では，生島遼一，井上健，辻清明，奈良本辰也，松井清，松田道雄，八杉龍一，吉村征一郎ら八名が新たに加わり，第一回声明参加者から，川島武宜，田中耕太郎，田中美知太郎，津田左右吉，鈴木大拙，重松俊明，仁科芳雄の7名が抜けた。川島，仁科は病気療養のため不参加だったとされる。参照，都築勉『戦後日本の知識人』（世織書房，1995年），162頁。

この第2回声明で注目すべきは，先にふれた社会党の講和三原則に較べて，その内容をはるかに前進させ，強化させていたことである。かれらが社会党の講和三原則を検討した上で，それを不十分と見なしていたことは明らかだ。

声明本文は，単独講和を「特定国家」――名指しはされていないがアメリカを指すことは明白だ――への依存・隷属をもたらすものとして厳しく批判しつつ，政治的・経済的独立の立場から全面講和の必要性をつぎのように述べている。

　日本の経済的自立は，日本がアジア諸国，特に中国との間に広汎，緊密，自由なる貿易関係を持つことを最も重要な条件とし，言うまでもなく，この条件は全面講和の確立を通じてのみ充たされるであろう。伝えられる如き単独講和は，日本と中国その他の諸国との連関を切断する結果となり，自らが日本の経済を特定国家への依存及び隷属の地位に立たしめざるを得ない。経済的自立が延いて政治的自立の喪失の基礎となることは議論を要せぬところであり，国民生活の低下は固より，また日本は自ら欲せずして平和への潜在的脅威となるであろう。われわれは，単独講和が約束するかに見える目前の利益よりも，日本経済及び政治的独立を重しとするものである。

さらに「単独講和または事実上の単独講和状態に附随して生ずべき特定国との軍事協定，特定国家のための軍事基地提供の如きは，その名目が何であるにせよ，わが憲法の前文及び第九条に反し，日本及び世界の破滅に力を藉すものであって，われわれは到底これを承諾することはできない」と憲法に加えて，世界の平和の観点から，軍事協定，軍事基地提供に反対している。

第2回声明で示されたのは，第1に，戦後の日本の進路を，明確な侵略戦争の反省に立ち，日本をアジアの一員と位置づけ，革命後の中国との関係を重視しているという点で，第2に，全面講和の意義を積極的に日本の政治的自立と，それを可能にするための経済的自立，そして世界の平和という視点から捉えている点で，憲法のみに依拠した社会党の講和三原則よりも前進している。それゆえ，GHQ及び政府は，社会党の講和三原則には何の挨拶もなく黙過することができたが，平和問題談話会の第2回声明には早速「反撃」に出たのである。吉野源三郎はつぎのように回想している。

　しかし，第2回声明で，軍事基地反対と日本の中立主義の主張がはっき

り出されると、様子が一変した。第1に反撃がきたのは、占領軍司令部からでした。司令部から、すぐに人が飛んできました。それから警視庁、法務部の特審局、これが続々とやってきて、この会の性質と声明の成立についてきびしい質問をくり返しました。そして法務局および警視庁からは、当時の団体等規正令に該当する政治団体とみなすから、早速届け出るようにという要求があった。…中略…／特審局に対する私の返事は、「この会は研究団体として出発していて、政治的な行動をとっていない。その点についてもし疑義があるなら、法務大臣か前文部大臣としての安倍能成さんに直接会ってみたらどうか、或は仁科芳雄さん、大内兵衛両副議長に会って話をきいた上で、その結果、政治団体とみなすというのなら考えるが、今の段階でそれだけの手続きはとるわけにはいかない」ということでした。そうしたら1カ月半ぐらいたってから、団体等規正令に該当するものと認めない旨の知らせがありました。[17]

吉野の談話会人選はここまで周到だったのかも知れない。吉野が特審局の脅しに安倍、仁科、大内らの名を挙げて居直ったのは事前にかれらから了解を得、その後にあり得べき事態への見通しと対策を整えてのことであっただろう。というのも、吉野自身、戦中に特高の取り調べを受けた経験があるのだから、こうした際に不用意に名を挙げることの意味、またそれがどのような結果をもたらしうるかを吉野自身がよく承知していたことは言うまでもない。

団体等規正令とは1949年4月公布・施行されたものでその目的を第一条で「平和主義及び民主主義の健全な育成発達を期するため、政治団体の内容を一般に公開し、秘密的、軍国主義的、極端な国家主義的、暴力主義的及び反民主主義的な団体の結成及び指導並びに団体及び個人のそのような行為を禁止することを目的とする」としていた。49年8月には既に全学連が団体等規正令の届出団体に指定されていたし、9月には在日朝鮮人連盟が同令によって解散の命令を受けていた。これより後のことになるが50年8月には共産党幹部が団体等規正令によって追放され、全労連も解散命令を受ける。つまり当時の支配層の「反撃」（吉野の言葉）として十分な威力をもつものだった。

---

17) 吉野源三郎「戦後の三〇年と『世界』の三〇年」、『世界』1976年1月号所載。

4 朝鮮戦争の勃発と第3回声明「三たび平和について」

　第2回声明に続いて，平和問題談話会は1950年9月，朝鮮戦争の勃発（6月25日）による情勢の激変を踏まえ，第3回声明「三たび平和について」をまとめた[18]。朝鮮戦争勃発により談話会がかねてより主張していた，米ソ対立下の中立は大きな政治的意味を持つことになった。さらに朝鮮戦争勃発翌日，26日のマッカーサー指令による『アカハタ』発行停止，7月8日には警察予備隊が創設されていたから，第3回声明という形で市民的自由を行使することで市民的自由を守ることの意味が際立ったし，再軍備反対を掲げることの政治的意味は鮮明だった。

　つまり，第3回声明「三たび平和について」発表は，先に第1回声明をまとめる際の総会における中野好夫の「たとい将来平和を口にすることが危険であり，困難であるという場合が起っても，今日の考えを捨てない」という言葉の重みが試されることとなった。こうした状況下で，「三たび平和について」は，細心の注意と冷静な判断をもって，第1回声明の冒頭に盛られた「勇気」，第2回声明に盛られた「今こそ，われわれは自己の手を以て自己の運命を決定」することを，現実の力とするための実践として打ち出されたといえよう。そのなかで，吉野は，占領軍，政府の圧力を受けながら，平和問題談話会の舵取りに苦闘していた。

　　第1，第2，第3と声明を重ねるうちに，最初の声明に参加した人で後の声明に参加しなかった方も出て来ました。今だからお話しできるのですが，その辺のことを摩擦なく処理し，また，外からの圧力によって一人も被害者を出さないように配慮するには，かなり苦心がいりました。何しろ，占領下でしたからね，そのころ，大内［兵衛：引用者補］先生のところに打合せに伺ったとき，先生が「吉野君，平和のためにつかまるのなら，また，つかまったっていいじゃないか」といって，私をはげまして下さった

---

[18] 『世界』1950年12月号所載。前文に「われわれをして右の責務（第2回声明に対する批判に応えること：引用者補）を一層痛感せしめるものは，1950年6月に朝鮮に勃発した不幸な事件である」と記している。なお第3回声明には，前回の参加者のうち，天野貞祐（文部大臣在官中のため），生島遼一，笠信太郎，森義宜，渡辺慧（海外滞在中のため）が外れ，杉捷夫が新たに加わった。参照，都築勉『戦後日本の知識人』（世織書房，1995年）。同書からは平和問題談話会の知識人の動向について多くを学んだ。

のを思い出します。私が心配したのは，私自身のことよりも，大多数の先生が国家公務員の身分をもつ国立大学の先生でしたから，会の行動が政治活動だとなると，大変な迷惑がその先生方に及ぶ点だったのです。しかし，大内さんが，サバサバとこういって下さったので，私もたいへん楽になれましたね。

この声明は第3回声明と銘打ちながら，実はそれまでと全く新しい意義を獲得することになった。「三たび平和について」は，前文が清水幾太郎，第1章「平和問題に対するわれわれの考え方」，第2章「いわゆる「二つの世界」の対立とその調整の問題」が丸山真男，第3章「憲法の永久平和主義と日本の安全保障及び再武装の問題」が鵜飼信成，第4章「平和と国内体制との関係」が都留重人の執筆になるものであった。全編至るところで講和三原則＋再軍備反対——つまり講和三原則がいまや平和四原則になろうとしている——が主張されているが，それらに主にふれたのは第1章から第3章までである。

そして平和四原則に関わって最も注目されるのが鵜飼信成執筆の第3章で，再軍備は憲法上不可能であることを明確に述べていた。つまり，この年，1950年元旦のマッカーサー声明とその延長上の警察予備隊という形で既に眼前に進んでいる再軍備化に真っ向から対立していた。

第3章は全編が九条についてあてられ，「日本の侵略戦争の犠牲となった諸国は，日本の完全な非武装化に深い関心を持っており，日本が軍事的な力をもつ国家として復活することに，鋭い猜疑心を抱いていることは改めていうまでもない」と再軍備をアジア諸国との関係において捉えていることが特徴的である。そして九条改正についてはつぎのように「憲法の精神に反する」と述べて明確的に否定した。

> 日本自身の再武装の問題は，上に述べたような憲法上の障害から，法律的には不可能である。それを実行するためには，憲法を改正しなければならない。しかし憲法自身の定めた改正手続によるその改正には，一定の限界がある。…中略…日本国憲法を，その永久平和主義（戦争・武力行使及び交戦権の放棄）を否定する方向に改正することはできない。またかりに改正は憲法上可能であるとしても，この条文の改正を問題にすることは憲法の精神に反するから，それは改正されてはならないものであるということを，われわれは主張する。とくに，日本の現状からいっても，軍備の復

活が，国内になお残存している封建的軍事的侵略的精神を燃え上がらせる結果になりはしないかと考えられ，われわれにとって，得るよりも失うところの多い結果になると思われる。

このように再軍備は違憲であるばかりでなく，同時に，第九条を改正して再軍備を合憲化することも許されないと述べ，再軍備が戦前のごとき日本帝国主義の復活につながることを強く警戒していた。こうした帝国主義復活に対する懸念はつぎのように丸山執筆の第1章にも見られた。

　　現在，全面講和論者や中立論者に対して為されるさまざまの批評乃至は悪罵を冷静に検討する人はそこにかの満州事変以後，連盟脱退から日独伊軍事同盟を経て太平洋戦争に至る時代の思想的雰囲気を想起させるような論理や語調を容易に読みとることができる。

こうして平和問題談話会の第3回声明において平和四原則（全面講和，中立堅持，軍事基地提供反対，再軍備反対）は初めて一貫した形で提示された。ここに主張された平和四原則は労働運動のなかに間もなく，文字どおり，パンフレットやガリ版刷りで"持ち込まれ"て，労働運動のなかでさらに強化されていくだろう。

GHQのバックアップを公然の秘密として受けた総評はすでに朝鮮戦争勃発から間もない7月11日に結成大会を開いているが，それは「お葬式みたいな大会」[19]であり，「朝鮮戦争に同調する北川義行君の説明のたどたどしいこと」[20]と回想されるような為体(ていたらく)であって，「三たび平和について」に示された平和四原則を受容して，みずからの武器とすることはいまだ想像だにできない状態にあったことに留意しておきたい。

Ⅲ　社会党における平和四原則採択

「三たび平和について」に示された知識人の実践に呼応して，社会党が変りはじめた。社会党を左旋回させ，戦後民主主義の政治代表としての権威をもたらす契機となったのは，党大会で平和四原則採択を経て党を分裂した左派社会

---

19) 清水慎三『戦後革新の半日陰』（日本経済評論社，1995年），115頁以下の水野秋の発言。
20) 同前，清水慎三の発言。

党の結晶化で，これを実現した力は青年活動家たちだった。

1　社会党青年部

　第5回大会（50年1月16-19日）で，独青問題を直接の契機に分裂した社会党は3カ月足らずで第6回臨時大会（50年4月3-4日）で統一を回復する。しかし，このときの統一は間近に迫った6月の参議院選挙をにらんで，分裂したままでは選挙に不利だという判断が左右に共有されたため，独青問題に端的に示される社会党の左右対立は蓋をされただけで，対立自体は蓋の下で止むことなく進行していた。

　第6回臨時大会では，第5回大会で左派が可決した「党の歴史的任務とその基本方針」から，労農党と山川新党との合同を促進するという項が削除されただけで，議論もなく殆ど満場一致で承認された。ここで問題となり議場を混乱させたのは，こんどは，独青でなく，それと対抗する青年部だった（独青であれ青年部であれ，それが問題となる根拠は結局のところ，労組と社会党とのそれぞれの青年部に籍を置く左派＝民同の活動家たちをいかに強化するか，或は抑え込むか，という対立だ）が，最後には「青年部のゆきすぎを是正する」という付帯決議がなされることで収まった。

　朝鮮戦争における「国連軍の警察行動支持」を声明した社会党は厳密にいえば49年12月の講話三原則に反していたが，社会党の講話三原則からのそれ以上の逸脱を阻んだのは青年部の活躍だった。朝鮮戦争勃発からちょうど1カ月，社会党は7月25日，第1回緊急評議会において「朝鮮事件に対する態度と闘争方針」，「戦争反対，全面講和の精神にもとづく平和運動の展開」を決定した。後者は，

　　　1，今度の朝鮮事件は，北鮮軍の侵略的行為からおこっている。われわれは朝鮮の南北統一はあくまで平和的，民主的手段によって完成さるべきである，との見地から，北鮮軍の武力侵略に反対する。／2，38度線の復元と，安全保障を目的とする国連の基本方針と行動は世界平和維持と民主的手段の立場と一致することを確認する。／3，しかし，われわれは一切の戦争放棄を明らかにした新憲法下における日本国民として連合国軍の占領下にあるが，事態の判断と行動においてあくまで自主性を重んじ，戦争

介入に反対する。[21]

と述べていた。「北鮮軍の侵略行為からおこっている」というのは当時においてはアメリカ側の発表に依拠したもので，国連軍の支持を掲げているのは総評の理解と変わるものではなかった[22]。しかし，社会党は，独青ときっぱりと一線を画した，間もなく民同左派として純化するグループと上の第3項を守ることに努力した。それでも同時に，この時点では，やはり憲法に依拠する，いうなれば法実証主義的立場に留まっていたことにも注意しておこう。この立場を克服するのが総評第2回大会における"ニワトリからアヒルヘ"の転換である。

社会党では，8月4日，星加要，三田村四郎，佐野博ら自由人クラブ（超党派外交を主張する集まりで，西尾末広，鍋山貞親の政治舞台といわれた）に属する，或はそれと関係が深い党員が会合を持ち，「中立反戦の平和運動は共産党に味方することになる」などの「中立放棄」決議が行われた。8月10日には，浅沼書記長ら党幹部と，国鉄，日教組，新産別などの労組代表党員とによる中央労代会議が開かれ，三田村はそこで同様の主張を行い，「中立は無意味だ」，「国連の南鮮侵略を押し返す軍事行動に積極的に協力すべきだ」，「社会党の目指す平和運動の目標に疑義がある。すでに日本はアメリカの国防線の第一に立っている現実をみよ」などと主張した[23]。これに対して，大谷徹太郎（新産別），森永栄悦（党青年部）らが，「われわれが平和を唱え，中道を貫くということは，他のいかなる行動よりも，今日，民族の独立と平和達成の最善の道であり，同時に戦争の悲劇をくり返さないというわれわれの死活的要求を全世界，とくにアジア諸民族に訴えることである」と反論していた。

党内労働者グループのこうした左右対立を抱えながら，党中執は9月18日，

---

21) 月刊社会党編集部『日本社会党の三〇年（一）』（日本社会党中央本部機関紙局，1974年）257-8頁。
22) 1951年に発表され同年芥川賞を受賞した堀田善衛『広場の孤独』は，新聞社に今日でいうフリーターとして働いている主人公が朝鮮戦争勃発に際会して北朝鮮軍を新聞で「敵」と表記することの躊躇を発端として，知識人の「コミットメント」をめぐる葛藤と孤独を描いた小説である。結果としては，平和問題談話会のような実践があったことで，この時期の知識人は堀田が描いたような「孤独」を免れたといえるだろう。
23) 月刊社会党編集部『日本社会党の三〇年（一）』（日本社会党中央本部機関紙局，1974年）258頁。

「国連支持に対する態度」,「講和条約への要望」,「平和運動のスローガン」を決定する。しかし,これは平和四原則どころでなく,講和三原則をも反故にするものだった。「国連支持に対する態度」においては「わが党は国連の法と秩序の維持を精神的に支持する」としながら「自発的に赤十字軍その他の人道的な支援を国連になすことはともに精神的に国連の警察行為を支持する平和主義に立っている」と「平和主義」の内容を換骨奪胎し,7月の不介入方針を曖昧化させていた。また,「講和条約への要望」では全面講和の要求がやはり曖昧になっていた。

このように右派の力が党の方針に強く反映されるようになっていったが,およそ3カ月後,12月10日,社会党都連青年部大会はつぎの決議を採択して党に圧力をかけた[24]。

① 国家が平和声明をだました全面講和促進の決議をすることを要求する。
② 平和三原則の絶対支持
③ 中華人民共和国の国連加入要望
④ 原子爆弾の使用禁止支持
⑤ 三田村四郎の除名要求

こうした青年部の動きが"左翼バネ"として機能することで社会党が平和四原則の担い手となっていく過程はこれから見ていく社会党第7回大会に明らかである。この力は,総評並びにその傘下労組の幹部層が示す,朝鮮戦争に対する社会党と同様の消極的支持,さらには戦争特需を当て込んで賃上げを目論む議論と鋭く対立することになった。

つまり,青年部は,朝鮮特需の恩恵に与って賃金,労働条件の改善を実現しようとする労働組合主義,経済主義を自覚的に批判していたので,このことは戦後日本の労働者階級の主体形成を考察する場合には決定的な意味を持つ。後にふれることになるが,労働組合の経済主義,労働組合主義の否定の上に戦後民主主義とその実動部隊たる総評労働運動が成立したことを示すからだ。

---

[24] 月刊社会党編集部『日本社会党の三〇年（一）』（日本社会党中央本部機関紙局,1974年）261頁。

2 社会党第7回大会における平和四原則採択

　社会党の左旋回の第一の山場は第7回大会（51年1月19-21日）における平和四原則採択であり，それを実現した力は上述の青年部だった。

　第7回大会は講和三原則に再軍備反対を加えて，平和四原則が採択された。大会は講和三原則と再軍備反対をヨリ鮮明に打ち出すべきだとする青年部・婦人部の代議員と，早期講和の「現実的」観点から講和三原則を放棄すべしという右派系議員との対立に決着をつける場となった。

　大会2日目に右派代議員がつぎの「外交方針修正案」を提出した。

　　（1）全面講和を主張するとともに，講和条約の内容に重点を注がなければならない。中立堅持の方針は，一定の実力的背景を必要とする。それがために自衛を確立するのは当然である。／（2）自衛力確立にあたっては，封建的軍国主義の再建であってはならない。特定国家の傭い兵となって，海外に派兵されてはならない。国民の経済負担を圧迫してはならない。／（3）共産党と対決するためには，社会党は労農階級のみに偏すべきではなく，国民組織として，生産防衛・国土防衛の有機的結合の上に，再編成しなければならない。[25]

　ここでは，「全面講和」要求と「講和条約の内容」とを強引に分離することで，あからさまに単独講和と再軍備が主張されている。「自衛力確立にあたっては，封建的軍事国主義の再建であってはならない」というのは当時の再軍備派に広く共有されていたことで，そこでの問題関心は，旧軍隊との人的系譜をいかに切断するかということだった。その点ではこの修正案は，戦後日本の軍隊の旧軍隊との断絶を意図していた当時の首相吉田茂の再軍備構想とそのまま重なるものだったし，GHQ・GSの日本再軍備構想も同様だった[26]。この「外交方針修正案」が平和問題談話会第3回声明「三たび平和について」と水と油の関係にあったことはいうまでもない。

　ところが，青年部は，「三たび平和について」をあたかも自分たちの方針としてこの大会に臨んだごとくである。大会直前に開かれた青年部全国代表者会

---

25) 月刊社会党編集部『日本社会党の三〇年（一）』（日本社会党中央本部機関紙局, 1974年）267頁。
26) 渡辺治『日本国憲法「改正」史』（日本評論社, 1987年），103-4頁。

議は「再軍備反対決議」を行い，講和三原則とともに再軍備反対を党大会が一層明確にすることを強く要求していた。

　"もし社会党が再軍備反対に固執していると終には，にぶって動きがとれなくなる"というようなことをいう者がある。／この論者は社会党のいわゆる講和三原則について同じようなことをいう。その意味するところはおそらく"今のうちは再軍備反対，全面講和，軍事基地提供反対を唱えていても講和会議のさいには都合でこの主張を放棄してもいい"というのであろう。しかし社会党が再軍備反対や講和三原則の主張を堅持することが最も必要なのは講和会議のときだからである。このときにこれを捨てるというならばそれは真の再軍備反対論者でもなければ全面講和の主張者でもない。むしろ悪質な再軍備論者であり，単独講和論者であるといわなければならない。[27]

　平和問題談話会総会における中野好夫の発言「たとい将来平和を口にすることが危険であり，困難であるという場合が起っても，今日の考えを捨てない」を髣髴とさせる。そして全国婦人対策部代表者会議も青年部のこの方針に同調していた。

　青年部を中心とする代議員グループは，大会では右派の修正案に対抗して，「われわれは日本の再軍備に反対する」という「再軍備反対決議案」を提出した。その提案理由はつぎのようなものである。

　①われわれは自衛権を承認するが，自衛権はただちに軍備を意味するものではない，しかも今日の再軍備は西欧陣営から日本に要求されているものである，②したがって再軍備は西欧の集団的軍事同盟に直接参加することを意味し，日本を第三次世界大戦に引き込む可能性をもっている，③軍隊の存在は，勤労者の自由と生活を奪い，社会主義革命の成就にとって大きな障害となる，なぜなら資本主義制度のもとでは軍隊は勤労者階級弾圧の強力な武器となるからである，④再軍備は重税をもたらし，国民生活を破壊する，⑤再武装は憲法に違反し，かつポツダム宣言など国際法に違反する，

---

[27] 月刊社会党編集部『日本社会党の三〇年（一）』（日本社会党中央本部機関紙局，1974年）268頁。

ここでは，先述来の論点からいえば，再軍備反対の論拠が，憲法より先に，集団的軍事同盟，第3次世界大戦，市民的自由，市民生活そして社会主義革命に置かれていることが注目される。憲法は論拠の最後になっている。これは，「三たび平和について」に学びながら，それをヨリ前進させた議論だった。このように憲法のみに依拠しない再軍備反対論を立てることができたからこそ，後段で見る総評第2回大会における平和四原則は可能になった。
　さらに，この提案理由は「真の自衛権はどこから生まれてくるか」という一項目を起こし，「われわれの脅威は外敵侵入ではない」と明確にした上で，「安全保障」の意義をつぎのように説いた。

>　国々の安全を守る途は国内的には社会不安を一掃し国民生活の安定と向上を保障確立して，共産主義勢力とファシズム勢力との擡頭を許さず，要すれば民主的治安組織を確立して真に国民一人一人が平和を破らんとする自らの敵と対決せんとする意識がもえ上がるごとき内政の確立をみることである。／しかし対外的には自ら進んで戦争の危機を招きあるいはこれを助長せしむるがごとき一切の外交を排し，全面講和，軍事基地反対，および中立堅持の原則のうえに，世界平和のために国連に協力し，あわせてその安全保障を求むる不動の平和的外交体制を確立することである。[28]

　はたして大会は右派の修正案を342対82の大差で否決して「再軍備反対決議案」を可決した。こうして青年部，婦人対策部が右派を圧倒して平和四原則を社会党の方針とさせたのである。この大会で委員長に選ばれた鈴木茂三郎は就任演説で「青年よ銃をとるな。婦人よ平和のために」と青年部，婦人対策部に応えた。このフレーズが後々まで語り継がれたのはもちろん内容の普遍性によるものだが，その普遍性は，この場この瞬間において，鈴木を委員長に押し上げた力，つまり青年男女の意志と要求に直接に応えたものであったから獲得されたのと言えよう。
　こうして社会党において平和四原則を採択させた青年部，婦人対策部の力はそのまま，彼ら彼女らが労組に帰って，総評，並びに各単産，単組に平和四原則を方針とさせることになった。『日本社会党の三〇年（一）』が「平和四原則

---

[28]　月刊社会党編集部『日本社会党の三〇年（一）』（日本社会党中央本部機関紙局, 1974年）267-70頁。

をめぐる社会党と総評の関係については，四原則を組織的に総評に反映させるための中央部の働きかけや指導があったとはいえない」(272頁）と述べているように，平和四原則を社会党と労働運動に持ち込んだのは社会党の党としてのイニシアティヴではなく，若い男女の活動家たちだった。この大会で議長を務めていたのが当時30歳にもならない青年活動家，国労の岩井章であったこともそのことをよく示しているといっていいだろう。

岩井はつぎのように回想している。「社会党大会のさい議長をやったときのことである。それは平和四原則をとり上げた大会だったが，その時に加藤宣幸が，『たまにはハラを決めろ』というので，ここでひとつ決めてやろうと，しゃにむに平和四原則を通してしまった記憶がある。それで浅沼稲次郎さんが猛烈に怒った場面を，いまでもよく思い出す。このときのことについて加藤がその後よく私を冷やかすが，私としては，もう決めた以上，不退転の決意で，まあまあどころではなかった」[29]。その岩井は党大会から5カ月後の国労大会でも平和四原則採択のために「不退転の決意」で望むだろう。

51年6月，平和四原則を決議した国労第10回大会（6月5-8日）では，来賓に招かれた鈴木茂三郎は「組合と政治を切りはなすことはできない。組合員だけが爆弾をまぬがれることはできない。四原則をかかげているのは戦前日本の状態におとしいれないためだ」と演説し，また労農党の岡田春夫は「平和四原則を守れ，愛国労働運動は東条内閣の二の舞だ」と述べた。岡田の発言は，国労大会に先立つ，6月1，2日，松岡駒吉らによって総同盟再建大会が開かれ，星加要，斉藤鉄郎らのこれに呼応した愛国労働運動が提唱されていたことを念頭においたものである。なおこの国労大会では鈴木，岡田とは対照的に，講和三原則の「生みの親」である社会右派の参議院議員曽祢益は講和三原則を反故にして「無防備ではいけない，集団安全保障で行くべきだ」とやがて結ばれるだろう日米安保条約を支持する演説を行って空しかった。

51年9月7日，サンフランシスコ講和条約調印の前日，高野実は機関紙『総評』に「多数講和に反対する」という主張を掲げたが，その日，星加要らの民主労働研究会（民労研＝民同右派），同24日，宝樹文彦，岩井章，平垣美代司らの労働者同志会（同志会＝民同左派，61年9月，総評社会党党員協議会に改組）が

---

29) 岩井章『総評とともに』（読売新聞社，1971年）66-7頁。

それぞれ公式に旗揚げする。つまり，平和四原則がついに民同の左右分裂を組織的な形にまで推し進めたのである[30]。

Ⅳ　総評における平和四原則採択

上に見てきた社会党を動かした力は，国労においてそうであったように，総評にも流れ込んだ。そのことが総評を戦後民主主義の基軸的な担い手，戦後民主主義の実働部隊たらしめてゆく。そこで，いよいよ戦後民主主義を総評に即して見ていこう。

さて，民同派による労働戦線統一の動きは，占領軍の後押しにより総評（日本労働組合総評議会）として具体化した。総評は，1950年3月11日に結成準備会大会，朝鮮戦争勃発間もない7月11-12日に結成大会を開いて，正式に発足する。しかし，結成大会に出席していた清水慎三が「葬式のような雰囲気」[31]だったというように，また朝鮮戦争については国連軍の支持を表明するというように，結成当初，いわばアヒルの総評は，戦後民主主義への後れた参加者であり，翌年には"ニワトリからアヒルへ"転換する総評の面影はここには毫も見られなかった。

1　初期総評の性格——"ニワトリ"の総評

総評結成の過程で注目されたのは，民同運動の元祖ともいうべき細谷松太率いる新産別が他の民同勢力と袂を分かち，総評は「産報化，御用化」の危険があると批判して，総評参加を見合わせていたことだった。新産別が総評に参加しなかった理由は，総評を連合体にするのか共闘組織にするのかという点での見解の相違——新産別の独自の影響力を保持できるか否か——もあったが，一層重要な点は，総評の「産報化，御用化」への危惧だった。

総評結成大会では，日教組から「行動綱領」に，「強力な平和運動を展開」することを加えることが提案されたが，いまだ"ニワトリ"の総評は採決に

---

30)　平和四原則を採択した国労大会のあった6月に，平和問題談話会の活動で吉野源三郎を励ましていた大内兵衛をはじめ，高野実，太田薫，岩井章，清水慎三らによって社会主義協会が発足している。
31)　清水慎三『戦後革新の半日陰』（日本経済評論社，1995年），115-6頁。

よってこれを否決した。ところが，同日の新産別中央委員会は「今こそ戦争を回避する平和の闘争を断固として推進する」と表明して，総評と違いを際立たせていた。

また，民同よりも「左」に位置する益田哲夫率いる全自動車労組もこの時点では総評に加盟しなかった。さらに，レッド・パージに対して他の労組に較べ相対的に戦闘的な姿勢をとっていた私鉄総連は，総評結成大会直前の私鉄総連第6回大会（7月4-8日）で総評加盟案の採決が過半数に達せず保留となり，総評のオブザーバー組織にとどまった（11月21日第7回大会で正式加盟を決定）。

初期総評，"ニワトリ"の総評に対する労働戦線内部のこうした批判は，高野実が自己批判した「社会党の下請と生産闘争」ばかりの民同の為体に対する批判であっただけでなく，民同派がレッド・パージに対して，抵抗を組むどころか，かえってそれを利用して労働運動のヘゲモニーを握ろうとしたことによっても増幅されていた。

2 レッド・パージに対する民同の対応

1950年7月12日の総評結成大会を前後して，6月6日，全逓委員長，産別会議副議長だった土橋一吉を含む共産党幹部24名の公職追放，同月25日朝鮮戦争勃発，7月24日全労連機関紙無期限発行停止，8月30日団規令による全労連への解散命令——といった事態が相次ぐなか，総評評議員会は9月15日，「共産党員および同調者の解雇に対する態度」[32] を決定した。

この文章は"ニワトリからアヒル"への転換によって平和四原則を採択する後の総評とは対照的な，生まれたばかりの初期総評の性格をよく示しているから，すこし詳しく見ていくことにしよう。

「共産党員および同調者の解雇に対する態度」は5項目から成っている。その第1項全文はつぎのとおりである。

> 1 合法的に存在を認められている政党である限り，単に党員であるとの理由をもって解雇することは不当である。しかしながら民主主義の社会秩序を打ち立てようとする日本では，暴力による破壊行動およびこれを準備する行動は許されない。したがってこれらに該当するものはだれであるを

---

32) 『総評十年史』（労働旬報社，1964年）233頁。

問わず，ある処分の対象とされることはやむをえない。ただしこのことは明確な具体的事実にもとづいて，厳格に日本の法に準拠し，労働協約の存するところではそれにもとづいておこなわれなければならない。

これは共産党員及び同調者のパージをやむを得ないと容認したものである。含蓄ある「ある処分」を目的に「共産党員および同調者」を特定することが日本国憲法第一四条，第一九条に照らしてどう判断されるべきかという視点はここにはない。しかし，60年代から70年代中葉にかけての三菱樹脂・高野事件[33]ではそのことを問うようになるだろう。

第2項，第3項はつぎのようになっている。

　　労働者にとって解雇は生活の根底を脅かされることであり，このような処置が法によらず，もしくは法の解釈を独断に曲げ，あるいは労働組合の存在を無視して一方的におこなわれることに対しては，断じて反対する。
　　3　特に近時，労働組合内の活動分子や使用者側に対して強硬な態度をとるものを意識的に共産党同調者，シンパと規定し，これに弾圧を加える傾向が助長されているが，われわれはこのような便乗的不当行為には断固として反対し，あくまで戦う。

第2項は，労資双方の合意により「ある処分」が行われるならば認める，第3項は，「共産党同調者，シンパ」でない者を「共産党同調者，シンパ」とする「便乗的不当行為」には「あくまで戦う」と述べている。つまり，「共産党同調者，シンパ」の場合には戦わない，と述べている。第4項，第5項はつぎのようになっている。

　　4　われわれは法と秩序と民主主義を尊重するがゆえに，暴力によってこれに挑戦する分子の組合内における活動は徹底的に排除するが，労働者の就業の機会を軽々に奪うことや，そのことによる脅威を利用し，組合を弱体化させ，もしくは御用化しようとする反動政策には断固として戦う。
　　5　われわれの以上の態度は，自由と民主主義と人権の保障される社会を確立するための立場にもとづくものであるがゆえに，自己の労働者窮乏化反動政策をなんら反省することなく，権力による弾圧をもって事足れりと

---

33) 高野不当解雇撤回対策会議『石流れ木の葉沈む日に——三菱樹脂・高野事件の記録』（労働旬報社，1977年）。

する政府に対しては徹底的に戦う。それとともにわれわれの闘争は，共産派，全労連等が首切り反対にかこつけておこないつつあるゲリラ的闘争とはその本質を全く異にするものであることを明らかにする。

だが，間もなく総評はここで示された，「法と秩序と民主主義」，「自由と民主主義と人権」の定義をみずからの運動のなかで克服していくのだが，この時点でのここにみられる態度はもちろん全国組織である総評だけのものではなかった。

レッド・パージの被害が最も大きかったとされるマスコミの事例を見ておこう。朝日，毎日，読売などの15組合で組織される新聞労連（日本新聞労働組合連合会）は，8月1日，拡大執行委員会において，つぎの決定をしている。

> 今回の措置は，共産党が従来民主主義の原則に抗して取り来たった行動，ならびに現在鮮明におこっている事態に関し取りつつある態度に対する処置であって，民主主義の根本原則ならびに新聞言論の全般的方向，労働運動などの規制として取られたものではないと認定する。

この決定によって，新聞労連傘下の各単組は「国内法・労働協約に先行する」ものとしてレッド・パージを認め，該当者から組合員資格を取り上げていった[34]。ちょうど1カ月後，9月1日，新聞労連中央執行委員会は，便乗解雇，誤認解雇の撤回を目指すことを決定したが，8月1日のこの決定に手を触れずに，そうした方針を立てても成果は乏しかっただろう。

レッド・パージに対する民同派のこうした対応は太田薫がこの数年後から晩年まで機会あるごとに繰り返し批判的に言及したものだが，後段で扱うが，1952年，やはり共産党の弾圧を目的とした破防法（破壊活動防止法）が登場してくると，ここでレッド・パージを容認していた"ニワトリ"の総評，民同は，今度は豹変したかのように，破防法を治安維持法の復活と捉え，言論の自由をはじめとする市民的自由を守るために積極的な反対運動を組む。

この時点，レッド・パージの際に，それが言論の自由の抑圧をもたらすと批判的な態度を明確にしていたのは大学教員などの知識人たちだったが，総評が間もなく平和四原則を採択し，レッド・パージにおける態度を克服して破防法反対に取り組むことができるようになったのは，後述するようにこうした知識

---

34) 大河内一男・松尾洋『日本労働組合物語　戦後Ⅱ』（筑摩書房，1973年），1415頁。

人たちとブロックを形成したことが大きかっただろう。

3 賃金闘争の停滞

　朝鮮戦争勃発から2カ月ほど経た，8月23日，総評は，評議員会を開いて「秋季闘争方針」を決定したが，その「はしがき」はつぎのように述べている。

　　　過ぐる国会闘争を中心とする夏季の闘争は，政府と大資本の攻勢の壁をどこの一カ所においても突き破ることができなかった。官公庁の給与ベース改訂は突破口をつくり得なかったし，地方税改悪は権威をたてに強引に通過せしめられた。また，民間における首切り企業整備は，大資本の傍若無人なる振舞いをゆるしてしまった。賃金欠配解消，協約締結促進の闘争にしても，ほとんどの成果をあげ得なかった。[35]

　こうして，レッド・パージを容認した初期の，"ニワトリ"の総評は，先に「共産党員および同調者の解雇に対する態度」に見たように，みずからは労働組合固有の領域に専念することを強調していたにも拘わらず，その中心課題となるべき賃金闘争に取り組もうとして思うような成果をあげられず，一般組合員大衆の支持をいよいよ喪失することになった。このときの状況は3年後には，つぎのように論評された。

　　　ストライキを打てば「共産党，容共」だという非難がおこり，そうしたレッテルを貼られることは職場を失い，職制はもちろん，組合の内部でさえ攻撃をうけなければならないほど，労働者間の空気は沈滞し，権力の攻撃に脅えるという有様だった。全自動車労組益田哲夫委員長の言葉をかりれば，「労働者は根性を失っていた」のである。[36]

　だが，こうした初期総評の姿勢を立て直すのに貢献したのが，それまで総評の加盟を見合わせ，外部から総評を批判していた新産別であり，また中立系，産別会議系の労働組合だった。

　夏季闘争の敗北をうけて秋季闘争方針を立てた総評は，こうした総評外の組織と全闘（全国民主労働組合闘争委員会）を組織した。それは上に垣間見たよう

---

35) 大河内一男・松尾洋『日本労働組合物語　戦後II』（筑摩書房，1973年），30-1頁。『総評十年史』は「自己批判」にふれていない。
36) 村上寛治・井出武三郎・清水一『総評』（東洋経済新報社，1953年），65-6頁。同書は出版当時，機関紙『総評』において頻繁に広告されたものである。

な職場に鬱積していた一般組合員の要求や不満に突き動かされたものであっただろう。つまり，初期総評には，レッド・パージならびに朝鮮戦争下の日本の労働運動を，戦後民主主義的課題とまでいわず，組合運動の即自的な領域である賃金闘争の領域においても，担うには荷が重すぎたということである。全闘は年末闘争に向けて参加組織を拡大していったが，それは同時に平和四原則が浸透していく過程でもあっただろう。

4 新産別の総評加盟と総評第2回大会——平和四原則採択

　新産別は50年11月24日，「もはや総評の外にいるよりもなかにはいって総評を強化すべき時である」と総評に加盟した。そして総評幹事会に三戸信人を送り込み，全会一致制を採っていた総評幹事会を大いに振り回すことになった。

　三戸は総評幹事会において，平和四原則の採択と，朝鮮戦争における国連軍の介入を支持していた国際自由労連への総評一括加盟反対を主張した。この新産別・三戸こそ，総評第2回大会で平和四原則採択の第一の主役となったのである。第2回大会で，平和四原則，国際自由労連一括加盟について複数の案が提出されたのは，全会一致制のもとで三戸と他の幹事との主張が折り合わなかったために生じた事態だった。

　1951年3月の総評第2回大会（3月10-12日）は，初日，議長団に岡三郎（日教組），占部秀男（自治労協），藤田藤太郎（私鉄総連），重盛壽治（総同盟），久保等（全電通）を選出し，その後に加藤勘十が社会党を代表して「万丈の気焔を吐き，大拍手の中に感激の挨拶を終え」た[37]。加藤はその一節でつぎのように述べている。

　　平和三原則に依る方針にもとづき党は一体となった労働者階級の権利擁護に斗い，資本攻勢を爆砕するであろう。尚一部ブル新聞は党の内部対立を云々してあらぬ中傷を行っているが，これこそ反動攻勢の謀略に乗ぜられるものである。[38]

　また，武藤武雄総評議長はつぎのような演説を行った。

　　米英の労働組合今日の強固な組織と発展は長い間の斗いの歴史の賜物で（ママ）

---

37) 総評教宣部「総評速報・第1日」1951年3月10日付。法政大学大原社会問題研究所所蔵。
38) 同上。

あり我国の労働運動も発展元(ママ)のためには今后益々斗争の歴史を歩まなければならない。今日四〇〇万の組織を総評と云えども未だ米英と比較して全ての角度から大きく反省と批判がなされなければならない。そして労働陣営の本拠として総評を強力に育て，平和のトリデとして発展しなければならない。[39]

　武藤の演説は，やや唐突に「米英の労働組合」を引き合いに出していることに窺えるように，加藤勘十の「感激の挨拶」とは明らかにトーンの異なるものだった。1年後，破防法反対闘争の過程で高野実によって「裏切りの張本人」と批判されて総評議長を退くことになる武藤が総評を「強力に育て，平和のトリデとして発展しなければならない」と述べたのは，大会の趨勢を読んだ上で，精一杯のことだっただろう。

　大会2日目は，エーミス労働課長の「祝辞」によって幕を落とされた。エーミスは「民主的労組の結集体であるこの総評が労働戦線の統一に成功することを念願し，国際自由労連加盟の実現を心から祈っている」[40]と述べた。続いて，2カ月前，平和四原則を採択した社会党第7回大会で委員長に就任した鈴木茂三郎が挨拶に立った。鈴木としては，エーミスの面前でこれも精一杯の演説だっただろう。

　　現国際情勢の上に立つその分析と，米英の相違している見解を調整しながら世界平和え(ママ)の努力を続けている英，仏に多大の期待をかけるとともに社会党の打出した平和三原則を飽くまで堅持し斗い貫く決意と覚悟をもっている，そしてこの三原則の方針にもとづく各労組の経済闘争に於ては何処迄も協力するは勿論，党に対する心からの支援を要望する。[41]

　2日目に焦点となったのは，規約の一部改正である。なかでも重要だったのは，規約17条3項で，これは「幹事会は全構成員の3分の2以上が出席することによって成立し，その議事は全会一致による」とあるのを，組織部長柳本美雄が執行部を代表してA案「……その議事は4分の3以上の賛成によって決定する」を出し，三戸がB案として——当然に——現行のままの全会一致制を主

---

39) 同上。
40) 総評教宣部「総評速報・第2日」1951年3月11日付。法政大学大原社会問題研究所所蔵。
41) 同上。

張した。

　この対立は，すでに述べたように，全会一致制を採っていたために，新産別の三戸の参加によってさんざん煮え湯を飲まされた幹事会が三戸の，そして三戸のような動きを今後は規制していこうとしたものである。

　採決結果は210対4で，多数決制が採用されることになった。しかし，この採決は「■（判読不能）然たる中でやられた。それで後の方から何だ何だオイ採決かという声があった。そういうときにサッと数え」[42]たものである。

　さて，最大の山場となったのは，行動綱領，そのなかの講和問題を扱った第11項すなわち平和四原則である。第11項については，A案，B案，C案の3つが出された（①〜④の番号は引用者補）。

　　A案・われわれは非武装憲法の主旨にのっとり，①再軍備に反対し，②中立堅持，③軍事基地提供反対，④全面講和の実現を期して，日本の平和を守り，独立を達成するために戦う。（提案理由説明＝総評情宣部長塩谷信雄）

　　B案・われわれは①全面講和，②中立堅持，③軍事基地提供反対を日本の労働階級の立場となし，平和と独立を貫くために④再軍備に反対して戦う。（提案理由説明＝新産別三戸信人）

　　C案・われわれは全面講和の締結を促進し，自由と平等の保証される，日本のすみやかな独立達成のために戦う。（提案理由説明＝全鉱日鉱重枝琢己）

　この採決の結果は，A案86，B案108，C案27となり，いずれも3分の2（168[43]）に達しないために可決に至らなかった。そのため，自治労協と全逓それぞれから再提案がなされる。

---

42) 『総評』1951年3月15日付の，総評有志幹部と労農記者クラブとの座談会における総評有志幹部の発言。引用中の■は判読不能文字。この座談会では労農記者クラブが執行部に後できいたところ，「日教組と全逓は，新産別と一緒に，採択に参加しなかった」，「たぶん，新産別と同調だろう」という返答を得たとしている。「総評第2回大会配置図」（法政大学大原社会問題研究所所蔵）によれば，新産別，日教組，全逓は会場の後方に席を割り当てられている。

43) 総評教宣部「総評速報・第2日」1951年3月11日付によれば同日午後4時20分採決時の代議員数は251名。ちなみに全代議員数は255（代議員番号1〜260のうち，255〜259の5名分は欠番）。

なお，B案に賛成したと思われる単産とその代議員割当数は，新産別10，日教組24，国鉄23，私鉄総連12，電産12，全逓14，全国金属8。合計は103だが，108になるために欠ける5票は単産内の票割れの結果だろうか。C案に賛成したと思われる単産の代議員割当数は，日鉱7，海員13，全電通7，造船連3。これらの合計は30である[44]。実際のC案獲得票は27だから，3票はB案に回ったものだろうか。海員は朝鮮戦争のさなか物資の運搬を行っており，全電通は「向こう（朝鮮：補）に行って」[45]いて，いずれも国連軍に協力していた。また，総評教宣部「総評速報・第2日」1951年3月11日付は「海員，日鉱造船は内外の情勢から現実に即するべきだと，C案を主張し」ていたと伝えている。

この1回目の採決では何が焦点となって争われていたのだろうか。A案に対しては，国鉄から3点の質問がされた。1「A案の提案者は，中立堅持，軍事基地提供反対，再軍備反対が，日本の講和後に於ても尚可能と考えているか」，2「警察予備隊は軍隊か否か」，3「若し日本が共産軍の武力侵略を受けた場合，国連が日本に対して保護を与える行動に出るとき，当然日本に基地を求めることと思うが，これに対してどの様な見解をとるか」[46]。

これに対してA案提案者である執行部代表の塩谷は，1に対しては「今日の段階における表現である」と平和四原則が講和後に放棄されることを示唆し，2に対しては「軍隊とは国際間における武力を指す」と述べて，警察予備隊を軍隊と認めない表現を選んでいる。3に対しては「我々が言っているのは日本の自主権を拘束する様な軍事基地提供に反対であるということである」と答えて，軍事基地提供を容認した。つまり，A案は，「非武装憲法の主旨にのっと」って平和四原則を掲げているが，それを本音で実現すべき方針とは考えていなかった。

つぎにB案に対しては電産から「B案提案者は国連の警察行動を如何に考えているか」，「自衛権について如何に考えるか」等と問われ，それぞれの問いに，提案者である新産別の三戸は，「平和三原則という基本に立って考えるべきである。と同時に，第1に日本は朝鮮戦争に介入しないということ，第2に朝鮮

---

44) 代議員数は「総評第2回大会代議員割当票（第2票）」に拠る。
45) 『総評』1951年3月15日付「座談会」。
46) 以下の総評第2回大会における発言は労働省編『資料労働運動史昭和26年版』に拠る。

を荒らしているのは双方であること，第3にそれが米ソの抗争の手段として行われている，という観点に立つべきである」，「自衛権は再軍備武装論者が想定の上に立って考えていることであり，我々として自衛権について云々する要はない」と答えた。

　さらにB案に対しては国鉄から「B案の提案者は，B案中の『日本労働階級の立場となし』という一句をどのように解釈しているか」と質問が出された。A案とB案の本質的な相違は，平和四原則の根拠を「非武装憲法の主旨」に置くのか，「日本労働階級の立場」に置くのかであったから，これは対立の核心を浮かび上がらす質問だった。平和四原則の根拠を「非武装憲法の主旨」に置くA案が，現実の進展と，それに対応すべき実践の過程で平和四原則を放棄するものであることは塩谷の回答からも明らかになっていた。三戸は「三原則反対及再軍備反対は我々の実践目標であって，憲法を変えれば四原則を下ろすというようなものではない」と答えた。さらに，三戸を総評幹事会に送り出している新産別が発言に立った。

　　1．国連は世界のすべての国の統一体として存在することが理想の姿である。しかしそれが二つに割れた世界にあって一方の勢力に加担する様なものであるなら問題である。／2．朝鮮動乱は歴史的本源的事実として解釈すべきである。アジアの植民地的奴隷労働下に於て自らの力をもちそれからの解放と独立を達成するためには，現在の世界情勢から結果的には一方に荷担せざるを得ないようになる。／3．日本の独立は自主権のない条件のもとでは考えられない。四原則はかかることを明らかにしたもので，この運動を四原則こそ我々の基本的態度である，として進めていくことが正しい道である。

　この時点で，A案の旗色がかなり悪くなったのだろう。追いつめられた塩谷は「念のために言うが新産別三戸幹事は3月18日第18回幹事会に於て，その時感情的行違いもあったが，国連の武力行使は侵略行為であると明言している」と発言した。これに対して三戸が即座に発言を求めたが，三戸の発言を認めるか否かで議場は混乱，三戸はようやく「私はそのようなことを言った覚えはない」と答えたものである。

　しかし，いまだ占領下であるこのときにおいて，この2日目冒頭に来賓挨拶を行ったエーミスがまだ議場で傍聴していたかどうかは不明だが，塩谷の発言

は——「念のため」と前置きして，三戸提案のB案を支持することの「意味」を強調させながら同時に，自身の発言を躊躇するかのようにすぐに「感情的行違いもあったが」という緩和的表現を挟みつつも——三戸へのGHQによる圧力を招きかねないものだったし，当時そのような見解をとって弾圧されていた共産党と三戸との見解の類似をほのめかすものだった。それゆえ「念のため」と発言したのである。しかし，塩谷発言はかえって，内容は正反対ながら，先に見た，平和問題談話会総会において知識人の自己批判を求めることで知識人たちに今後の覚悟を要求した羽仁五郎の発言と同様の効果を持ったようである。

つまり，塩谷の発言は総評第2回大会の参加者たちに，塩谷自身が自己の身振りで示したように，GHQ，アメリカの顔色を気にかけながら，いつでも反故にできるものとして平和四原則を掲げるのか，それとも平和四原則が何に依拠し，何を「敵」としているのかを臆せず曖昧にせず直視して，それと対峙するのか——の覚悟を問うことになった。塩谷の形勢逆転の一発勝負を狙ったかのごとき発言の後で，国鉄，日教組は相次いでつぎのように発言したのである。

国鉄の発言はつぎのものである。

> この問題は国際情勢の判断の上に立って論ずべきであるが，更に日本の平和を守り独立を達成する問題はまずそれが労働者階級の当然の任務であるという観点に立たなければならない。それ故，全面講和，中立堅持，軍事基地反対，再軍備反対を労働者階級のなすべき任務と規定しているB案を，その提案者が誰であろうとも賛成する。

つぎに日教組はつぎのように発言した。

> 我々はまずC案に反対する。すなわち四原則をぼかした抽象論であるからだ。A案の「憲法の主旨に則り」という気持も判らないではないが，平和憲法がどうであろうと，又どう変わろうと，決して二度と教え子を戦場に送りたくないという立場からB案に賛成する。

日教組のエートスを永く示すことになった「教え子を戦場に送るな」のことばが，平和四原則を「非武装憲法の趣旨」に依拠することを否定して，敢えて「日本の労働階級の立場」に依拠することを選択した，この瞬間に発せられているのは記憶さるべきことだろう。この討論を経て採決された結果が，A案86, B案108, C案27であった。つまり，平和四原則を掲げることは当然として，それが憲法に立脚するのか，日本の労働者階級としての立場に立脚するのかが

111

最重要の論点として争われたのである。採決の結果はいずれの案も３分の２に達せず，自治労協と全逓がそれぞれ修正案を提出した。

　自治労協案は「われわれは全面講和の締結を促進し，非武装憲法の趣旨にのっとり，自由と平等の保証される日本のすみやかな独立達成のために戦う」としあっさりと平和四原則の旗を下ろしたものだった。全逓案は「我々は再軍備に反対し，中立堅持，軍事基地提供反対，全面講和の実現により日本の平和を守り，独立を達成するために戦う」と平和四原則を掲げながら，Ａ案，Ｂ案の対立点であった，その根拠を「非武装憲法」に置くか，「日本の労働階級の立場」に置くかを敢えて明示していなかった。

　この２つの修正案について採決をとろうとしたところ再び議場は騒然として，無記名投票とすべきとの主張もあったが，１回目の採決と同様に挙手に拠ることになった。結果は自治労協案39票に対し，全逓案がそれを大きく引き離して202票となった。そして重要なことは，この瞬間，総評の平和四原則が，平和問題談話会の「三たび平和について」の立場をさらに一歩進めたことである。

　「三たび平和について」は先にも見たように，鵜飼信成執筆の第３章で再軍備は憲法上不可能としながら，さらに「日本国憲法を，その永久平和主義（戦争・武力行使及び交戦権の放棄）を否定する方向に改正することはできない」，「またかりに改正は憲法上可能であるとしても，この条文の改正を問題にすることは憲法の精神に反するから，それは改正されてはならないものであるということを，われわれは主張する」と述べていたように，九条改正に徹底的に反対することで，形式上は憲法に依拠するものになっていた。その上で「改正されてはならないものである」という主張を支える根拠になったものは，あの平和問題談話会総会における知識人たちの自己批判，自己批判を経た知識人の立場であった違いない。

　しかし，総評第２回大会における，ここでの議論と２回の採決が示しているものは，平和四原則の根拠を「日本の労働階級」の立場とする主張に多数が同意したことと，同時に総評としては，平和四原則の根拠を「非武装憲法」のみに置くということを明確に拒否したということだ。それゆえ，すぐつぎにふれるように，やはり本部提案の，朝鮮戦争における国連軍の介入を支持していた国際自由労連への一括加盟案は，平和四原則についての本部提案のＡ案のように否決されたのである。

このときにおいては，平和四原則を掲げるに際して，それを「非武装憲法」に依拠するという，いわば法実証主義的な立場が平和四原則を反故とすることを同時に容認するものであることは提案者の説明から明らかであったから，平和四原則——したがって戦後民主主義——の追求，実現のための取り組みを主導し，牽引したのは，国労や日教組の発言にも示されていたように，平和四原則を「日本の労働階級の立場」として受けとめた勢力だった。

　このことは，かれらが，その後長く，戦後民主主義の強力な担い手であり続けたことと同時に，戦後民主主義に取り組むことを政治主義，政治偏向と批判して労働組合主義に徹することを掲げた労働組合よりも労働組合主義の領域においてもヨリ強靱であったことを直視すれば，戦後日本労働組合運動史の視点からも貴重な問いを投げかけているといえるだろう。

　平和四原則の採択が山場だったとはいえ，翌日，大会3日目はそれと密接に関連する，2日目にエーミスが「国際自由労連加盟の実現を心から祈っている」と祝辞で述べた，その国際自由労連加盟について議論された。

　ここでも本部が提案した国際自由労連一括加盟案（柴田圭介国際部長提案説明）に反対案を提示したのは新産別の三戸信人だった。実は，新産別を含め，総評第2回大会時点では総評加盟組織29のうち18がすでに国際自由労連に加盟していたから，一括加盟案に反対するのは，ある意味では平和四原則の採択以上に「困難」な問題だったにちがいない。

　それゆえ三戸の一括加盟に反対する提案は，朝鮮戦争を支持する国際自由労連との国際連帯を拒むことで，総評を飽くまで平和四原則の実践主体たらしめるという判断によるものだったといえるだろう。ここでは，平和四原則を掲げながら国際自由労連一括加盟を支持するという態度は，どちらも本部提案であることが示しているように，前日のA案，平和四原則を「非武装憲法の趣旨」のみに依拠する立場ということになる。この採決の結果は賛成149，反対79。有効数に達しなかったため，炭労・海員・全鉱によって一括加盟案が再提案されたがこれへの採決結果は，賛成110，反対105——この再提案に対する反対の票数は，議場での議論の成果であろう，平和四原則におけるB案支持の票数108に近似している——で再び有効数に達せず，ここに国際自由労連一括加盟案は廃案となった。

　なお炭労の小椿は再提案の主旨説明において，「総評は国際自由労連につな

がる線を結成当初から基本的にもっているにもかかわらず，自由労連に批判的であったり，世界労連と自由労連との中間にあるとする見解のごときは総評結成の意義を忘れているのではないか」と述べていた。これは小椿のいう通りであろう。総評が"ニワトリからアヒル"になった瞬間だった。

5　青年活動家－知識人ブロックの形成

　平和四原則を採択した総評第2回大会から，社会党，労組の青年活動家たちと平和問題談話会の知識人との間に強い連繋，ブロックが形成されていった。第1章で見た，社会党再建大会でいわれた「新しい労働者政党」を目指して青年活動家を主力とする民同が社会党に大量に入党することで成立した，社会党－民同ブロックに加えて，ここにその青年活動家と知識人とのブロックが形成されはじめた。戦後民主主義の構成主体である党，労働組合，知識人集団が相互に有機的に関連を持って立ち上がってきたのである。この過程を久野収はつぎのように回想している。

　　『総評』の進路を左旋回させた決定的転換点は，51年6月の国鉄新潟労組大会での平和四原則の正式決議であった。この決議を成立させたのは，岩井章，横山利秋たち，当時の国鉄青年活動家グループが，GHQの指令に忠実な幹部に反対し，半地下活動を地味におしすすめた結果である。彼らは『平和問題談話会』の3回にわたる声明を身銭を切ってガリ版刷りにし，多くの組合員の手から手にわたし，組合員を決議成立の方向に動かしていった。日教組も平垣美代司，大西正道，今村彰，坂尾徳太郎といった活動家グループが私たちと協力して全国各地に平和講座を中心とする平和運動を展開し，やがて『50万教職員に訴える——教え子を再び戦場に送るな』という声明を決議し，この声明を原点として『教研集会』がはじまり，他方，『労働者同志会』も『総評』の内部に成立するのである。／清水幾太郎も武谷三男たちとともに，わたしはこれらの運動との協力に全エネルギーを投入していた。[47]

　ここで久野が指摘している，「ガリ版刷り」に当たるものが，国鉄労働組合『平和にかんする諸声明』だと思われる。このポケットサイズのパンフレットはガリ版刷りではないが，「五一年四月一〇日印刷／四月二〇日発行」と奥付

---

47)　久野収『平和の論理と戦争の論理』岩波書店，1972年，「あとがき」。

にある。これには「ユネスコ発表八科学者声明」,「戦争と平和にかんする日本の科学者の声明」,「講和問題についての声明」,「補足・講和問題の論点」,「三たび平和について」の全文が収められている。その「刊行のことば」はつぎのように述べている。

　　我々はあくまで不撓不屈平和への熱願を提げて反動勢力と戦い続けることこそ，運命的岐路に立つ日本の労働組合の厳粛なる使命でなければならない。／ここに収録した平和問題談話会を中心とした幾つかの声明こそ，我々のこの闘い揺るぎない確信の基礎を与えてくれるものとして常住座右に置かるべきものである。これによって凡ゆる批判と反撃にも拘らず平和を守り，戦争に反対する我々の闘争が広く組合員の心の中から確固たる基盤が培われること切に祈るものである。

　また，当時，吉野源三郎『世界』編集長の下，編集委員で後に編集長となった緑川亨はつぎのように回想している。

　　1951年10月号の講和特集のときは『世界』編集部が先方の希望もあって，雑誌をかついで，国鉄，総評，全逓に持っていったものでした。この特集号はよく伝えられているように5刷りを重ねて通常号の印刷が3万部で若干あまっていたのに一挙に15万部になった号です。まだまだ増えそうだけれども，5刷りで打ち切った記憶があります。そのときに僕自身も全逓の宝樹氏とか，国鉄の横山氏に会って，労組として雑誌を一括購入してもらう話し合いをしました。[48]

　こうした労働組合と知識人との結合の深まりが，後の破防法反対闘争を可能ならしめ，戦後民主主義を確立せしめることになる。この知識人－総評のブロックが，戦後労働運動，総評労働運動に組合主義に充足しない独自のエートスを刻印したのである。

V　総評の圧力による社会党の分裂

　1951年秋，社会党は，10月10日にはじまる批准国会に向けて，9月25日から党議決定のために連日会議を開いていた。和田博雄を委員長とする党外交委員

---

48)　緑川亨「平和問題談話会とその後」,『世界』1985年7月臨時増刊号所載。

会では3つの意見が争って結論が出なかった。第1の見解は，講和・安保両条約に賛成を主張するもの（下条恭平，波多野鼎，曽祢益，上条愛一，棚橋小虎，西村栄一）であり，第2は両条約反対を主張するもの（和田博雄，金子洋文，荒木正三郎，勝間田清一），第3は，第1の見解に与する西村が提案した，3年を目途に再軍備を果たし，それと同時にアメリカ駐留軍撤退を期す，というものだ。結論は，中央執行委員会に委ねられることになった。

10月2日からはじまった中央執行委員会では，第1案は主唱者によって取り下げられ，再軍備を曖昧にした，講和賛成・安保反対を唱えるA案，講和反対・安保反対を唱えるB案に絞られた。そして4日の中央執行委員会の採決では，A案16，B案14で，講和条約賛成，安保条約反対，すなわちA案が決定した。つまり，中央執行委員会は平和四原則の旗を降ろすことを決定したのである。

この採決結果は，委員長の鈴木茂三郎が棄権し，加藤勘十がA案に回った結果だった[49]。そして，議員総会，中央委員会も中央執行委員会の講和賛成，安保反対の方針，つまり平和四原則を反故とすることを承認した。つまり平和四原則の旗を降ろすには党大会の承認を待つのみとなった。翻って，平和四原則を貫こうとする立場からは，党が手放そうとしている平和四原則の旗を再び高く掲げさすためには党大会が最後の決戦場となった。

もちろん総評は，このとき社会党に様々に働きかけて平和四原則，すなわち両条約反対を貫かせるべく力を注いでいた。注目されるのは機関紙『総評』10月12日付に掲載された「社会党よ，スジをとおせ」と題した主張，社会党に対する「警告」である。

> わが総評は全国大会の決定に照らして，批准国会における社会党の態度は当然，青青（両条約反対の意：引用者補）をもってすべきことを明らかにする。同時にこの重大な投票にあたって，党をまとめることを第一義とす

---

49) 委員長であった鈴木茂三郎の棄権という判断は党の分裂を恐れたものであろう。鈴木が社会党の分裂を避けたがっていたことは，これに先立つ，50年1月の第5回大会で独青の問題に端を発して社会党が第1次分裂状態に入ったときの対応にも現れていた。その時，鈴木は中間派の水谷長三郎を京都の自宅に訪ね，分裂回避に努力することを確認，このときの分裂は50年4月の第6回臨時党大会で回復された。参照，鈴木『ある社会主義者の半生』（文藝春秋新社，1955年）257頁。

る態度は党の権威を内外に発揮しえないばかりか，実に"党"自身の自殺以外の何ものでないことを警告する。[50]

すなわち，党を割っても，否むしろ，党を割って両条約反対を貫けと檄を飛ばしたに等しかった。

第8回臨時党大会は10月23日に開催された。投票権を持つ代議員は，府県連代表258，両院議員106，知事市長5，計369で，府県連代議員は平和四原則を貫こうとする左派が優勢，両院議員はこれを反故にしようとする右派が優勢だったが，全体では左派が優勢と見られた[51]。しかし，右派は中央執行委員会の原案，平和四原則を捨て，かつ再軍備に含みをもたせた，講和賛成，安保反対の原案が否決された場合には執行部の総辞職のみならず，党を分裂することも辞さないとの強硬な態度を左派に突きつけていた。

こうした右派の強硬姿勢に動揺する党幹部左派を立ち直らせたのは，平和四原則をみずからのものとする，"ニワトリからアヒルへ"の過程で主体形成を果たした総評であった。

大会初日，合化労連委員長太田薫の采配だろう，三田硫労会館で労働者同志会と党青年部との会議がもたれ，「社会党が臨時大会で，白・青（講和賛成・安保反対：引用者補）決定した場合，社会党を勤労者の政党と認めることはできない。そのときは新しい労働者党を結成する」（強調点は引用者）と申し入れた[52]。他方で，高野実以下，総評中央は左派幹部に対して，「分裂をおそれずにたたけ，組織と資金をあげて左派を支援しよう」と浮き足立つ左派幹部の動揺を鎮めることに努めていた[53]。左派は，衆議院では右派29議席に劣る16議席であった。

はたして大会2日目，「形勢絶望とみた右派は，24日朝，独青その他の行動分子によって会場を乱闘におとしいれ，浅沼が登壇するのを合図に一せいに退場した」[54]。社会党はここに再び，こんどは55年に至るまでの長い分裂状態に

---

50) 『総評』1951年10月12日付。
51) 小山弘健・清水慎三『日本社会党史』（芳賀書店，1965年），103頁。
52) 月刊社会党編集部『日本社会党の三〇年（一）』（日本社会党中央本部機関紙局，1974年）290頁。
53) 小山弘健・清水慎三『日本社会党史』（芳賀書店，1965年），104頁。
54) 同上。

陥ったのである。

　浅沼稲次郎が後日，右派社会党第9回大会（1952年1月20-22日）で行った党務報告は平和四原則をめぐって社会党を分裂させた力が何であったのかをよく示している。曰く「組織的には青年部のいわゆる二重権力主義，すなわち第7回大会」——先に見た，岩井章が議長を務め，平和四原則を採択し，鈴木茂三郎を委員長に選出した——「において青年対策部へ切換えすべきだとの党内右派の申合せが大会で否定された結果，青年部の二重権力主義は，自らの綱領，政策をもち規約をもち費用を集めて行動し，いわゆる党内左派の諸君が青年部を通じて指導権奪取の道具として使うようになったところに組織的欠陥がある」[55]，と。左派社会党が両条約反対を決定し平和四原則を守ることができたのは，青年部並びに高野ら総評中央，太田，岩井らの労働者同志会の働きによるものだった。この力は間もなく破防法反対の労闘ストに流れ込んでゆくことになる。

Ⅵ　戦後民主主義の主体的契機

　総評が平和四原則の旗を掲げるに至るまでの葛藤，闘争の過程で，平和四原則を，「日本労働階級の立場」か否かは措いても（これが多数を占めたのだが），平和四原則が憲法のみに依拠するものでないという点を明確に示していたことは，戦後民主主義を理解するときに重要な点だ。このことは，戦後民主主義が批判されるときの常套句である，"与えられた民主主義"のごとき理解に再検討を迫るだろう。

　例えば，サンフランシスコ講和会議を経，占領権力が撤退するや否や保守陣営から日本国憲法改正が主張されたが，当時その先頭に立った改進党は憲法を「占領下の諸法令」の1つと見做し，「押しつけ憲法」でない「自主憲法制定」を，と唱えた[56]。憲法を中心とする占領軍のイニシアティヴによってはじめられた戦後改革を，「押し付け」られたものとして批判し，その内容を否定しよ

---

55)　月刊社会党編集部『日本社会党の三〇年（一）』（日本社会党中央本部機関紙局，1974年）296頁．
56)　渡辺治『日本国憲法「改正」史』（日本評論社，1987年）第3章．

うとする主張はこうして講和直後から，当初は戦前型の支配秩序の回復を志向する立場から登場してきた。

　こうした議論は長く，護憲運動は「押しつけ憲法」を守ろうとするものだと批判することで，そう批判する自身をあたかもナショナリズムの立場に立つかのごとく観念して（或は，そのように自他を偽って）きた。さらに，1990年代以降は，いくらか趣向を変えて，護憲とはすなわち，冷静崩壊後の今日において国際社会から孤立しようとする利己的，我が儘，無責任な「一国平和主義」であると（ときには戦前の「対外硬」にも比せられるものとして）批判するようになった。

　半世紀以上にもわたって，「押し付け憲法」でなく自主憲法制定をと唱えることで憲法改正を主張する側が（"国を愛する"）ナショナリズムに立つかのように見えながら（或はそう装いながら），アメリカの要求に従順に応えることでナショナリズムを真っ先に蔑ろにしてしまう矛盾と弱さを抱え，反対に日米安保条約を批判する側が，基地問題に典型的に示されるように，その実態としてナショナリズムと民主主義を体現するという対立における見かけと内実のズレは平和四原則の確立期から一貫している。

　ここまで見てきた，知識人，総評，社会党の主体的な営みからいえることは，平和四原則は，それが占領軍，政府に抗して確立されたことに示されるように，ナショナリズムと民主主義の結合として獲得されたということである[57]。平和四原則が勝ち取られるまでの，知識人，社会党，総評の主体形成の過程を振り返れば，そもそも護憲運動は，平和運動のなかから登場してきたのであり，その平和運動は，憲法のみを根拠とし，また憲法のみに依拠することを自覚的に拒否して登場してきたものだった。

　この視点からすると，高畠通敏のつぎの戦後民主主義理解の問題性は明らかだろう。高畠はつぎのように述べている。

　　しかし，戦後民主主義がいわれるとき，それはこの第九条の問題と分かちがたく結びついていた。この第九条のゆえに戦後民主主義に執着する運動が生まれ，またそれゆえに戦後民主主義を断罪するという主張も生まれ

---

57) 梅本克己・佐藤昇・丸山真男『現代日本の革新思想』（『丸山真男座談6』岩波書店，1998年）第1部「民主主義とナショナリズム」における丸山の発言を参照。

たのである。[58]

　すでに縷々述べてきたように，高畠の主張は正確ではない。憲法第九条があったから，平和四原則が生まれ，戦後民主主義が生まれたのではない。高畠のような理解が一般化したから，「平和主義」を障害物と見る立場から「戦後民主主義を断罪するという主張も生まれた」とはいいうるとしても。戦後民主主義の主体形成の過程に即していうならば，平和運動には憲法九条の下にもう一段底があって，「平和憲法がどうであろうと，又どう変ろうと」平和四原則を掲げ，平和運動を推し進めるという覚悟が存在していた。こうした戦後民主主義の主体的契機を欠落させると，例えば，大嶽秀夫のつぎのような「戦後民主主義」理解が提出されることになるだろう。

　　民主化が権威主義に対する自立を前提とするとすれば，新たな権威となった占領軍の権威をなんらかの形で否定しなければ，日本国民の真の意味での民主的自立はありえない。左翼的なアメリカ帝国主義批判は，反米という形で精神的劣等感からの解放の論理と同時に，民主的な反権威主義への足がかりを日本の大衆運動に提供した。言い換えると，この認識によって，異民族による支配を背景とした恩恵的改革としての占領改革が与えた屈折した心理の克服，すなわち，解放と民主化という課題を肯定しつつもその承認が異民族支配によってもたらされたという民族的自負の否定につながるという矛盾の克服が，達成されることになったのである。大学生をはじめとする（知的エリートとしての自負をもつ）知識層の間でとくに，急速に反米思想が浸透していったことは，こうした屈折した心理を抜きには理解できない。この論理が，大衆の素朴な反戦思想と結びついて，やがて日米安保条約と（アメリカの要求する）再軍備への広範な大衆運動を巻き起こしていくのである。[59]

　戦後民主主義を理解するために，大嶽のように「屈折した心理」を持ち出す必要はない。それは，ここまで述べてきたように，「異民族によってもたらされた」，「解放と民主化」でもなければ「恩恵的改革」でもないからだ。大嶽は，

58）　高畠通敏「序論　戦後民主主義とはなんだったか」（『戦後民主主義』岩波書店，1995年，所収），4頁。なお高畠については本書第Ⅱ部第2章をも参照。

59）　大嶽秀夫「五五年体制の形成」（『戦後改革とその遺産』岩波書店，1995年，所収），43-4頁。

戦後民主主義が，政府，経営，労働運動内右派潮流はもとより，占領軍，アメリカに抗して，主体形成を成し遂げたことを見ないから，出所不明の「屈折した心理」を戦後民主主義に投影してしまう。

平和問題談話会を組織して，占領軍・政府の圧力に対峙しながら，知識人を戦後民主主義の構成主体たらしめた吉野源三郎は後年つぎのように語っている。

> 歴史の非合理な重さというものを受けとめないならば，私たちの願望も思想も，現実に喰いこめないし，一切の行動も事業も現実によって叩き負かされてしまいます。歴史を動かすなどということは，思いもよりません。ですから，単に合理的な考え方で非歴史的な批評に留まるならば，絶対に歴史的現実と対決することはできないし，現実の前には他愛もなく敗北するほかありません。[60]

このように書いているときの吉野の脳裏には平和問題談話会の活動が想起されていたかも知れない，というのは考えすぎだろうか。しかし，少なくとも，労働戦線の分裂や社会党と共産党の対立を目の当たりにして「歴史の非合理な重さを受けとめ」て，なお統一戦線を追求するために，平和問題談話会を組織し，かつそれを占領軍，政府の圧力から守り育てたこと——そのような経験の上に，はじめて吉野のこの言葉があったのは明らかだ。

先に，丸山の「悔恨共同体」論に言及した際にも述べたが，社会党，総評における平和四原則の確立過程において見たように，戦後民主主義は「与えられたもの」でもなく，「屈折した心理」によるものでもなく，「憲法九条があったから」でもなく，1950年前後，当時の「歴史的現実」との主体的，自覚的「対決」を経て初めて成立し得たことを強調しておきたい。

戦後民主主義が試みたことと試みなかったこと，戦後民主主義が達成したことと達成し得なかったこと，それぞれを区別しなければならない。達成し得なかったことが試みられなかったことではない。個々の課題を実現し得なかったことが闘わなかったことではない。そのように原因と結果を切断し，結果を原因とし，さらには「屈折した心理」まで持ち出して，それを過去に投影してしまえば，畢竟，歴史も現在も雲散霧消するだろう。

---

60) 吉野源三郎「歴史としての戦後民主主義」（吉野『職業としての編集者』岩波新書，1989年所収）219頁。初出は『世界』1969年6月号。

Ⅶ 戦後民主主義の成立——破防法反対闘争

　破壊活動防止法（破防法）は，講和後，占領軍の権力が不在となる状況——もはや二・一ストをマッカーサーの一声で押し止めたようなことはできなくなる——を睨んで，爾後の支配体制をどのように構築し維持するかという支配層の構想から登場してきたものである。破防法は，共産党弾圧を主たる目的とした占領管理法令の団体等規正令——吉野源三郎に対して平和問題談話会がこの団規令に該当する団体と見做す云々のブラフがあったことは先に記した——，占領目的阻害行為処罰令に代るものとして登場してきた。つまり，このときの支配層は，10余年後，60年代中葉以降のように生産過程に即した労働者の包摂に依拠し，その上で，労働組合の運動を企業の枠内に封じ込めることに基礎を置いた支配[61]を想像すべくもなく，きわめて復古的な支配構想を抱いていた。

　先述のように，レッド・パージ，全労連解散命令の際には，民同の結集体であった初期総評は，産別会議・共産党から労働運動におけるヘゲモニーを奪還するために，権力の労働運動に対する弾圧を積極的に利用しさえした。ところが，いま，総評は知識人と連繋しつつ，破防法に対し，ストライキをもって，組織を挙げた闘いを挑んだのである。この鮮やかな対照を生み出したのは，平和四原則を確立した力と同じものだった。

1 総評・労闘の破防法反対闘争の過程——労働組合主義の克服

　総評は平和四原則を採択した1951年3月の第2回大会を経て，5月に労闘（労働基準法改悪反対闘争委員会，8月に労働法規改悪反対闘争委員会と改称）を組織し，前年50年10月から表面化していた政府のゼネスト禁止などを目論む労働法規改正の動きに対する闘争態勢を整えた。しかし，総評の反対運動の高まりを警戒して政府は法案の内容公表を後らせていたため，総評の破防法反対闘争は51年11月6日の「緊急事態宣言」から本格化する。総評は，団体等規制法案

---

[61] 下山房雄「戦後日本資本主義の展開と労働者階級の主体形成」（経済理論学会編『現代資本主義と労働者階級』青木書店，1979年所収），渡辺治「現代日本社会の権威的構造と国家」（同『企業支配と国家』青木書店，1991年，所収），を参照。

並びにゼネスト禁止法案を憲法に定められた基本人権を制限するものとして捉えた。

> わが総評は，去る5月以来，吉田政府のくわだてた労働法規改悪の意図に厳重に抗議してきた。…中略…わが総評は，この吉田政府の反動政策に対処するために『労働法規改悪反対』の目的をもってスト権の単産本部への委譲の手続きを相次ぎ完了してきた。…中略…政府は，あえて，集会，結社の自由，団結権，交渉権，ストライキ権などの基本的人権を徒らに制限し，破壊する危険のあることについては，なんぴとといえども，これを否定することはできないだろう。／まことにスト禁止法案の構想といい，団規法案の提出といい，東条政権さえもついにくわだて及ばなかった恐怖政治のあらわれといわざるを得ない。[62]

さらに注目されるのは，総評がこの事態を，「日本民主主義の危機」，「日本労働運動の危機」と捉え，「あえて，日本労働階級」の立場から，闘争を呼びかけていることだ。

> それゆえ，わが総評は，日本民主主義の擁護と民主的労働組合の存立のためにスト禁止法案，団規法案に代表される一切の反動政治，一切の労働法規改悪の意図に対して，断乎反対する。これが粉砕を期するところまで，断々乎としてたたかう決意あることを，あらためて茲に表明する。／高まりつつある大ストライキの波のなかに立って，総評傘下400万組織労働大衆は強力な実力行使をもって，このスト禁止法の陰謀に抗議し，団規法案の即時撤回を要求するであろう。日本民主々義の危機，日本労働運動の危機にあたって，あえて，日本労働階級の名において，今日のこの事態を非常事態と規定し，これを内外に宣言する。[63]

8カ月前，総評第2回大会における平和四原則採択時とは異なり，ここで総評は「あえて」自身，労働者階級が民主主義の担い手であることを積極的に引き受け，表明している。吉田内閣の政治を戦前復帰型のものとする認識はこの闘争の全過程を貫くものだが，この闘争の過程で，当然のことながら，労働組合主義＝経済主義の立場から労働組合の即自的な利害に限って闘争を組むべき

---

62) 『総評』1951年11月6日付．
63) 同上．

だとする意見と同時に実力行使を避けようとする見解も運動内部に生まれてきた。しかし，破防法反対闘争全体の基調は，上の闘争宣言に沿って，実力行使を用いて闘うことになった。

　52年3月，いよいよ法案提出間近という情勢のなかで，労闘は7日，弾圧法規粉砕総蹶起中央大会を10万人の参加をもって開催した。大会は，「非武装と基本的人権を保障する平和憲法は踏みにじられようとしている」，「国民の目と耳をごまかして警察官増員，予備隊強化，防衛隊，保安隊の設置から徴兵制度の問題にまで触れる逆コースを歩みつつ，かつての治安維持法にもまさる反動立法を準備している」[64]と宣言した。

　こうした治安維持法の再来という理解は，知識人との共闘のなかから生まれてきたものだろう。同月28日，団体等規制法案は破壊活動防止法案として閣議決定され，いよいよ国会に提出されることになったが，同じ日，共産党の非合法機関紙『平和と独立』が，先にマッカーサー書簡に基づいて発行停止になっていた同党機関紙『アカハタ』の後継紙と見做されて，発行停止処分となった。国警，警視庁は，発行，印刷，配布等の責任者に対し，占領目的阻害行為処罰令違反として逮捕状と捜査令状をもって，全国1850箇所を家宅捜索した[65]。

　しかし，いま生まれたばかりの戦後民主主義は，つい数年前，民同がレッド・パージに対してそうだったように，この状況をもう座視しなかった。総評，左・右社会党，労農党などで組織する国会共闘連絡会議は「破壊活動防止法案は共産党対策に名を借りて労働組合を弾圧し，警察国家の再現を意図する政府・与党の政治的陰謀である。この法案は憲法を破壊し，言論・集会・結社の自由を奪うもので，事態はまさに深刻である」と声明を出した。

　総評の反対運動を逸らすために，政府が破防法案は共産党対策であると繰り返し言明につとめたのは，レッド・パージでの成功体験に引きずられて，総評が"ニワトリからアヒルへ"，つまり戦後民主主義の担い手となったことに政府，支配層がこの時点で未だ気付いていなかったことの証左といえるだろう。支配層は総評を未だ結成時のそのままの反共民同と同然と認識していて，その総評でもゼネストはやるかも知れないが，ついこの間のレッド・パージで経験

---

64) 『総評十年史』（労働旬報社，1964年），317-8頁。
65) 増山太助『検証・占領下の労働運動』（れんが書房新社，1993年）554頁。

したように，共産党対策としての破防法案については事実上これを黙過すると見込んだ。

ところが，総評が「あえて，日本労働階級の名において」発した，この弾圧法規粉砕総蹶起中央大会の声明はまさにそのことを問題としていた。この声明は，政府の破防法に込めた意図を額面通りに受けとめた上で，共産党への弾圧が，労働組合への弾圧に連なるばかりでなく，「憲法を破壊し，言論・集会・結社の自由を奪うものである」から反対するのだという態度を明確に打ち出した。このことは，49-50年のレッド・パージ，共産党弾圧の際に，それを座視し，或は，それに便乗したときの運動思想を克服し，運動に必要な権威，倫理を新たに形成したことを示していたといえるだろう。

声明の2日後，3月31日，総評・労闘は合同会議を開き，破防法反対のストを4月12日，18日の2波に分けて行うことを決定した。このとき，全繊同盟，海員組合，私鉄総連などは，労働法規改悪反対のみに闘争目標を絞るべきだとする立場から，破防法反対ストに反対した。つまり，市民的自由をも闘争課題とするのか，労働組合の即自的な利害が及ぶところ，労働組合主義の課題に闘争を限定するのか，という対立が生まれた。

この対立は，その後，警職法闘争，朝日訴訟，安保闘争，ベトナム反戦，革新自治体運動等々に取り組む——ホブズボームが「実行可能な例外」と見た——戦後民主主義を担う労働運動を展開するのか，それとも，せいぜいのところ労働組合主義，経済主義に自足する労働組合運動に留まるのかの対立である。この対立は，後にも見るように，以降も繰り返し登場する。

総評・労闘合同会議の大勢は，しかし，団体等規制法案にも反対していくということになった。つまり，戦後民主主義を担う総評労働運動は，労働組合主義の否定，克服の上に展開していくことになる。

スト前日の4月11日，政府は官房長官談話において，破防法案に「労働組合の正当な行為を制限し，またこれに介入することがあってはならない」など三点の濫用防止規定を盛り込むことで宥和をはかり，炭労，全鉱はこれに動揺して第1波ストから脱落した。

このとき炭労はスト回避の方針を徹底するため，第1波スト当日12日に中央からオルグを各山元に派遣している。そのために北海道に向かった花田圭介副委員長は，山元の強硬なスト回避批判に遭遇して，本部に「オシャカサマデモ

セットクデキヌ」との後によく知られることになった電報を打った。それほど下部、山元では闘争のエネルギーが高まっていたわけだが、これは北海道に限らなかったので、その北海道、さらには九州、山口からは山元が反対に上京して、本部のスト回避を抗議、批判したのである。

　労闘スト後まもなく炭労は第4回臨時大会を4月23日から開催したが、炭労委員長でかつ総評議長であった武藤武雄は責任を問われて両役職を辞任しなければならなかった。この炭労大会で挨拶に立った総評事務局長の高野実は武藤を「裏切りの張本人」と面罵したものである。

　政府、経営はこの間、第2波のストに突入する組合があれば、労働法は適用されず、これを政治ストと見做して、損害賠償請求もあり得ると運動を牽制したが、第1波で脱落した炭労、全鉱は汚名返上とばかりにかえって勢いを増し、18日の第2波は180万人が参加し、そのうちスト参加者は40万人を数えた（労闘発表）。高野の全国金属、益田哲夫の全自動車、太田薫の合成化学が24時間スト、化学同盟が4時間スト、昭電労組が2時間スト、さらに抗議集会などで闘われた。

　10日後、28日に講和条約が発効、5月1日は「血のメーデー」となった。情勢が緊迫していくなか、政府、経営はこれを機に形勢の立て直しをはかり、10日、政府は緊急調整制度を含む労働三法の改正案を国会に提出する。労闘は即座に第3波ストを打つ方針を確立するも、14日、日経連は労闘ストは政治ストであると声明、損害賠償請求を行う方針を再び表明し、石炭連盟は17日、炭労に警告を発して、第2波の責任を追及すると炭労本部に通知した。

　ところが、こうした政府、経営の攻勢に怯むことなく、5月22日、31日の会議で労闘は、破防法反対、ゼネスト禁止法反対、労働法規反対の3点を闘争目として掲げ、第3波ストを行うことを決定した。6月7日、全自動車、全鉱の24時間スト、電産の8時間ストを中心に16単産、70万人が参加、17日にはスト参加者80万人、その他争議行為204万人、地方単独組合推定16万人、計300万人が参加した。国鉄、日教組、全逓、自治労協など官公労組は、賜暇休暇・時間外拒否・職場大会などを行った。さらに20日には、全繊同盟、海員組合、私鉄総連、全鉱が時限ストを行っている。労闘ストはこうして実に3波5回にわたって実力行使が行われ、最大規模の政治ストとなった。

2 知識人と労働運動
(1) 知識人と労働運動

　総評・労闘の破防法反対闘争に知識人も積極的に参加した。労働組合と労働法学者との協力関係はすでに1951年半ば頃からはじまっていたが，破防法の問題がいよいよ具体化し焦点化してくると，平和問題談話会に結集した知識人たちをはじめとして，労働運動と共闘する知識人たちが登場してきた。平和四原則確立を機に成立した知識人と労働運動のブロックの持続，発展というべきだろう。

　52年1月，当時安倍能成が学長を務めていた学習院大学が主催で平和問題学術会議が開催された。講演者は，安倍能成，鵜飼信成，清水幾太郎である。それを事前に宣伝した1月18日付の機関紙『総評』を見てみよう。

　　労働階級ばかりでなく，日本の進歩知識人，文化人のほとんど総てが，かっての桑港講和や安保条約に反対し，再軍備に反対して，ひたすら平和を守るための努力をつづけていることは昨年10月号の雑誌「世界」の驚異的発行に於ても既に証明されているところだが，最近これら学者や知識人のグループが書斎から学園から一歩踏み出して総評を中心とする労働組合などと協力して積極的に実践活動に乗り出してきたことは，我々にとっても喜ぶべきことであるが，その第一歩として次の内容により「平和問題学術会議」が華々しく開かれることになった。総評傘下の各組合同志諸氏の絶大な協力を希う次第である。

　ここには早くも，総評労働運動，「労働階級」があたかも知識人に先行する戦後民主主義運動の主人公であるという自負がのぞいていて興味深い。経過としては，平和問題については知識人が先行していて，労働運動は後れた参加者だったのだから。が，それはそれとして，「学者や知識人」が労働組合の学習会で講師を務めるという今日にまで及ぶ運動のスタイルはこの時期に定着したものであることも指摘しておきたい。

　知識人との提携によって戦後民主主義を担い，平和問題に積極的に取り組む労働運動を典型的に展開したのは日教組だろう。破防法反対闘争が高まってくる，51年11月には日教組の第1回教研集会が開催されているが，そこでは清水幾太郎（「平和と教育」），大内兵衛（「独立日本の経済」），城戸幡太郎（「日本教育の課題」）が特別講演を行った。また分科会「平和教育をいかに展開するか」

では，選挙運動のあり方や平和署名の意義など「労働組合としての平和運動論」[66]が盛んに議論された。

(2) 知識人のリーダーシップ

政府が，破防法の取締対象は共産主義者の暴力的活動に限られていると強調したにもかかわらず，労働組合，社会主義政党，知識人のブロックが構成する戦後民主主義勢力はそれを治安維持法の再来と捉えた[67]。そのような理解を支えたのが『世界』に寄稿する，平和問題談話会に関わる知識人たちであったことは，吉野が編集長としてそうした場を提供したことも，これまでの叙述から当然だろう。総評もまた積極的にそれを運動の場に活かしていったことは機関紙「総評」にしばしば雑誌『世界』の広告が掲載されたことにも示されている。

その『世界』に載せた論文で久野収は，自身が治安維持法によって起訴された経験をもとに破防法を「治安維持法の再来」と捉えていた。久野はつぎのように記している。

　　現在の破壊活動防止法案のように，この法律（治安維持法：引用者補）は共産党員及び党外の共産主義者たちの活動を取締まる目的で制定されたのでありましたが，共産党員及び共産主義者が表面上一掃されるにともない，意図とのつながりに於いて行為を罰する規定を持ったこの法律は，やがて意図や思想そのものにまでさかのぼりはじめ，マルクス主義者や近代の唯物論の研究者たちをとらえるとともに，労働運動の指導者たちをもとらえはじめました。／最後には単に左翼文献を所持していたり，労働者の生活改善に努めるだけで，この法律の適用を受けるにいたったのであります。[68]

治安維持法がその対象を，共産主義者から非共産主義者までに拡大していったというのは，先の平和問題談話会総会での丸山の発言と重なるものだが，久野はそれが「労働運動の指導者」にまで及んだと記している。細かい点だが，

---

66) 『日教組二〇年史』労働旬報社，1967年，267-9頁。
67) 法案それ自体は，治安維持法よりもアメリカの共産主義者取締法を参考にしていた限りでは，単純な"復古"的政策ではなかった。参照，渡辺治「政治的表現の自由法理の形成」（『社会科学研究』第33巻3号，所載，1981年10月）。
68) 久野収「治安維持法の再来」，『世界』1952年7月号所載。

丸山はそこで共産主義者から「自由主義者」にまで及んだとしていたこと，そして平和問題談話会の活動としては，羽仁が主張するような具体的な運動との提携よりも先ず研究者相互の連携が必要と発言していたことと較べるならば，久野のこの文章「治安維持法の再来」は，丸山と異なり，具体的な運動に向けて，「労働運動」に宛てて書かれたものであることが鮮明になるだろう。知識人たちが単に声明を出すことに満足するのではなく，総会で表明された自己批判を堅持して主体的実践に踏み出している様を確認できる。

ここで久野は治安維持法の「一番重大な問題」をつぎのように述べている。

> 一番重大な問題は，かかる治安維持法が全国の学界，言論界，労働界に引き起こした恐怖の空気であります。この法律は国体と私有財産制度を擁護することによって，現存秩序の維持をはかろうとする最大の治安立法になりました。国体を破壊する思想は最初は共産主義者であったために，人々は共産主義者と目せられることを恐れる結果，自分の良心に反していろいろのことをいわねばならなくな（った。：引用者補）

こうした認識は平和問題談話会総会，「悔恨共同体」の形成の際には共有されていたが，同時期の総評・民同がそれを共有していたわけではない。それゆえに，レッド・パージが成功を収めた。その意味で自己の内部から生み出した思想ではなかったが，それを自己のものとできるかどうか。破防法反対闘争は，いまや平和四原則を確立した，或は，勝ち取った総評労働運動が本当に新たに自己を主体形成したのか否かの試金石でもあった。

この破防法反対闘争，労闘ストの過程における労働組合と知識人との共闘が持った意味をそれからしばらくして「総評組織綱領草案」（1958年）はつぎのように振り返っている。

> 平和運動の場での文化人との接近は権利擁護の闘いでこれらの人々の協力を得，世論活動を展開する上で非常に役立った。もちろん文化人が反動を忌み嫌い，民主的自由を愛するが故にではあるが，運動としての結合関係を深める上で平和運動の経験は十分有力な媒介となった。そのことは1952年破防法反対の労闘ストを回顧しただけでも十分実証できる。[69]

今日の「文化人」と労働運動の，それぞれの位置をこの地点に遡って測るな

---

69) 『総評組織綱領と現代労働運動』（労働教育センター，1979年）212頁。

らば，両者のその後の航跡は，別個の独立したものでなく——恐らくは多分に後者に規定された——一対の過程として見えてくるだろう。

3 高野指導の形成過程

破防法反対闘争で注目されるのは，後に太田－岩井ラインと対比して高野指導と呼ばれる，大衆闘争を重視する労働運動がこのとき，51年末から52年にかけて急速に成立したと見られることだ。そして，このことは，単に総評の労働運動の一つの型の成立を意味するのではなく，戦後民主主義運動の運動形態の成立でもあったと思われる。

戦後民主主義運動の特徴は，第1に知識人と労働組合の共闘，第2に大衆闘争と称されるように，幹部の官僚的な指導ではなく，積極的に一般組合員，大衆に依拠する様式だ。第1の，知識人と労働組合との共闘については上述した。知識人と労働組合とを結びつけた——吉野源三郎が主に知識人集団を組織したことに比肩する——オルガナイザーは高野実だった。

そこで，ここでは第2の点，高野の運動論の形成を見よう。高野実の運動論は，「ぐるみ闘争」と特徴づけられたように，地域における共闘と，そこにおける活動家を重視するものだ。したがってその活動家論と地域共闘論とは密接不可分だが，ここでは敢えて両者を区別しながら，破防法反対闘争の過程で高野指導が形成されてくる過程を重視しよう。

やや行論を先取りすることになるが，高野指導と太田－岩井ラインとの対立はたかだか経済主義の是非をめぐる労働組合運動内部の運動路線をめぐる対立と捉えられがちだが，そのように限定してしまうと，戦後民主主義が成立して間もないこの時期に歴史の中で具体的に争われていた営みが見えにくくなってしまうように思われる。というのも，高野指導と太田－岩井ラインの対立を生み出したものは，左派社会党内部にも形を変えて同様の対立を生み出したからである。

間もなく53年1月に左派社会党第10回党大会が新綱領作成を決定して以降，夏頃になると稲村順三，鈴木茂三郎と和田博雄との間でプロレタリア独裁か社会民主主義か云々を争点として論争が起こった。しかし9月に「清水私案」が提起されるや否や，稲村，鈴木，和田らはそれまでの対立が真の争点を敢えて避けた，実のところ暇潰しに過ぎないと気付かされたかのようにいそいそと曖

昧に妥協してしまう。その「清水私案」の内容は執筆した清水慎三自身が民族独立社会主義革命論だったと後年回顧しているが、しかし、それだけでは「清水私案」が政党の綱領をめぐってゆるがせにできない筈のプロレタリア独裁か社会民主主義かという水と油の対立を瞬く間に雲散霧消させてしまったことの理由は見えてこない。詳しくは第3章で扱うが、「清水私案」が提起していたのは、これから見ていく、平和四原則を確立し、高野指導のもとで質量ともに増大し増強した有名無名の無数の活動家たちを戦略的に積極的に位置づけて行くべしという主張だった。

(1) 高野実の活動家論

　高野は、全国組織、単産などの役職にある所謂幹部層よりも、運動を直接に担う現場の活動家をとりわけ重視した（そのことが後述するように、高野と太田薫－和田博雄との対立をもたらすことにもなる）。これは高野が、戦前、学生時代に師事した猪俣津南雄の"横断左翼論"に学んだものだが、高野は猪俣の議論を咀嚼しつつ、戦後の状況を踏まえて独自の活動家論を構想した[70]。

　高野に特徴的なことは、活動家をその機能、内実に徹して捉えることで、そのために形式的或は官僚的な活動家観（論）といちいち対立することになった。高野指導による運動は、運動の直接の担い手のイニシアティヴを尊重するから、しばしば幹部と一般活動家の位置関係が曖昧になり、また労働組合と政党との境界が曖昧になる。高野にとっては、政党の機能を果たさない政党は政党でなく、政党の機能を果たすものが政党であり、したがって総評が政党の機能を果たしうるのであればそれでよいということになる。

　この時期の高野は、総評を"ニワトリからアヒルへ"転換させた原動力である青年活動家に積極的に依拠しようとしていた。つまりこの間、平和四原則を勝ち取り、破防法反対闘争に取り組む過程で量的に蓄積され質的に成長してきた青年活動家層が高野指導を成立させていたと捉えるべきだろう。そのようにして頭角を現してきた活動家層の新しい質と実力に合致した形で課題を捉え、運動現場に配置してさらに維持成長させようとしたことで高野指導は際立って

---

70) 高野実と猪俣津南雄との関係については高島喜久男『戦後労働組合運動私史　第1巻』第三書館，1991年。本項は同書から多くを学んだ。

いた。

　高野は破防法反対闘争のさなか1952年2月1日付『総評』主張欄で「職場から青年部を盛り上げよ」[71]と題する文章のなかでつぎのように述べている。

　　若々しい労働者が，私の胸にせまるようにして質問する。限りないほど沢山の，そして熱心な質問。――青年部のあり方は，青年部はどうしてつくるのか。反幹部運動になることはないか。総評の本部で，全国的な青年部協議会をつくらないのか。全国青婦会議と青年部との関係は！

　こうした質問を受けて，高野は反幹部運動になるかどうかには応えず「若いエネルギーが地底から起ちあがっているのを感じながら，青年部を一日も早くつくるようにとすすめているのである」という。これは同時に，青年活動家や青年部の動きを「反幹部運動」として統制しようとする幹部に対する批判，牽制でもあっただろう。

　ここで高野は，さらに「労働組合青年部と農村青年，学生と，都市半プロレタリアの青年が一つになって全青年部」をつくる計画を構想している。高野は，都市と農村というヨコの広がりにおいて，また青年労働者と都市半プロレタリア，学生という階層を貫いて，青年活動家が横断的に運動を盛り上げていく姿を構想しているようだ。それは労働運動ではあり得ても，たしかに，この時期の太田薫が追求していた労働組合主義＝経済主義の労働運動の姿ではなかっただろう。この文章の末尾はつぎのようになっている。

　　昨秋のストライキが地底からもりあがる大衆のふんぬをかんじたが，この春季闘争がいちだんと強大になるためには，全国の職場において，重要産業別組合においてこの青年部をどれほどよく駆使するか，どれほど青年労働者がみずから起ちあがって，独自のたたかいを組織したかにかかるのではないだろうか。

　このように高野が青年部の「独自のたたかい」を重視していたことが注目される。それは要するに，幹部の指導に対する「独自」性ということになるだろう。反幹部運動であるか否かが問題なのではなく，高野にとっては，そのよう

---

71)　これは高野の署名はなく，また『高野実著作集』にも収録されていないが，語彙，文体，内容から高野実の執筆になるものと判断する。『高野実著作集』に収録されたものの中には初出時に機関紙「総評」の「主張」欄に無署名で掲載されたものが含まれている。

な青年部の「独自のたたかい」が反幹部運動になるようならばそれは幹部ではない，ということになる。

　こうした高野の活動家論はそれから一年を経ずしてつぎのようにより明瞭なものとなる。ここでいわれる「党」とは，高野が当時属していた左派社会党（だけ）を指すのではない。ここでも高野は，労働者の前衛組織としての「党」を形式的に捉えることはせずに，機能的・内容的に捉えている。つまり，「党」の機能を果たすものが，高野にとっては「党」なのであって，「党」を名乗っているかどうかではない[72]。

> 平和の闘いを職場の中にとじこめてはならない。職場職場で有志のグループを作り，そこで町や村や青年婦人の先頭にたって，平和の戦いを町や村のたたかいにもちこんでいく。／党の細胞，分会が工場企業にあるだけではなく，全組織労働者がみずからの住居の周りで，党の細胞をつくり，日常闘争を提起して動員をかける。全国的な，地方的な問題に，大衆動員をかけていく。周りの人々の信頼をうるほどに，組合員の家族もろともよく働く。いいかえれば，党の組織を「町」におろす。工場企業の大衆動員と並んで，町の大衆――お母さんや学生や商人たち――を動員することを学ばなければならない。平和のたたかいはまちの大衆を動員して，はじめて，平和のたたかいは本物となる。／そこでは，政党政派が邪魔になるような見えすいた指導をすれば，すぐにたたきだされてしまう。――そのときは，かえって反動に逆手をとられる危険がある。いつでも，大衆の心理と闘争力をはかり，指導グループをつくって，当面の利害のたたかいをたたかいぬくことである。

はじめに「職場の中にとじこめてはならない」とあるのは，先に引用した「職場から青年部を盛りあげよ」の主旨と矛盾するように見えるかもしれないが，すぐつぎに「職場職場で有志グループをつくり」というところにも示されているように，高野は活動家が職場で生まれ成長するということを前提にしている。つまり，大衆運動における労働者階級のヘゲモニーを強い前提にして立論している。

　この引用で注目されるのは，「党の組織を『町』におろす」という表現で，

---

72) 高島喜久男『戦後労働組合運動私史　第1巻』（第三書館，1991年）を参照。

これは先述した高野の機能論的な「党」理解を示している。高野の「党」とは，この文章では「有志グループ」，「指導グループ」であり，通常使われる意味での政党を高野はここで「政党政派」と呼んでいる。高野はここではさらに踏み込んで活動家集団，すなわち「指導グループ」の活動の舞台が企業の壁を越えて地域となり，女性，学生，自営業層を組織する役割が与えられている。

こうした高野の活動家論を生み出す一因になったのは，間もなく内灘闘争に際して左派社会党と清水幾太郎との対立（後述）にも見られたように，レッド・パージによって職場を追われたことで地域活動家を多く輩出した共産党系の活動家であったことも注目される[73]。

こうした高野の機能論的な「党」理解が生まれてくる背景にはまた当時高野が左派社会党に強い不満を抱いていたことがあった。破防法反対闘争の過程で高野は左派社会党へ不満を漏らしながら「労働者党の再組織」を主張していた[74]。先に引用した文中の「政党政派」云々というのも同様の不満を述べたものだった。高野が「労働者党の再組織」というのは，1度目が3年前の，第1章で述べた社会党再建大会，2度目が国会での講和・安保両条約採決をめぐって社会党を左右に分裂させたときとすると，3度目のことである。

高野はそのために「指導グループ」を構成すべき，新たな若手活動家の育成を目指していたものと思われる。高野によれば青年部は25歳以下で構成すべしということだから，労働者同志会で若年の岩井章もすでに対象外である。まだ労働者同志会内部での高野派と反高野派の対立は表面化していなかったが，すでに運動論における違和感は生じていただろう。高野が提唱したカンパニア組織，平和問題推進国民会議（51年）や平和経済国民会議（53年）に対して，左派社会党や同志会の一部から十分な協力が得られないことに高野は強い不満を

---

73) 清水慎三はつぎのように述べている，「この時期の活動家には，共産党でパージされた人，あるいは残っていた人たちもかなり多く，はじめのうちは地域活動のイニシアはむしろここにあった。50年代前半の終りごろぐらいになると両者（職場活動家と地域活動家）が合流するようになったと私には見えました」。清水慎三「五〇年代前半の労働運動（高野時代）は何であったか」（労働運動史研究会編『高野時代の労働運動』労働旬報社，1978年）48頁。
74) 高野実「大衆指導の問題」，『高野実著作集』第3巻（柘植書房，1977年）所収。初出は『社会主義』1952年6月号。

抱いていたのである[75]。

(2) 高野実の地域共闘論

　高野の活動家論が職場，企業からはみ出して，地域を重視していたことを見てきたが，高野の地域共闘論はその活動家論と相俟って不可分に形成された。

　高野の地域共闘論はやはり機関紙『総評』1951年11月30日付の主張欄に発表された「小地域のストライキ団をつくれ」に見ることができる[76]。

> 結論からいえば，いまやわれわれの組織方針は，主柱としての単産の全国一本の組織と指導力のまわりに，夫々の地方的，或は小地区的全労働組合勢力のエネルギーを集中化し，全労働者大衆の先陣を切っていくべきときにあたっている。

ここでは下部大衆のエネルギーに一貫して依拠しようとすることで変化はないが，単産の指導性を重視している点で，ややニュアンスが異なるものが含まれている。それは"高野指導"の形成過程の様々な可能性の一つを示している。早晩，単産の指導によっては地域闘争がうまく展開しないと判断されたとき，つまり単産が地域闘争に批判を強めると，高野は「反幹部闘争」になることをもはや躊躇せずに活動家にその全エネルギーを展開させようとする。この51年末の時点では活動家論が未完成であったことが，高野に，単産の指導という運動の"正攻法"を踏まえさせることになったのだろう（先に引いた，反幹部闘争を激励した「職場から青年部を盛り上げよ」は52年2月1日付）。

> かりに，国鉄労働者が非常事態の挙に出たとき，日通労組が堂々とストを決行したとき，一人ストライキをさせるようなことであったら，そのストライキは，スキャップと弾圧とのために倒されてしまうに違いない。このことは，労働者の誰でもが，直ちに知るところであろう。／この危険を打破さすもの，困難を支えるもの，それは正攻法に立つ全国指導と相まって，ほかならぬ地方的組織，小地区闘争の組織にある。

それでは小地区の組織とはどんなものだろうか。

> こういう組織は，夫々の小地区の単位労働組合のなかで全国的な産業別

---

75) 高島喜久男『戦後労働組合運動私史　第1巻』（第三館，1991年），第20章。
76) 無署名だが『高野実著作集』第2巻（柘植書房，1976年）に収録。

組合本部と直結し全国的情報と指導のもとにある単組が先達となっていることである。すなわち公然たる全国的な全階級的視野のうえに夫々の地区の指導部としての単組という機関自身が来るべき困難なたたかいをみつめ，次の前進を確実にするために，考えだし実行に移し始めているということである。／このような小地区の組織を火急に強化し，小地区の立派な共闘態勢をつくりだすことと，その闘争を地評によって調整し，全国単産の統制と指示へと結合するように努力すること，その闘争の経験と勝利とを宣伝しあうこと，ストライキ団とストライキ団が大衆的に訪問しあい，エネルギーとこころを交流しあうこと，こういうことがすでにやれる条件がらんじゅくしているのだ。(強調点原文)

しかし，52年5月，すなわち労闘スト第2波をたたかい，第3波を組もうとしているとき，高野はすでに全国単産の指導性に見切りをつけていたようだ。『総評』52年5月30日付主張欄に，高野は「統一闘争の舞台を職場と地域におろせ」を執筆し，そこで「こういう上部機関の活動が欠くべからざるものであるにしても，それだけでは広汎な職場大衆を最後まで戦い抜かせることは不可能である」(！)と主張した。ここで高野は労闘スト第3波に向けて自己の運動論を具体的に展開した。

> われわれは第3波を第2波よりもヨリ強大ならしめんがためには，少なくとも次の諸条件をみたす火のような大衆活動をともなわなければならないであろう。／イ，職場支部(分会)で，本部指令，単産機関紙や『総評』を大衆的に討議にのぼすこと。／ロ，工場職場において，第3波の日時をめがけて，部分要求を討議し，夫々の要求が出されること(目下賃上要求などを出していれば，労闘ストをその要求運動の背景たらしめること)。／ハ，単産の中闘，職場支部(分会)の執行機関のほかに，各職場毎に，第3波は闘争委員会を組織すること。／ニ，さらにこれらの仕事場の闘争委員会を基盤とする小地域的な労闘スト委員会を催すこと，そこで当該地区を中心とする弾圧に対して，具体的共闘を誓うこと。[77]

---

77) ホ項(賃金対策)，ヘ項(秋季闘争の課題)を省略。ヘ項では第3波を「秋季闘争の基礎固め」とすることを主張しているのは，「高野指導」の特徴だろう。高野は前出「小地域のストライキ団をつくれ」(『総評』51年11月30日付)においてみたように，「次の前進を確実にするために」目前の闘争を展開することを強調していた。

高野はこのように，大衆の「エネルギー」を十分に引き出すため，闘争のイニシアティヴをそのエネルギーの源である下へ下へと降ろすことを志向していた。それは単なる「反幹部闘争」ではなく，そのように闘争のイニシアティヴを下方に降ろすことが企業の壁を越えて，企業横断的な運動を展開することを可能にし，保障すると捉えていた。先に見た，「地底から盛り上がる大衆のふんぬ」云々という高野一流の表現は，高野にとってはレトリックではなく，運動のエネルギーは下部大衆にこそ，そこにのみ存在しているという確信乃至前提であっただろう。高野にとっては，それを顕在化させ，それに形を与えることが「指導」であり，その「指導」を担うのが「指導者グループ」＝「党」であった。

(3) 労闘ストにおける高野指導の特徴と意義

1950年代前半の運動を支えた精神，それを生み出した条件，状況の具体性を捨象して，それらの代りに今日の精神，条件，状況を前提にして，高野指導を見るならば，高野指導とは勝算を度外視した徒らに闘争一点張りの，無謀かつ荒唐無稽なものと映るかも知れない。しかし，それではなぜ高野指導が当時の活動家を捉え同時に支えたのか，当時の活動家たちがなぜ高野指導を受容し支持したのかが見えなくなる。

もちろん実際にも，当時から高野指導に不満を抱く側からそうした批判がなされていたし，そうした批判が力を得て間もなく55年に高野指導に代って太田－岩井ラインを舞台に引き上げることにもなる。高野指導に対する批判を労働組合と政党の場においてそれぞれ代表していた太田薫，和田博雄らがどのような運動構想を持って高野指導と対立していたかは後段で左派社会党綱領論争を扱う際にふれるので，ここでは，破防法反対闘争の過程で具体化された高野指導の特徴とその意義を見ておこう。

① 高野指導の幅

破防法に反対する労闘ストにおいて賃上げ要求も同時になされていたことについては，60年安保闘争をめぐる評価と同様に，様々な否定的評価があった（或は，今日もある）。それは，労働組合主義，経済主義に立つ論者からは労働組合運動の枠を踏み外した言語道断なものであり，対照的に労働組合主義に批判的

な立場，市民主義からは，労働組合は経済要求を掲げないとストを打てなかったではないか，所詮労働組合，組織労働者とは賃金等の物質的利害が絡まない限り立ち上がらず，真の民主主義の担い手たり得ないと評価される。

　労働組合主義の側からの高野指導への批判はその立場と整合的なものだが，市民主義の側からの批判には高野指導を——同様に60年安保闘争時の太田‐岩井ラインについても——労働組合主義と捉える誤認が含まれているように思われる。

　高野は労闘の第3波ストの直後「職場から大衆討議をおこせ」においてつぎのように述べた。

　　いわゆる労闘ストを，「経済要求をからませない純然たる政治スト」ときめてかかったのは，(労闘ストに批判的乃至消極的だった：引用者補)炭労と海員であった。電産，全自，全金，合化，都市交通などいずれも経済要求とからませていた。二つをみていると，やはり後者の方がストライキ闘争として，弾力性があり，強固である。幹部が頭の中で割切っても，いよいよ職場でストとなれば，そうはっきり割切っていない平組合員もいるわけだし，スト戦術を組むときも，経済要求では有効な戦術が組めるわけだから，大衆指導のうえでは，経済要求がからんでいる方が弾力性がでて，かえって，弾圧にあっても折れそうで折れない。折れても盛りあげが早いに違いない。[78]

　高野は，先にも見たように，政治要求のみで闘わずに職場の独自要求を掲げることが必要で，それと労闘ストを関連させることを提起していた。つまり，組合をまとめるため，弾圧を避けるために，政治ストを追求しながら同時に経済要求を戦術的に絡めるべきだというのが高野の考えだった。政治要求のみでストを打たないというのは，むしろ，組合内に多様な意見が存在しており，それが運動に反映していること，組合民主主義が存在することの証左であって，だからこそ強力な闘争が可能になった。労闘ストも経済要求なしには闘えなかったではないか，というのは運動の実態，条件を捨象した場合に可能な意見だろう。

---

[78] 高野実「労闘ストの自己批判」，『高野実著作集　第3巻』(柘植書房，1977年)所収。初出は「職場から大衆討議をおこせ」というタイトルで『社会主義』1952年7月号。

対照的に，労闘ストを「経済要求をからませない純然たる政治スト」と規定したのは，経済主義的な炭労と海員だった[79]。経済主義的な「右」派幹部は「純然たる政治スト」と捉えることで，「平組合員」の立ち上がりを抑制しようとしたのだろう。先に一瞥したように，労闘スト第1波から脱落した炭労の幹部はスト回避を説得するために山元に乗り込んでかえって山元のスト回避批判に直面し「オシャカサマデモセットクデキヌ」と本部に打電した。その直後の炭労第4回臨時大会の場で総評事務局長の高野が炭労委員長かつ総評議長の武藤武雄を「裏切りの張本人」と痛罵して両職を辞任に追い込んだ力は，高野の力というよりは，正確にはそのまま「平組合員」の力だった。

したがって，組合主義のガイドラインを踏み破って民主主義の闘争を強力に推し進めたことをもって高野指導を批判する見解についていえば，実は，その批判の矛先は高野を貫いて，そのまま「平組合員」をも串刺しにするものだといえよう。高野指導を克服しようとしていた太田薫，和田博雄が高野を総評事務局長から退かせることに多大なエネルギーを割かざるを得なかったこと，またそうして実現したはずの太田－岩井ラインが60年安保闘争まで高野指導を実質的に継続することになったのは高野指導と「平組合員」の間に強靭な紐帯が存在したからだ。

② **地評の強化**

第2に，上に引用した「職場から大衆討議をおこせ」において，高野は「労闘ストで地評は強大になった」と指摘している。このことは，破防法反対闘争の過程で"平和と民主主義"をスローガンにした地域共闘の主体が形成されてきたという点で注目される。高野はつぎのように述べている。

　　　　総評傘下の組合の間でも，それぞれニュアンスがあって，労闘ストの受け取り方に若干の違いがある。そういうことは当たり前である。こういう

---

79) 仮説として述べれば，炭鉱労働者，船舶労働者はその特殊な労働条件，職場環境，熟練のゆえに特殊に強力な労働者の連帯を築いて，組合主義乃至経済主義を強めることがあるかも知れない。そのことは一般民主主義的課題において「国民」と共同して取り組む際に相対的に大きな困難をもたらす可能性があるだろう。例えば海員組合は朝鮮戦争に反対するのではなく「特別手当の支給を要求していた」(『総評』1950年7月25日付)。また，経済主義の面で強い労働運動が一般民主主義的課題，特に戦争と平和の課題にその「強さ」を発揮しない事態は20世紀を通じて欧米の労働運動においてもしばしば観察された。

欠点を補って，地方下部から中央へ攻め登るようにして，中央と地方とふたつの闘争形態を全国一本の姿で組んでいくうえに，地評は大きい役割を果たした。……これから賃金綱領を下部へおろす場合にも，地方ストライキの統一のためにも，地評は重大な任務をもつことになる。[80]

ここまで述べてきた高野指導が下部大衆，「指導者グループ」の登場，成長を促し，地域の——企業の枠を越えた——運動の担い手を強化したことは明らかだろう。地評の強化はこの後すぐに総評の規約にも反映することになる。総評第4回大会（1953年7月）で規約改正がなされ，「地方評議会は3名以内の特別代議員を選出し，大会に出席させることができる。特別代議員は大会において発言権は有するが，票決権は有しない」とし，また地評代表者会議を特別機関に関する規約第20条のなかに規定した[81]。

産別組織と地方組織の運動上の摩擦はその後も，今日の総評を失った後のナショナルセンターにおいても様々な場面で観察される[82]ことで，総評大会において「発言権を有する」地評選出の特別代議員が「票決権は有しない」という規定は総評内部における妥協点であっただろうが，総評が地評評議会を規約において明確に位置づけたのはこの間に発揮された地評の力量の反映であったことには違いない。地評，地区労が戦後民主主義をその運動の現場で担う不可欠の組織となったのは，高野指導において，下部大衆のエネルギーを発現させることを——恐れずに——自覚的に執拗に追求する過程においてだった。間もなく58年に「総評組織綱領案」が「もはや地評の活動なくしては総評本部の運動も考えられないところまで到達した」，「地評の充実した献身的な活動がないならば，総評の呼号する全労働者的なスローガンは中味のない支えのない空虚なものに終ってしまうだろう」[83]と述べ，さらにくだっては総評解散間際には地評・地区労は総評の財産とまでいわれたが，それはここで見た労闘ストの過程で形成されたものだった。

---

80) 高野実「労闘ストの自己批判」，『高野実著作集　第3巻』（柘植書房，1977年）所収。初出は「職場から大衆討議をおこせ」というタイトルで『社会主義』1952年7月号。
81) 『総評一〇年史』395頁。
82) 連合，全労連の組織構成について浅見和彦「連合の組織体制とその特質」（法政大学大原社会問題研究所『《連合時代》の労働運動』総合労働研究所，1992年，所収）を参照。
83) 『総評組織綱領と現代労働運動』（労働教育センター，1979年）116-7頁。

Ⅷ　社会党−総評ブロックの成立

1　左派社会党第9回大会

　総評の圧力によって第8回党大会（51年10月）で社会党が分裂した過程を先に見たが，年が明けて52年1月の左派社会党第9回大会でもその勢いは衰えなかった。この大会では幾つかの注目すべき議論があった。

(1) 平和運動の強化

　第1に，「主要闘争目標」の筆頭に掲げられた「平和と独立を守るために」をめぐって，激しい議論が交わされた。原案「平和四原則を具体化し全面講和達成のための講和条約改正と日米安保条約廃棄の国民運動」に対して，総評系代議員及び青年党員から講和条約改正という方針は「議会主義的右翼的偏向」であり，両条約は不可分なのだから「両条約廃棄」とせよ，という修正案が提出されたのである。

　社会党右派＝右派社会党が講和条約批准国会で両条約可分論に立って白・青（講和条約賛成・安保条約反対）の態度をとったこと，また先述のように第8回大会初日，労働者同志会と党青年部との会合において「社会党が臨時大会で，白・青決定した場合，社会党を勤労者の政党と認めることはできない。そのときは新しい労働者党を結成する」（強調点は引用者）ことを確認していたのだから，この修正案は出るべくして出たものといえよう。

　右派社会党との統一を目論んで譲歩のあからさまな原案は左派社会党幹部と総評，青年党員との温度差を示している。原案は「講和条約・日米安保条約反対の立場に立って平和四原則を具体化し，全面講和を達成するために障害となるいっさいの条約を排除する国民運動を展開する」と改められた。

(2) 西欧社会民主主義との差異

　第2に，外交政策の草案段階では社会主義インター等の西欧社会民主主義勢力との提携をうたっておらず，むしろアジア諸国の「社会主義政党」との関係を重視していたが，決定では「社会主義インターを通じる社会民主主義勢力との国際連帯」が挿入された。このことについては新産別グループ，青年部から

反論があったために，実際には「アジア諸国との連携を大きく求めていくことになる」[84]。翌53年1月にはアジア社会党会議に参加し，左派社会党代表団は社会主義インターを批判して，出席していたイギリス労働党党首（前首相）のアトリーと激しく対立する一幕があった[85]。"社会民主主義のわくをはみ出した社会民主主義"というのは安保闘争の過程で突然生まれた事態ではないのである。

こうした事実は，軍事同盟を容認する西欧社会民主主義に対する不信感——全面講和運動の際のかれらの合い言葉は「ドイツ社会民主党の誤りを繰り返すな」であった[86]——と，それゆえに西欧社会民主主義とみずからを峻別することで左派社会党としてのアイデンティティを築こうとしていたことをうかがわせる。そのアイデンティティが持続したからやがて60年安保闘争時には対岸から推移を見守っていた毛沢東をして社会党を「不思議な政党」と言わしめることにもなった。

なお労働者同志会，平和推進国民会議，左派社会党の3つの組織の外交・平和独立方針を執筆した廣瀬健一は，この大会のひとつの焦点は共産党との違いをどのように打ち出すかということであったため，中立堅持が一層重視されることになったと述べている[87]。このことは結果的に3者の外交・平和独立方針を平和問題談話会「三たび平和について」の線に一層近づけることになったといえるだろう。

2 破防法成立が戦後民主主義運動に与えた影響

破防法に反対した労闘ストが戦後民主主義の形成に大きな劃期となったことを述べてきたが，この運動は52年5月1日「血のメーデー事件」を惹起し，破防法は7月に成立した。

当時において戦後最大ともいわれた闘争の結果がこのような形で終わったことは，総評労働運動に選挙運動の位置づけを重視させることになった。いかに院外で反対闘争を展開しても議会で負けてしまうという事態に直面して，以降，

---

84) 月刊社会党編集部『日本社会党の三〇年（一）』（日本社会党中央本部機関紙局，1974年）303頁。
85) ストックウィン（福井弘治訳）『日本社会党と外交政策』（福村書店，1966年）72頁。
86) 清水慎三『日本の社会民主主義』（岩波新書，1961年），39頁。
87) 廣瀬健一『左派社会党の実態』（大衆社，1955年）42頁。

総評は選挙闘争に積極的に力を割くことになる。早くは4月24日の国労中央委員会の決定にはじまり，合化労連，電産，全鉱，私鉄総連，全国金属，全専売等で選挙闘争への取り組みが本格化する。大半が左社・労農党支持だったが，なかに右社支持を含めるものもあった。

合化労連委員長の太田薫は「我々の生活を守る真の代表を」のなかでつぎのように書いている。

> われわれは幾度も闘争してきた。然し反動政府の甘言にだまされ，また封建的家族制度の枠内を突破することができなかったから，自由党をあのように多く出してわれわれの闘いを踏みにじらせたのだ。これらの苦い経験から，今度こそはしっかりと立上がって選挙闘争に臨まなくてはならない…中略…われわれのいままでの闘争の努力を選挙に集中し，一人でも多くの左派社会党員，労農党の人を出すことこそ，われわれの前進，われわれの将来に希望をもてるのだ。[88]

こうした流れのなかで，52年7月の総評第3回定期大会は来る選挙を「再軍備賛成派と再軍備反対派との決戦」と位置づけ，左派社会党支持を打ち出した[89]。ここに総評の左派社会党への選挙運動の全面的バックアップがはじまった。これは幾つかの点で注目される。第1に，これが，イギリスのTUC－労働党とは異なる，労働組合と社会党との提携の原型を形作ったこと。第2に，これが戦後民主主義の担い手としての社会党－総評ブロックの成立の劃期となったことである。

3 戦後民主主義の担い手たちの選挙運動における結合

この選挙闘争にはまた知識人の積極的な支援があったことが注目される。

総評は「破防法反対闘争の際，絶大な協力をしてくれた全国の学者，インテリ諸君のお蔭で，総評の推進する候補者当選のために，全国的な応援態勢を立てたいという意向が明らかにされた」として，平和問題談話会の知識人をはじめとして多くの知識人，芸術家らに支援を要請した。「学者，インテリ諸君」

---

88) 月刊社会党編集部『日本社会党の三〇年（一）』（日本社会党中央本部機関紙局, 1974年）336-7頁。
89) 『総評十年史』はこの点にふれないが，『日本社会党の三〇年（一）』338-9頁。

という表現は、例えば「先生」という敬意と軽侮を同時に指示することもできるレトリカルな語でなく、かえって総評と知識人たちの対等な関係を反映していたかも知れない。総評の名簿では支援を依頼した知識人は以下のとおりである[90]。

 清水幾太郎、上原専禄、中島健蔵、久野収、勝田守一、木下順二、中村哲、沼田稲次郎、鶴見和子、福島要一、宮原誠一、丸岡秀子、石垣綾子、市川房枝、神近市子、篠原正瑛、武田清子、田宮虎彦、務台理作、山川均、青野李吉、磯田進、中野好夫、辻清明、羽仁節子、伊藤整、大内兵衛（以上東京）、坂田章一、新村猛、真下新一（以上名古屋）、末川博、恒藤恭、田畑忍、嶋康彦、竹中勝男、名和統一、猪木正道（以上京都）、長田新（広島）、向坂逸郎、高橋正雄、今中次麿（以上福岡）

　9月6日、高野実は参議院第4控室に、芹沢光治良、清水幾太郎、中島健蔵、岡本太郎、原田鋼、高桑純夫、中村哲、岡倉古志郎、篠原正瑛、向坂逸郎、松本新八郎、本郷新、久野収、西村孝次、福島要一、磯田進、寺田透、堀真琴、木村禮八郎、太田堯、青野季吉を招いて正式に要請を行った。青野が代表挨拶に立ち、中島健蔵が議長を務めた。清水幾太郎はつぎの4項目を提示した。

　1、私たちは、憲法を改悪する候補者には投票しません。
　2、私たちは、再軍備を賛成する候補者には投票しません。
　3、私たちは、破防法に賛成する候補者には投票しません。
　4、私たちは、公明選挙に違反する候補者には投票しません。

そしてこれをもとに、「総選挙に当たり、全国民に訴える決議」が採択され、知識人たちに送付して署名を集めた。9月16日までの10日たらずで約130の署名が集まった。

　ところで、この日に先立つ、8月29日、清水は鈴木茂三郎と高野実から選挙への協力を求めるオルグを受けたが、その日のことを清水は一年半余してつぎのように回想することになる。

  昭和28年11月8日に左派社会党綱領草案が発表され、次いで、その批判として清水慎三私案なるものが発表されて以来、綱領の問題は至る所で、烈しい関心と論議を喚び起している。私は、この問題を考えるたびに、昭

---

90) 『資料労働運動史昭和27年版』386-7頁。

和27年8月29日の夜のことを思い出す。ひどく蒸し暑い夜であった。私は，その夜，神田の出先で，左派社会党の鈴木茂三郎氏及び日本労働組合評議会の高野実氏の来訪を受けた。勿論，二人とも以前から知ってはいたが，その時は謂わば公式の訪問であった。用向は，10月1日の衆議院議員の総選挙のために文化人一同の協力を得たい，ということであった。私は協力を約束した。それから，私は，多くの友人に集って頂いて，謂わゆる平和四原則（全面講和，再軍備反対，平和憲法擁護，中立堅持）の線に沿って，総評の運動を支援する意味で，左派社会党を中心とする平和勢力を国会へ送り込むための御協力をお願いした。例外なく忙しい人たちであったにも拘らず，多くの友人は協力を約束してくれて，9月一杯各班に分れて，文字通り，日本中を飛び廻ってくれた。[91]

　引用の冒頭にある左派社会党綱領論争，清水（慎三）私案については第3章で詳しくふれるが，ここでは，何故，他ならぬ1954年の左派社会党綱領論争，そこにおける清水私案をめぐる「烈しい関心と論議」が清水幾太郎をして鈴木茂三郎，高野実から「謂わば公式の訪問」を受けた52年8月29日を想起させるのか——ということにだけふれよう。

　清水幾太郎が鈴木茂三郎，高野実の依頼に応じたのは平和四原則を確立した「総評の運動を支援」することにあった。ところが，それから1年余後の左派社会党綱領論争では，平和四原則の旗を掲げることで組合主義の枠を踏み破って主体形成した総評労働運動を綱領のなかにどう位置づけるのか，或はむしろ位置づけないかが問われることになった。

　清水幾太郎は上に引いた52年9月6日の4項目に明らかなように，当然，前者，いまや組合主義の枠を越え，平和四原則を内面化した総評労働運動を支持していたから選挙で知識人の先頭に立ち，かれらを「各班に分」けて「文字通り，日本中を飛び廻っ」たのだった。

　平和四原則を掲げた総評労働運動が左派社会綱領論争の過程で否定的に評価されていることに，清水幾太郎は（清水慎三による「清水私案」と同様に）危惧と憤懣を抱いていたのである。そして，いくらか先回りすることになるが，左派社会党論争は清水が危惧したとおり，総評労働運動を労働組合主義の枠内に

---

91) 清水幾太郎「わが愛する左派社会党について」，『中央公論』1954年2月号所載。

封じ込めようとすることで決着した。やはりこの後にふれる，高野指導から太田-岩井ラインへの転換も，労働組合主義を克服して形成された総評労働運動をめぐる，この運動主体の内部闘争と密接不可分の一つの過程として起きたものだった。

とまれ，社会党（左社）-総評-知識人の三者のブロックとでもいうべきものがここに確立した。この三者のブロックは選挙に限ってみても圧倒的な力を発揮したといえよう。10月の総選挙では左社は議席を16から一挙に54にまで伸ばした（右社は40→57）。翌53年4月の「バカヤロー解散」による総選挙では左社はさらに72議席にまで伸ばして右社の66を上回り，同月の参議院選挙で左社は18人を当選させ，非改選とあわせて参議院に40議席を占めた（右社は10人当選で非改選と合わせて26議席）。左派社会党がこのように，「現実主義」を自他ともに認めていた右派社会党を僅か一年足らずの短時日で凌駕したことに，かえって左社-総評-知識人ブロックが持っていた現実性の力がうかがえよう。

第3章　戦後民主主義の確立
　　　——労働組合主義，経済主義に抗して

I　高野指導と太田－岩井ラインをめぐる研究状況

　高野指導ということばは，"ニワトリからアヒルへ"の転換を遂げた，1951年総評第2回大会で高野実が総評事務局長に就任してから55年総評第6回大会で岩井章に敗れて高野が事務局長を退くまでの，総評労働運動が体現した特徴を端的に示すものとして一般に用いられている。また，高野指導と太田－岩井ラインがしばしば対置されるように，両者は相互に対照的な運動路線として特徴づけられてきた。

　しかし，その太田－岩井ラインがいつまで続いたかというと必ずしも明瞭でない。太田が総評議長を退いた66年までなのか，或は岩井が総評事務局長を退いた70年まで続いたのか。岩井が事務局長に就任した55年から60年の"安保と三池"までは総評労働運動と戦後民主主義運動の上昇期であり，60年を頂点に以降，両者とも下降線を辿るという解釈されることが多く，太田－岩井ラインの終期についてはあまり問題とされない[1]。

　しかし，多くの先行研究は高野指導から太田－岩井ラインへの転換を必ずといっていいほど指摘しながら，両者の相異を明らかにすることに必ずしも成功していないように思われる。戦後民主主義を担った総評労働運動を考えるときにこの問題，高野指導と太田－岩井ラインの差異，それらが持った意味の検討を避けて通るわけにはいかない。ここで，これまでの代表的と思われる研究をやや詳しく検討してみよう。

---

[1]　篠藤光行「総評の発展」（岩井章編著『総評労働運動の歩み』国際労働運動研究会，1974年）は，「まさに1970年代闘争へと的をしぼった1968年度の総評大会において，岩井事務局長が提案した『社会主義教育』の強化原案を，こともあろうに太田合化労連委員長が先頭にたって反対したとき，ここに太田－岩井ラインは完全に消滅した」（同書161頁）と述べる。

大掴みにいえば，先行研究の多くは，太田－岩井ラインを経済主義と捉え，それに対比して高野を政治主義と特徴づける。高野指導と太田－岩井ラインの相違が把握しづらくなるのは踏襲され続けてきたこの対比にあるのかも知れない。というのも，これでは50年代初頭から60年までが戦後民主主義運動の一貫した高揚期であったという歴史的事実と，その間55年に高野指導の否定として太田－岩井ラインによる経済主義への転換があったとすることとを，うまく整合させることができないからである。

(1) 高畠通敏の研究

高畠通敏「大衆運動の多様化と変質」[2]は戦後日本の大衆運動を，60年安保闘争までの「革新国民運動」，そして，60年代前半における「革新国民運動」の分解を経て，市民運動と住民運動の登場という流れで70年代中葉までを通観している。高畠の高野指導と太田－岩井ラインの位置づけを検討する前に，先ず，この論文の内容を概観しておこう。

高畠によれば，「革新国民運動」は社会党，共産党，総評とその周辺の諸団体の組織の〈丸抱え〉で構成されているために，第1に「運動の頂点と底辺との間に大きな意識上の乖離」があり，第2に〈政党引きまわし〉が生じ，第3に，統一行動以上の「実力行動や要求貫徹までの無期限ストライキなどは，本能的に回避される」[3]ことになる。

60年代に入って「革新国民運動」が分解して以降，「複数の個人が，『有志』としていつでもどこでも勝手な形で運動する」というように，「革新国民運動」とは組織原理を異にする，「ベ平連型市民運動」が登場するが，これも結局のところは「小田実のようなスター作家とその周囲の一群の運動のベテランからなる非公認の〈代表〉と〈内閣〉によって，事実として指導される泡波のような大衆運動」で，「未だどこの管理社会型組織にも属していない若者たちの〈猶予期間〉における反抗運動に止まった」。

また住民運動は「企業や官庁内の企業別労働組合を基盤にし，政府・保守党

---

2) 高畠通敏「大衆運動の多様化と変質」，日本政治学会『五五年体制の形成と崩壊』岩波書店，1979年，所収。
3) 高畠通敏「大衆運動の多様化と変質」（日本政治学会『五五年体制の形成と崩壊』岩波書店，1979年）327頁以下。

との対抗という全国的な戦略の上に立って闘争戦術を組む革新運動」から「独自の運動の展開を示すことが多くなる」が，住民運動はついに「少数者の問題であり，革新自治体と言えども，革命自治体ではない以上，対応の限度はかぎられる」し，「個別問題にこだわる住民運動の性質上，そういう運動の横断化的組織化は行われにくい」と指摘し，つぎのように述べて論文を閉じている。

> 沈滞をつづける大衆運動と保守化した政治意識を背景に，革新諸政党の一部は，旧来の革新というシンボルを捨てて「中道」政党を自称するようになり，絶対多数を失いはじめた保守党との連合を廃して，「連合」の時代を演出する。また，革新諸政党から脱落した都会中間層の〈脱政党〉票をねらって，新しい「連合」政党，「クラブ」政党が旗上げする。こういう過程の全体は未だ進行中であり，その全体像とそこにおける大衆運動の力学を描き出すには，時期尚早という他ないだろう。その意味で，ここでは，今日，われわれが新しい転換期にはいりつつあることだけを確認して章を閉じることにしたい。[4]

よく知られているように，高畠自身が活動家としては「革新国民運動」から出発して，60年安保闘争時は「声なき声の会」で活躍，1964年，鶴見俊輔とともに小田実をオルグしてべ平連の結成に導きもした。つまり，高畠自身「運動のベテラン」でありべ平連の「〈内閣〉」でもあった。さらにまたこの論文刊行の2年程前には，革新自由連合のために久野収とともに小田実に「市民が直接政治に乗り出すべき時がきた」と選挙出馬をオルグしている（このとき小田は高畠に「じゃあ，あなたご自身がお出になったら」と返答して出馬を拒否[5]）。

高畠のここで取りあげる1979年刊行の論文「大衆運動の多様化と変質」にはそうした活動家としての自身の経験も反映されているだろう。つまり，高畠自身の，「革新国民運動」，安保闘争時の「声なき声の会」，べ平連，そして論文末尾に述べられている「革新諸政党から脱落した都会中間層の〈脱政党〉票をねらっ」た革新自由連合に深く関与した経験があって書かれたものだ。

しかし，その論文は，「革新国民運動」，市民運動，住民運動，「革新諸政党

---

4) 高畠通敏「大衆運動の多様化と変質」（日本政治学会『五五年体制の形成と崩壊』岩波書店，1979年）358-9頁。
5) 小田実『「ベ平連」・回顧録でない回顧』（第三書館，1995年）526頁。

から脱落した都会中間層の〈脱政党〉票」の受け皿になろうとした「『連合』政党，『クラブ』政党」と，自身が積極的に参画，関与してきた時々に新しいスタイルの「大衆運動」のいずれに対しても清算的乃至否定的なトーンが基調をなしているようだ。特に直近の運動に対して，例えば「革新諸政党に批判的な都会中間層」云々というように記すのではなく，「革新諸政党から脱落した都会中間層」と記していることが印象的だ。

　活動家としての高畠は遅くとも1960年代末から，既存の前衛に代る，いわば前衛としての市民を理想として「準コミューン的な意味での市民集団の形成」[6]の実現を追求していたから，「革新国民運動」を率いる「革新諸政党から脱落した都会中間層」は高畠の理想とする「市民」たり得る可能性を大いに秘めていたはずだ。上に，ベ平連に対する「小田実のようなスター作家とその周囲の一群の運動のベテランからなる非公認の〈代表〉と〈内閣〉によって，事実として指導される泡沫のような大衆運動」という研究者高畠の否定的評価及至自己批判を引いたが，活動家高畠は同時に革新自由連合のために「選挙には量が必要だ」という判断から「革新諸政党から脱落した都会中間層の〈脱政党票〉をねらって」，ベ平連結成時の自身の実践をそのままなぞるように，再び「大衆的人気」を見込んで小田実に選挙出馬をオルグするという実践を行っていた[7]。こうしたことを踏まえると，ここには，いまや80年代を迎えようとする「新しい転換期」における高畠の認識と実践の緊張なり苦衷なり，或はむしろペシミズムが覗いているのかも知れない。

　さて，高畠論文の問題意識，その背景をなす，高畠の実践的な問題意識，活動家としての高畠の実践を一瞥したが，本論文で高畠は太田－岩井ラインについてつぎのように述べている。

　　55年7月，岩井章が高野を破って総評事務局長に選出され，太田（薫，議長）－岩井ラインによるリーダーシップを打ち立てた時，それは総評があらためて個別組合の利害を重視する経済闘争路線に方向転換したことを意味した。「食えない賃金からヨーロッパ並み賃金へ」（太田が実際にこの

---

6) 高畠通敏「市民運動の組織原理」（同『政治の論理と市民』筑摩書房，1971年，所収）。初出は別冊『潮』1969年秋号。
7) 市民主義活動家としての高畠通敏については小田実とともに，本書第Ⅱ部第2章「高度成長期における『市民の論理』の歴史性」のなかでふれた。

スローガンを打ち出したのは63年春闘：引用者補）をかかげて55年春に出発した春闘はその太田－岩井ラインの労働運動路線の集約であった。そして，この経済闘争重視路線の弱点を政治的に補うべく，総評は社会党との連携を強め，支援を拡大していくのである。[8]

高畠は，このように，太田－岩井ラインは「経済闘争路線」乃至「経済闘争重視路線」であり，そしてそこから生じる「弱点を政治的に補う」ために，「総評は社会党との連携を強め，支援を拡大していく」と述べている。

だが，第1に，前章で述べたように，総評が社会党との連携を強める契機は，太田－岩井ラインの成立に先立つ，破防法反対闘争の過程においてであって，経済闘争の「弱点を政治的に補う」ためではなかった。

第2に，高畠が，太田－岩井ラインを経済主義と捉えているならば，しかし，欧米の労働運動にも見られるように，経済主義とはまさにそのように政党との連携の強化を不可欠とするもので，これでは，高畠はじつは，太田－岩井ラインは欧米型の労働運動を展開した，といったことになる。

ところが周知のように，太田－岩井ライン成立後も少なくとも60年"安保と三池"まで総評の労働運動は欧米型の経済主義的運動を展開したのではなかったし，善かれ悪しかれ，日本ではこれまで欧米のごとき経済主義的運動は，試みられたことはあっても定着したことはなかった。

では，高畠は何をもって，「経済闘争重視路線の弱点」といおうとしたのだろうか。実は，高畠はその「弱点」の内容については何もふれていない。「『革新国民運動』の実際の中核」高野指導下の「総評労働運動」（高畠論文326頁）が太田－岩井ラインの「経済闘争重視路線」に転換することから生じる「弱点」，つまり「革新国民運動」が停滞するであろうことを弱点と捉えたのか，或は「経済闘争重視路線」，つまり労働運動の経済主義に固有の弱点なのか。

高畠は「革新国民運動」に批判的だから前者だとは考えにくい。高畠によれば「革新国民運動」とは「敗戦と占領軍による戦後の民主的変革という〈外から〉の圧力によってもたらされた既成事実を〈保守〉するという姿勢によって成り立っており，新しい変革を生み出そうという創造的リーダーシップと能動

---

8) 高畠通敏「大衆運動の多様化と変質」（日本政治学会『五五年体制の形成と崩壊』岩波書店，1979年）326頁。

的な価値理念に全体として支えられていたとはいいくにい」（高畠論文329頁）ものだからだ。だが，経済主義に固有の「弱点」を問題にしているならば，みずからの代表を議会に持たない経済主義に弱点があるのは当然だ。正確にはそれは経済主義以前のものであるから。太田－岩井ライン下で60年安保まで実質的に高野指導が存続したこと，同時に現象としてはその時代に社会党－総評ブロックと呼ばれたものが存在したことの2つを高畠は歴史過程を捨象して「経済闘争重視路線の弱点」という仮説で解こうとしたのかも知れない。だが，この仮説によって問題解決は一層困難となったように見える。前章で見たように，高野指導も社会党－総評ブロックも太田－岩井ライン登場以前にすでに形成されていたものだから，その形成に際して太田－岩井ラインの「経済闘争重視路線」は全く無関係だった。

　高畠は，総評は「経済闘争重視路線」の「弱点を補うために」社会党と提携強化を行ったとしている。しかし総評が社会党と緊張関係を孕みながらも「ブロック」を形成して取り組んだ，平和四原則はもとより，破防法反対闘争，反基地闘争，警職法闘争，安保闘争のいずれも「経済闘争重視路線」が課題とするものではなく，むしろ，それらこそ「経済闘争重視路線」，すなわち経済主義が忌避すべき課題だった。高畠が，60年代中葉以降，次第に戦後民主主義的な政治課題から後退りし，同時に賃金闘争，すなわち経済主義が専らの課題とする領域からも後退りしてゆく総評の選挙運動を念頭に置いて「弱点を補う」ための総評の社会党との連携強化というのであれば，それは50年代後半の「太田－岩井ライン」の総評には当て嵌まらない。それでは50年代後半の総評に60年代後半以降の総評の姿を押し被せることになるだろう。

　また，「太田－岩井ラインの労働運動路線の集約」と位置づけられていた「春闘」について，安保闘争を経た「『革新国民運動』の分解期」になると，「労働運動もまた春闘を中心とする経済主義的な要求闘争へと次第に自らを局限してゆく」（高畠論文342頁）と否定的に言及される。高畠論文では，歴史過程に豊富に言及しながらも，このように歴史性を捨象してしまったり，「経済闘争重視路線」，「太田－岩井ラインの労働運動路線の集約」である春闘について両立しないか連関が定かでない複数の位置づけがされている。それだけではない。

　60年安保闘争の最中，分裂の危機という特殊な条件下で総評指導部が発した文書「日本的労働組合主義」について，その内容は50年後半から一貫するもの

として，つぎのように述べている。「日本的労働組合主義」とは

　　企業別組合を基盤とした経済要求闘争が窮極的に政治闘争へと高まって
　ゆくことを期待する路線であり，それは，個別の経済闘争を産業別に統一
　して中央へと集中させ，合理化反対や労働権の確立などの政策転換要求闘
　争（実際には，安保・三池闘争後，太田薫が批判した構造改革論の側から提起
　されたもの：引用者補）へと上昇させてゆくという戦術となって現れる。
　この戦略，戦術のたて方の中には，「革新国民運動」全体を通じる基本的
　な特質が浮き彫りにされている。[9]

これもやはり歴史性を著しく捨象した総括で，ここでは，構造改革論とそれを批判した太田薫らの「日本的労働組合主義」の区別が抹消され，さらに太田－岩井ラインに先行して登場した「革新国民運動」がそれ以降に登場した太田－岩井ラインの「経済的要求闘争」に従属したものとして把握されている。つまり，高野指導，太田－岩井ライン，構造改革論という相互に厳しく対立した，それぞれに固有の内容を持つ運動路線が高畠一流の力業で一緒くたにされてしまい，結果，歴史は雲散霧消してしまうのである。

(2) 大嶽秀夫の研究

　高畠の見解と，一見，対照的なのが，大嶽秀夫の見解である。大嶽秀夫の見解には何度かふれてきたので，ここでは太田－岩井ラインのみについてみよう。大嶽論文は，太田－岩井ラインの「経済主義」は実は高野指導に対する「ラディカリゼイション」であったと理解する。

　　太田の立場は高野の政治性を否定しているために，一見，右派からの批
　判のように見える。事実，高野が共産党の路線と近親性をもっていたこと
　も事実である。しかし，高野の政治路線がその背景として厳しい労使関係
　の場での（経済）闘争の回避を隠していたことを考えれば，太田の経済主
　義の復権の主張は，実は，ラディカリゼイションの要求であったと見る方
　が妥当であろう。まして，太田のいう経済主義の復権闘争とは，首切りや
　合理化などへの企業レベルでの反対闘争の意であって，あくまで戦闘的，

---

9)　高畠通敏「大衆運動の多様化と変質」（日本政治学会『五五年体制の形成と崩壊』岩波
　　書店，1979年）327頁。

非妥協的な闘争を意味しており，いわゆる労働組合の経済主義化の主張とは別物であったとすればなおさらである。[10]

大嶽論文の見解はさらに問題を含んでいるように見える。第1に，「高野路線がその背景として厳しい労使関係の場での（経済）闘争の回避を隠していた」ということ。実際には逆で，高野時代に，日鉱室蘭，日産，日鉱尼崎，三鉱連の争議が果敢に闘われ，そうした高野指導が「局地戦」を招くことを否定的に捉えた太田薫が企業別組合をそのままに産業別統一行動を組もうとして春闘が編み出された経緯がここでは看過されている。

第2に，したがって，太田薫が「首切りや合理化などの企業レベルでの反対闘争」を追求したかのごとくに述べられているが，これも第1点と同様に首肯しがたい。産業別労働組合が思うように機能しないという条件に規定されて，高野は地域闘争を編み出し，「首切りや合理化などの企業レベルでの反対闘争」を積極的に推し進めた。反対に，太田はそうした「企業レベルでの反対闘争」を地域闘争のごとく激化させてしまう高野指導に強く批判的だったから，その太田の「経済主義の復権闘争」とは先ず何よりも，「企業レベルでの反対闘争」はさておき，産業別組織が主体となる，賃上げを課題とする春闘だったのである。

第3に，太田の「経済主義の復権闘争とは，首切りや合理化などへの企業レベルでの反対闘争の意であって，あくまで戦闘的，非妥協的な闘争」であり，「いわゆる労働組合の経済主義化の主張とは別物であったとすればなおさらである」とされるが，いわゆる労働組合の経済主義とは首切りや合理化に「あくまで戦闘的，非妥協的な闘争」を展開することを指す。平和四原則，破防法反対闘争，警職法闘争，安保闘争などの諸課題を忌避して敢えて課題としない，或は課題となし得ない労働運動を経済主義という。そのようにみずからの手を縛る経済主義は一般に欧米のそれらのように労資協調的な組合運動と理解される。したがって，大嶽論文が主張する，太田－岩井ラインが高野指導よりも「ラディカリゼイション」の要求を抱いていたという点は明らかにならないだろう。

大嶽論文，そして高畠論文に共通するのは，55年に高野指導から太田－岩井

---

10) 大嶽秀夫「高度成長期における日本社会党のラディカリズム」（京都大学法学会『法学論叢』第133巻第3号，1993年6月），12頁。

ラインへの転換があったと認識することだが,結果としては,どちらも成功していないように思われる。

そして,もう1点,両者に共通するのは,高畠,大嶽両論文ともに戦後民主主義が実現した主体的契機に対する過小評価である。

一方の,高畠によれば,「革新国民運動」は「敗戦と占領軍による戦後の民主的変革という〈外から〉の圧力によってもたらされた既成事実を〈保守〉するという姿勢によって成り立って」[11]いるものであり,また大嶽によれば「民主化が権威主義に対する自立を前提とするとすれば,新たな権威となった占領軍の権威をなんらかの形で否定しなければ,日本国民の真の意味での民主的自立はありえない。左翼的なアメリカ帝国主義批判は,反米という形で精神的劣等感からの解放の論理と同時に,民主的な反権威主義への足がかりを日本の大衆運動に提供した。言い換えると,この認識によって,異民族による支配を背景とした恩恵的改革としての占領改革が与えた屈折した心理の克服,すなわち,解放と民主化という課題を肯定しつつもその承認が異民族支配によってもたらされたという民族的自負の否定につながるという矛盾の克服が,達成されることになった」[12]ということである。

もっとも,高畠論文によれば「革新国民運動」は「占領軍による戦後の民主的変革」を「〈保守〉する」ものであり,大嶽論文によれば「左翼的なアメリカ帝国主義批判」は「異民族による支配を背景とした恩恵的改革としての占領改革」によってもたらされた「精神的劣等感」「屈折した心理」を克服するための言うなれば方便だった,というように,両者のニュアンス,レトリックの違いはそれでも著しい。

その違いは,高畠論文が70年代末の「新しい転換期」の前で「準コミューン」を築くための市民主体を新たにどこに見出すかを模索するなかで書かれたとすれば,大嶽論文が90年代半ば,ソ連・東欧社会主義崩壊を経て「歴史の終り」が叫ばれ,「保革対立」などは時代錯誤という大合唱とともに新自由主義改革が急速に進展する流れに棹して書かれたということの違いがもたらしたものか

---

[11] 高畠通敏「大衆運動の多様化と変質」(日本政治学会『五五年体制の形成と崩壊』岩波書店,1979年)329頁。
[12] 大嶽秀夫「五五年体制の形成」(『戦後改革とその遺産』岩波書店,1995年,所収),43-4頁。

も知れない。その上で，両者に共通して，本稿が前章で扱った，総評，知識人集団，社会党においてなされた，戦後民主主義の主体形成における労苦が一顧だにされず，それゆえに戦後民主主義がともに否定の対象となっていることは示唆的といえるだろう。

(3) 太田－岩井ラインの意味

後段の見通しをよくするために本稿の太田－岩井ラインの理解を先に示しておこう。総評労働運動の実態に即して観察するならば，60年安保と三池までは高野指導が実態として存続したことは明らかである。つまり，その間，太田－岩井ラインは顕在化しなかった。敢えて顕在化したというならば，それは，60年安保闘争を経て，職場活動家，地域活動家を総評から放逐した61年頃から64年の池田－太田会談までの時期だった。それはたしかに太田薫が和田博雄とともに目指した西欧型社会民主主義路線の実現を目指すと見えたものの舞台はすぐに暗転してしまう。64年，JC・同盟路線の登場を見て，遅くとも67年までにはJC・同盟路線に吸収されてしまったのである。そればかりではない，その過程で，当の太田の「『ハッスルせよ！』の呼びかけに応えた青年労働者が，『ボス交』批判の矢が投げかけられることとなった」[13]。

総評が安保闘争後に活動家たちを放逐したこと[14]は，単に組合運動内部の問題にはおさまらなかった。それは戦後民主主義を担った総評労働運動，高野指導の原動力に大きなダメージをもたらすものとなったからだ。55年に岩井が高野を破って総評事務局長に就任したときを"高野指導から太田－岩井ラインへ"というのは看板を掛け替えたに過ぎないもので，職場活動家，地域活動家は温存されたばかりでなく，基地闘争，勤評闘争，警職法闘争の過程でさらに多くの活動家が生まれ，育てられ，運動のなかに分厚い層となって存在し続けた。それだけに，安保闘争後，構造改革論が登場する過程で，その活動家たち

---

13) 篠藤光行「総評の発展」（岩井章編著『総評労働運動の歩み』国際労働運動研究会，1974年），150頁。
14) 清水慎三「総評における使命感の欠落」（『世界』1961年11月号所載）。また，東京地評顧問市毛義昌氏への聞き取り（1996年）による。市毛氏は学習院大学の清水幾太郎ゼミに所属し，学生時代には清水幾太郎，高野実，丸山真男らの間で交わされた平和問題談話会関連その他の文書をそれぞれの自宅などに直接に赴いて届けるなどしたことがあり，卒業後は清水幾太郎，高野実の推薦を得て東京地評に活躍の場を得た。

が総評の外に追いやられたことは，総評労働運動の実態を転換させるとともに，戦後民主主義をも試練に立たせることになったはずだ。しかし，以下では，先ず，1953年に公然化する高野と太田の対立から見ていくことにしよう。

II　第三勢力論vs.平和勢力論の背景

(1) 第三勢力論か，平和勢力論か

　高野実と太田薫の対立が表面化し固定化したのは，1953年7月の総評第4回大会においてだった。その対立は高野と太田の対立に止まらず，高野と左派社会党幹部，ことに和田博雄との対立でもあった。つまり，高野対太田の対立において問われていたのは，ひとり総評の運動路線をめぐるものではなく，政党を含む労働運動の在り方だった。

　総評第4回大会で，高野と太田の直接の争点となったのは，総評の立場は，従来通りの冷戦下において米ソいずれにも偏らない――平和問題談話会声明「三たび平和について」を踏襲する――第三勢力論か，或はソ連を代表とする社会主義陣営をも平和勢力と見做す平和勢力論か，ということだった。高野は52年暮れにつぎのように書いた。

> 西尾＝平野という2つの時限爆弾をかかえこんだ右社も，西尾＝三輪の指導をゆるしたことで，社会主義インターの看板をかりて，武装平和と身売りする機会を選ぶことになった。…中略…こういう条件を前にして，「ソ連の新外交の段階」がはじまったのである。マレンコフ報告の「ソ連の平和的勢力，軍備縮小の努力，アメリカの原子力独占打破」の要求は，「冷たい戦争」を「冷たい平和」へと国際外交の空気を一変させた。謀略的なソ連の平和攻勢といわれるものは，西欧においても東洋においても，「筋のとおった平和政策」として広汎な大衆の間にその信頼を高めている。われわれもまた，その評価のうえからいえば，アメリカ側に立っているのではなくソ連の側に立っている。[15]

引用した箇所より前では高野は賃金問題を「アメリカの軍事支配」との関連

---

15)　高野実「平和闘争の組織問題」（『高野実著作集第3巻』所収）。初出は高野実「総選挙後の組織問題」とし『社会主義』1952年11月号所載。

において論じている。高野はアメリカを批判し，西尾ら右社を「武装平和」路線であると批判し，その後で引用の通り「謀略的なソ連の平和攻勢といわれるもの」は「『筋のとおった平和政策』として広汎大衆の間にその信頼を高めている」，そして「われわれもまた」，「アメリカの側に立っているのではなく，ソ連の側に立っている」としている。高野がソ連の「平和攻勢」を評価し，ソ連を平和勢力と見做す「平和勢力論」に立って論じていることはあからさまである。そして，これを書いた時点，52年秋に，高野は左派社会党への不満を募らせていた。

　このとき高野が左派社会党との対立を深めていった背景はつぎのようなものである。52年10月に成立した第4次吉田内閣は11月21日の閣議で重要施策要綱を決定した。ここには「占領期間中の各種法令及び諸制度を検討し，これを現在の国情に即応するように改正するとともに国内の治安と民生の安定を確保する」と述べられて，占領軍が不在となった後の日本の支配体制の再編が表明されていた。

　左派社会党は吉田内閣のこうした施策に対応して20，21日両日第2回中央委員会を開いて，吉田内閣と闘う姿勢を一応は鮮明にしていた。しかし，その戦術は，右社とともに野党連合を組織して補正予算案を提出するというものだったし，そればかりか，中央委員会の出席率がどういうわけかすこぶる低調だった。この中央委員会で挨拶にたった高野は，炭労や電産のたたかいの状況にふれつつ，両闘争に殆ど協力ができぬ左派社会党を「だらしない社会党」と批判し，「もしも社会党がこのままの状態を続けるとしたら労働者は去るであろう」と述べた[16]。ふたたび「新しい労働者政党をつくる」と脅しをかけたようにも見える。全面講和に際して党を割っても両条約反対を貫け，組織を挙げて支援する，と社会党を分裂させた高野にしてみれば，炭労，電産の争議を遠巻きに眺めながら右派社会党との合同を模索する左派社会党に業を煮やしていたということだろう。ここでの高野と左派社会党の対立は以降修復されることはなかった。

---

16) 月刊社会党編集部『日本社会党の三〇年（1）』（日本社会党中央本部機関紙局,1974年）356-7頁。

(2) 第三勢力論vs.平和勢力論の背景

　上に見たような高野と左派社会党の対立を踏まえると，高野の平和勢力論と太田の第三勢力論の対立は，ソ連を平和勢力と見なすか，或は米ソいずれにも与しない"中立"を目指すか，という外交政策をめぐる対立は氷山の一角であったといえるだろう。

　日本の国際社会における進路をめぐる対立は，日本の，現下の政治状況のなかで労働運動をどのように展開するかという，課題と密接に結合していたのであって，「総評における反米，反再軍備への強い関心は，こうした企業レベルの労使の直接対決における後退によって生じた鬱憤したエネルギーを政府とか米国とか，いわば遠い敵との『対決』という，直接傷を負わずまた内部分裂の危険もない安全な争点における運動によって発散していたという面がある」[17]のでない。それどころか，それとは正反対に，むしろ内部分裂の危険を冒して，実際に内部分裂を経て，「総評における反米，反再軍備」は形成された。

III　高野実と和田博雄の確執

　高野は54年早々に，自らのイニシアティヴで組織した平和経済国民会議を拠り所に，「MSA下の労働運動」と位置づけてMSA予算に対する対案をつくろうとしていた。これはイタリア総労働同盟の労働プランに学んだ平和経済プランと呼ばれた。このような左派社会党をないがしろにする態度が，53年1月の左派社会党第12回大会で書記長に就任していた，西欧社会民主主義路線を志向していた和田博雄を刺戟した。

　和田は54年2月3日付『朝日新聞』紙上でつぎのように述べた，「党と労組の関係については，労組が予算案や法案にまで手を出して政党の領域に立ち入るようなことのない党の指導性を発揮していきたい。賃金問題にしても経済全面の動きを無視した要求を掲げて大衆に訴えるだけで，労働運動を進めようという行き方は危険だと思う」[18]，と。例えば，太田は，ややさかのぼるが，53

---

17) 大嶽秀夫「高度成長期における日本社会党のラディカリズム」(京都大学法学会『法学論叢』第133巻第3号，1993年6月) 7頁。
18) 『朝日新聞』1954年2月3日付，但し大谷啓介『幻の花——和田博雄の生涯——』下巻，62頁より。

年3月の合化労連臨時大会で,「いかに政党が弱体であっても,あくまで階級政党を強化し,それを中心に押し立てて運動を進めるべきで,総評が中心になって政治カンパニヤを強行することは非常な誤りである」と述べていた。和田と太田が同じことを主張していることは明らかだ。

和田の総評批判が朝日新聞に載った2日後,高野はすぐさま2月5日付『総評』で署名入りでつぎのように反論した。

　　総評という巨大な労働連合体が,予算案の検討から組替要求について多くの団体と会合をもち,おのずから予算組替案をつくったからといって,労働組合本来の任務職分からはずれた政党の領域を犯すものだと考える必要はない。[19]

高野と和田,左派社会党との対立は重光首班論をめぐってさらにエスカレートした。高野は吉田内閣を阻止するためには「階級対階級の政争として,巧みな戦術を要する」として,左派社会党が改進党の重光を首班指名すべきと主張した。高野は,吉田内閣打倒を最重要課題と捉え,重光が再軍備路線を採らないことを前提として,これを主張していたのだが,この重光首班論を共産党も唱えたことから,いよいよ高野と左派社会党の対立は増幅された。

IV 高野実と太田薫の対立

総評労働運動内部で和田の立場を代表したのが太田薫である。先に見たように,53年7月の総評第4回大会で運動方針案中のつぎの文章が左派社会党の決定と異なることが問題になった。これは実は大会に向けた方針案を準備している段階ですでに高野と太田の対立点でもあったが,高野の主張が通った結果,敢えて大会でも問題にされたものだ。

　　真実に平和をこいねがっているわれわれは,米ソいずれにも一辺倒でない中立堅持の立場において,アジアにおける最も重要な平和勢力であることを確信して,全世界の平和国民と堅く結び,いっさいの戦争挑発と戦うべき重大段階に立っている。[20]

---

19) 『総評』1954年2月5日付。
20) 『総評十年史』(労働旬報社,1964年) 389頁。

『総評十年史』によれば,「実際に文面からすれば, この運動方針で言う平和勢力と左派社会党の運動方針で言う第三勢力とは, この運動方針がスターリン没後のソ連の平和共存政策を非常に高く評価していることを除けば, 大差な」かったが,「左派社会党の方針から逸脱したものとして左派社会党内に論議を起した」[21]。それは, 左派社会党の運動方針である第三勢力論が明示されていないこと, むしろ共産党との共闘を示唆する平和勢力論に立っているのではないかというものだった。

　労闘スト以来, 共産党の総評に対する評価がそれまでの「アメリカ帝国主義の申し子」から「わが国労働組合運動における唯一の戦線統一母体」にかわり,「共産党系労組の総評加盟」がこの時期に相次いだこと[22], またソ連のいわゆる「平和攻勢」が印象づけられていた時期であり, 前年来の高野の言動を踏まえれば,「第三勢力論」の文言がなくなったことは, 高野の左派社会党に対する一定の判断が含まれていると受け止められて当然だっただろう。

　これに対する大会での高野の反論はつぎのようなものだった,「この新方針案では前年度方針につかっていた第三勢力論という『文言』を使っていないことで, 何か別途の国際情勢の判断に立つものであるかのように考える人があれば, それは国際情勢の新たな広がりや流れを正しく理解しない人の独断であろう。第三勢力論という表現をはじめて使ったネール自身が, 第三勢力を誤りやすい文字として, これを第三地域と呼ぶにいたった事情からしても, われわれが平和四原則の立場に立ちながら, 第三勢力という文言にとらわれずに平和の可能性をますます大きくするための運動を規定することができる」[23], と。高野が論点をはぐらかしているのでなければ,「新たな広がりや流れ」を踏まえた新たな「判断」をしていると受け止められたとしても致し方なかっただろう。

　7カ月ほど遡る52年12月, 海員組合, 全繊同盟, 全映演, 日放労による「総評運動方針批判——民主的労働組合の立場に立って」と題するいわゆる四単産

---

21)　『総評十年史』(労働旬報社, 1964年) 390頁。
22)　大河内一男監修・総同盟五十年史刊行委員会『総同盟五十年史　第3巻』(1968年) 808-9頁参照。続けて「かくて, それまで総評外にあった全自, 全司法, 全労働, 全建設, 全商工, 全電波, 全農林, 全厚生, 全自運, 全医労等の共産党系労組が, 昭和27年末に, 相前後して総評になだれこんできた」と述べる。
23)　『総評十年史』(労働旬報社, 1964年) 389-90頁。

批判が出されていたが、これら四単産がこの大会でも運動方針案に対して全面的な修正案を提出していた。

　四単産批判は電産、炭労の二大スト闘争を取り上げて、「総評指導部は、労働組合のすべての日常闘争を平和四原則の闘争、すなわち反米闘争に従属させているが、これは労働組合の日常闘争と組織をぶち壊すものである」[24] と述べていた。これに対して総評から反批判があったのはもちろんだが、電産、炭労自身も四単産批判に批判的な態度を表明していた。

　その四単産による修正案は222票対36票で否決された。太田薫、左派社会党についていえば、平和勢力論を問題視して高野指導を批判できても、電産、炭労の二大ストにおいて批判できなければ、この時点では高野指導は盤石といえただろう。この大会で太田薫は副議長に立候補するとされていたが、太田は副議長立候補を辞退している。

　その後、翌54年の2月に上に見た和田と高野の応酬があって、3月、合化労連第7回臨時大会において、太田薫は、総評指導部、すなわち高野を「種々の政治的カンパに急で、労働者の前進にとって重要な闘争にはきわめて冷淡」と批判した。もちろん、前年来の、高野の平和経済国民会議、重光首班論、平和勢力論から引き続くものだが、ここで太田は四単産批判と重なることを恐れずに高野指導の各論でなく総論を批判している。

　太田はつぎのように述べる、「労働運動の現状は、総評から一部単産が分裂し、各単組内部でも第二組合の発生をみるなど分裂的傾向が強まっている。十分な教育と説得が行われないままに、戦闘分子だけの行動が先ばしり、全体としての運動が上すべりし、このような事態をまねいたことはきびしく批判されなければならない」、「総評指導部は平和経済国民会議や水害カンパなど、さまざまなカンパをうちだした。しかしその反面、日産、三井闘争に対して十分な支援が行われなかった。自らの組織の力量以上のカンパを強行するとき、敵の挑発に乗ぜられることを忘れてはならない」、「いかに政党が弱体であっても、あくまで階級政党を強化し、それを中心に押したてて運動を進めるべきで、総

---

24)　大河内一男監修・総同盟五十年史刊行委員会『総同盟五十年史　第3巻』（1968年）812-3頁。

評が中心となって政治カンパニヤを強行することは非常な誤りである」[25]云々。

大会で代議員から「和田書記長がしばしば合化に来た」ことは「左社の不当干渉ではないか」[26]という批判が出たように，太田のこうした高野批判はもちろん和田博雄と密接に連絡を取って歩調を合わせたものだった。太田がこのように高野批判を展開できたのは，太田が第二組合の動きを警戒しているように，この合化労連大会から間もない翌4月，総同盟と全繊，海員，全映演，日放労の四単産が結集して80万人を擁する全労会議（全日本労働組合会議）を結成する動きがすでに表面化していたからだった。太田は実際に高野指導がこのように労働戦線を分裂させることに強い懸念を抱いていたに違いない。全労会議は発足に際してつぎの声明を出した。

> 全労会議は愈々正式に発足した。総評第2回大会（昭和26年）において，平和四原則が採択されたのを契機として動きを起し，次第にそのうねりを高めてきた我が国労働運動戦線の民主的再編運動は，四単産声明，民労連の登場によって大きく促進されたが，今次，全労会議の結成によって，その第一期を終り，…中略…他方，平和四原則に象徴される左翼労働組合主義は，理論と実践の両面に収拾しがたい破綻を見せながらも，今なおわが国労働運動のなかに，広く且つ根強い影響力を残している。これを克服して，労働者の現実の利益を守りながら，わが国労働運動の水準を引上げることこそ，全労会議に背負わされた歴史的使命である。[27]

全労会議の運動方針は，輸出拡大による日本経済の自立化を促進することを通じて労働者の生活向上をはかるという見地から，国民経済・産業企業の現実を考慮した賃金闘争を推進するとともに，産業の近代化を助長し，コストの引き下げをはかるための建設的な方策を提示していくと，うたっていた。すなわち「貿易立国」を目指す資本の運動に即応する労働運動を構築しようというものだった[28]。だが，ここでは何よりも，声明が率直に述べているように，全労

---

25) 岩井章監修・労働運動史編さん委員会編『総評労働運動の歩み』1975年，55頁。
26) 『資料労働運動史　昭和29年版』1085頁。
27) 機関紙『全労』1954年4月25日付，大河内一男監修・総同盟五十年史刊行委員会『総同盟五十年史　第3巻』（1968年）824頁より引用。
28) 兵藤釗「労働組合運動の発展」，（同『現代の労働運動』東京大学出版会，1981年，所収）108頁。

会議が自認する「我が国労働運動の民主的再編運動」は総評第2回大会における平和四原則の採択を契機に「動きを起し」たものであり，そうして発足した全労会議の課題が「広くかつ根強い影響力」を持っている「平和四原則に象徴される左翼労働組合主義」の「克服」にあるとされていることに留意しておきたい。

　もちろん太田は，総評を"ニワトリからアヒル"たらしめた平和四原則の旗を降すべきだと主張したことはない。しかし，特に高野との総評のイニシアティヴを熾烈に争って，同時に労働戦線統一を目指していた，54，55年の時期に限れば，この間に太田が書いたもののなかで，平和四原則を維持すべしと主張したことも，実は，一度としてない[29]。この時期の太田が，労働戦線統一のためには平和四原則に固執するべきではないと判断していたことは明らかだと思われる。

　太田が左派社会党と提携して労働運動を進めようとしていたことには既にふれたが，全労会議も『全労憲章』のなかで「労働者の経済的，社会的，政治的利益を維持するために，議会内外における合法的政治活動を行うとともに選挙活動に関する適当な企画を促進すること」[30]と述べて，高野指導を否定して，みずからの経済主義を議会レベルで代表する政党を確保しようとする。太田と全労会議の相異はその政党が左派社会党であるか右派社会党であるかという相違だったから，両派社会党の再統一がますます重要になる。

　つまり，高野と全労会議との対立が労働組合の経済主義の是非をめぐってなされていたように，高野と太田の対立も経済主義の是非をめぐるものだった。それに対して，太田と全労会議の違いは，経済主義の枠内での対立で，支持政党の相違は左右社会党が55年に合同を果たせば消失するだろう。経済主義の枠内での対立も，太田でなく和田博雄の言だが，「賃金問題にしても経済全面の動きを無視して要求を掲げて大衆に訴えるだけで，労働運動を進めようといっ

---

29) 参照したのは，太田薫「労働戦線統一の新方向」（『中央公論』1954年3月号所載），太田薫「何故総評指導部を批判したか」（『社会主義』1954年5月号所載），太田薫他「座談会　社会党の統一問題」（『社会主義』1954年5月号所載），太田薫「統一闘争をどう組むか」（『社会主義』1954年10月号），太田薫「総評大会の成果と今後の闘争について」（『社会主義』1955年9月号所載），太田薫「政党と労働運動」（『社会主義』1955年10月号所載）。
30) 大河内一男監修・総同盟五十年史刊行委員会『総同盟五十年史　第3巻』（1968年）830頁。

た行き方は危険だと思う」(前出)とすると，全労会議と太田（と和田）の相違は霞んでぼやけてくるだろう。太田はどのように捉えていただろうか。54年4月，全労会議結成と同じ時期に，太田はつぎのように述べている。

> 現在，総評，全労，新産別等によってうちだされている政治路線というものは，その対立点を鋭く全面におしだしているために，恰も極端に対立するかのような印象を与えているが，その内容を検討してみればそれ程差異の甚だしいものではない。このことは，例えば全労が総評を攻撃する場合には，一部の左翼小児病の主張を対象としており，総評が全労を攻撃する場合には，明白に資本の手先となっている反共的職業運動家に焦点がおかれ，決して各々の組織の運動の主流をなすものに対する攻撃ではない，ということをみてもあきらかである。／勿論，分裂の動機となった政治路線の問題は一朝にして消え去るわけではない。だが労組は階級政党とは組織原則を異にしており，政治路線の点で完全な一致をみなければ組織の合同は原則的に許されないというものでは決してない。したがって，政治路線に一定の巾をもたせ，その巾の中で各々の全国組織の歴史と伝統に相応する政治闘争を遂行してゆくことによって事実上解決できる問題である。[31]

平和四原則を旗とする高野実，高野派の活動家を「一部の左翼小児病」と断じていることが注目されるが，太田がこの論文を発表して半年を待たずに54年9月6日，左社が右社に大幅に譲歩をした社会党統一綱領草案が成り，10月13日には社会党統一大会が挙行された。つまり，現実には，ここで太田が述べているのとは反対に，政党のほうが労働戦線よりも統一が容易だった。

平和四原則が総評より先に社会党で採択されたとはいえ，社会党に四原則を採択させた力は総評の活動家のものだったし，全面講和で四原則の路線で講和・安保両条約に党を割っても反対を貫けと主張し，実際に党を分裂させたのも高野総評であったから，高野と社会党左派の関係の悪化は，特に高野の左派社会党を批判して「新しい労働者政党をつくる」という言葉は，尚更左派社会党をして右派との合同を促進させることになっただろう。太田の言葉と裏腹に「組織原則を異」にするはずの「階級政党」が労働戦線よりも早々に「合同」を果したのは当然だったといえよう。

---

31) 太田薫「労働組合の当面する問題点」73-4頁，『社会主義』1955年5月号所載。

太田はいまや高野を「左翼小児病」と断じて,平和四原則の問題を「勿論,分裂の動機となった政治路線の問題は一朝にして消え去るわけではない」としながら,ひとまずカッコに括って,「階級政党と組織原則を異」にする労働組合は政治路線を異にしても合同は可能だと述べた。全労会議は平和四原則とそれが高野指導を正当化していることを問題としているのだから,太田の議論が全労会議を説得することは難しいはずだが,もともと太田の意図はそこにはなく,ここでは明らかに総評内の反高野派の一致点を確認することにあっただろう。太田には,戦闘的な,しかし,高野指導のように地域闘争を主たる舞台とするのではなく,産別統一闘争として賃上げ闘争を展開すれば,対立する全労会議の幹部の頭越しに全労傘下の一般組合員に対しても指導性を発揮できるという確信があったのだろうし,さらに,そのような形で賃金闘争に(のみ)集中できるのであれば,総評が政党の領域に踏み出すこともなくなるゆえ,平和四原則の是非にも拘らなかっただろう。

V　左派社会党綱領論争の争点──平和四原則をめぐって

ここで左派社会党綱領論争に触れるのは,実は,それが平和四原則を綱領のなかにどう位置づけるのかを争ったものだからだ。そして平和四原則をどう位置づけるかという問題は,平和四原則を我がものとして獲得する過程で主体形成を遂げた総評労働運動を社会変革の課題にどのように配置するかという問題だった。

1953年1月の左社第10回大会で綱領を制定することが決定されたことに伴い同年4月に綱領小委員会が設置された。同委員会は,委員長に和田博雄政審会長,幹事役に稲村順三,委員は伊藤好道,清水慎三,佐多忠隆,岡田宗司,赤松勇ら15名で構成された。

綱領制定は,党幹部にとっては来るべき右社との統一に左社の優位を確保することに意味があったが,起草者の向坂逸郎や稲村順三にとっては,それによって労農派マルクス主義に立脚する政党を立ち上げることにこそ意味があった。

綱領小委員会では,先ず,草案を起草した向坂・稲村と和田との間に対立が生じた。和田は向坂・稲村の草案はプロレタリア独裁の立場を採っており,そ

れでは永久政権論であり，社会民主主義の党にふさわしくないと判断した。さらに，草案は反帝中立論に立っており，これに対して和田は社会民主主義の立場から，やはり批判を加えた。向坂はつぎのように回想している，「和田博雄君の場合は，イギリス労働党的な考え方であって，稲村君やぼくがそれに反駁した」[32]と。綱領草案に社会主義インターとの連携強化を盛り込んだのも和田の主張だった。

　労農派理論と和田の西欧社会民主主義路線の対立，和田と向坂・稲村を，結果として妥協させることになったのが，清水慎三が提出したいわゆる「清水私案」だった[33]。清水は，竹内好の影響をうけ，竹内と相談しながら『中央公論』1953年7月号に左社綱領草案批判を執筆した坪井正とともに，和田とは異なる視点から綱領草案を批判した意見書を53年10月に綱領小委員会に提出した[34]。清水自身はその経緯をつぎのように回想している。

> 共産党はあのとき地下にいた。左派社会党が日本の社会主義政治勢力の代表として振る舞うべき立場にあった。そういう条件の時，権力の掌握と確定のためには，社会党とか，労働組合とかいうだけではなくて，いわば社会党的政治勢力といったようなものを主として各種カンパニアを通じて組織し，これを権力を支える国民的基礎として培養育成し，そして配置しなければならぬ。そういう権力基盤ないし権力基礎といった考え方は僕の持論でもあるし，特徴でもあります。そういうことを書いたのが清水私案の中味です。ここで高野さんとの共通点，というか，高野さんから学びとったことがでてきます。それは職場と地域のイニシアティヴ・グループの育成，訓練，配置の重要性で高野さんは機能前衛と見立て，私は中衛論です。各部門・領域で中衛の配置としてその層の厚さが平和革命成否のカギとみておりました。／書いてみたところが，稲村さんはじめ鈴木のモサさんとその周辺まで，僕は講座派のまわし者と思われたんだな。それで結局クビになった。直接の理由は，委員会の討議にもかけず地方組織にばら

---

32) 『社会主義協会テーゼ』140頁，但し月刊社会党編集部『日本社会党の三〇年（1）』（日本社会党中央本部機関紙局，1974年）418頁から引用。
33) 月刊社会党編集部『日本社会党の三〇年（1）』（日本社会党中央本部機関紙局，1974年）403頁。
34) 清水慎三『戦後革新の半日陰』日本経済評論社，1995年，164頁。

まいこたと。これは僕ではなく高野さんがやったんですが，責任は僕ということになったらしい。たしかに高野さんに原稿の写しを渡したんだから。だが，ああいうクビの切り方は共産党ならわかるんだけれども，社会党がするとは思ってなかった。[35]

当時高野は共産党の51年綱領を支持していたが，左派社会党綱領論争においては，「職場と地域のイニシアティヴ・グループの育成，訓練，配置の重要性」を高野から「学びとった」清水私案が最も自分の考えに近いと映った。清水私案は日本の現状が「植民地的」状態にあると把握して民族独立の課題を重視し，民族解放と社会主義革命を結合させたものだった。他方で原案は日本の現状を「アメリカと同じ高度の独占資本主義国」と把握して「社会主義革命を国会をつうじて平和的に達成する」[36]としていた。日本を「アメリカと同じ高度の独占資本主義国」と規定することは，文言からも高野指導が実践してきたし，現に実践している運動が軽視されることになるし，実際に，そのような意図のもとに原案は作成されていたといっていいだろう。

この間も運動の先頭に立って国民的課題を重視していた高野にとって清水私案が原案よりも望ましいのは明らかだったが，「清水私案」を支持したのは高野ばかりではなかった。「清水私案」は綱領小委員会内にとどまらず，広範な一般党員の知るところとなって議論され，党青年部の圧倒的な支持を受けることになったのである。正式に機関を経ない方法が党執行部の統制を強化させることになったが，既に左派社会党幹部と厳しい対立関係にあった高野はここでも下部一般大衆に訴えたということになるだろう。清水私案が広まったことから『世界』，『中央公論』でも左社綱領論争は取り上げられることになった。

党青年部はこのときも51年全面講和運動以来の「ドイツ社民党の誤りを繰り返すな」という姿勢を貫いたように見える。党青年部は，和田が重視する社会主義インターとの連携に批判的であったから，このことも「清水私案」を強く

---

35) 清水慎三『戦後革新の半日陰』日本経済評論社，1995年，165頁。しかし，小山弘健・清水慎三編著『日本社会党史』（芳賀書店，1965年）は，「清水は，はじめ反対提案として私案を提出するのをためらったが，坪井は党首脳部の政治意図をけん制するためには，このさい労農派理論に妥協すべきでないとつよく主張し，ついに清水をふみきらせた」（同書120頁）といくらかニュアンスの異なる記述がある。
36) 小山弘健・清水慎三編著『日本社会党史』（芳賀書店，1965年）119頁。

支持する理由になった。

　左派社会党が，平和四原則を綱領の核心に据えて民族解放＝国民的課題を重視するか，それともそれを副次的に扱って国内独占資本の打倒を重視するのかという，清水私案をめぐる対立が党の青年部に対する統制処分まで引き出したのは，ひとえに，眼前の高野総評をどう評価するかをめぐる対立だった。

　「清水私案」は，向坂・稲村からすれば講座派＝共産党に立つ議論であり，和田からすれば高野指導肯定であったから，清水私案によって書斎向きの対立は早々に終息し，和田は向坂・稲村の綱領草案の線で一致して，清水私案を葬ることに全力を注いだ。清水とともに綱領小委員会のメンバーであった伊藤好道は清水に「君の意見は，講座派でないんだからといって弁解してももうだめだよ。守りきれない」といった[37]。

　では，その「清水私案」[38]というものは具体的にどのようなものだったのか。清水は後年それを「民族解放社会主義革命論」と性格づけている[39]。綱領論争の次元における性格づけはその通りだろうが，そうした綱領論争の枠内での性格づけからは「清水私案」が当時もった意味と意義，「清水私案」が何を条件として形成され，何を課題としたていたかは見えなくなってしまう。清水は「反対提案の理由」[40]のなかで5項目にわたって論じているが，その第1項，冒頭はつぎのように述べる。

　　綱領原案は第二インター系の形式的伝統に則り，予定された理論的目標に向って，あらかじめきめられた理論的な枠にそいつつまとめられている。従って教科書的ないし学術的色彩の豊かなものになっている。／私は，このような態度で「上の頭の中」でワクをかけてゆく綱領の実践的価値を疑うものである。社会主義を実現するものは大衆とその組織であり，従って，社会主義政党の行動基準は現在の大衆組織とその行動，未組織大衆の意欲と感情の中から出発し，客観的条件に具体的に適応してゆくものでなければならない。綱領は何よりも組織的任務に堪えるものであるべき筈である。

---

37)　清水慎三『戦後革新の半日陰』日本経済評論社，1995年，165頁。
38)　「清水私案」は「日本社会党（左）綱領清水私案——帝国主義下の行動綱領——」として『清水慎三著作集』日本経済評論社，1999年，所収。
39)　清水慎三『戦後革新勢力』（青木書店，1966年），186頁。
40)　『清水慎三著作集』日本経済評論社，1996年，所収。初出は『社会主義』1953年12月号。

前段で綱領原案に厳しい，遠慮のない批判を加え，後段では綱領が課題とすべきことを簡潔に述べている。運動主体と課題，両者の関係，結び付きの在り様を踏まえて論を展開するのは殆ど清水の方法とでもいうべきものだろう。教科書的または教条的な作文，或は，現にある運動主体に可能と見込まれる課題のみを課題として扱う，反対に，運動主体の現状はさておいて必要論からのみ課題をまくしたてる，いずれにせよ，そうした議論を清水は恐らくしたことがなかった。

「反対提案」第2項全文はつぎのように記されている。

　　党は平和四原則の旗を高く掲げて前進した。分裂を賭して四原則を守り抜き，四原則を守ることによって，その後党勢は拡大した。今生れでる党の綱領は，この四原則の戦略的意義を明らかにするものでなければならない。それは本文原案のように単なる外交政策として，政策綱領の一隅を占めるものではない。／全国数多くの労働組合が四原則をめぐって討論を繰返したことは，一つの政党の一つの外交政策の賛否の問題ではなく，党と組合を問わず運動全体を貫く戦略的な課題であったからである。

清水は綱領原案に対して何を対置したか。ここに明らかなように，清水は，いま左派社会党の綱領は「平和四原則の戦略的意義」を明らかにするものでなければならないと主張したのである。実際に，清水私案は序文のなかで「とくに，平和四原則によって分裂し，平和四原則によって成長を示したわが党にとって，平和四原則の戦略的意義を明らかにすることはもっとも大切な焦点となる」と記しているが，本文中でさらにつぎのように述べている。

　　われわれは，平和四原則の立場から，平和憲法の擁護，軍事基地反対，再軍備反対，等の平和カンパニアを計画し，大衆的カンパとするために，労働組合や文化人と共同歩調をとってきた。この行動をわれわれの戦略路線から解明するならば，軍事基地もない非武装日本は，帝国主義支配にとって一文の価値もなく，従って軍事的価値を骨抜きにすることによって平和の内に帝国主義支配をのがれ，独立の条件を獲得するということである。

こうした内容は「清水私案」を「民族解放社会主義革命論」或は「組織革命方式」というように清水の自己評価の文言だけに注目した場合には看過される視点を含んでいる。平和四原則の戦略的意義の強調なくして，「清水私案」が

論争の火種になることはなかっただろう。裏返していうならば,「民族解放社会主義革命論」か「反独占社会主義革命」か,また「プロレタリア独裁」の是非等々を議論しているだけだったならば,左派社会党綱領論争はもっと平穏に学者風に経過しただろう。

　平和四原則確立の過程で主体形成した——本稿の視点でいえば,戦後民主主義の担い手として主体形成した——党,労組の活動家たちを左派社会党が綱領のなかに戦略論として位置づけるのか否か,まさにそのことを核心として提起したからこそ,「清水私案」は広範な論争を巻き起こしたばかりでなく,論争を通り越して,「清水私案」を支持する活動家たちに対する解雇処分,綱領討議のための雑誌発行禁止,青年部大会開催禁止を含む,党の統制処分[41]をも引き出すことになり,先にもふれたように,向坂・稲村と和田の論争を殆ど瑣事とばかりに終結させてしまったのである。

　左派社会党が,こうした強権的手段をもって,それまで社会党左派（左派社会党）と高野指導下の総評の躍進を支えた青年活動家たちを抑え込もうとしたことは重要な意味を持つ。それは意識していたか否かにかかわらず,次節に見るように,高野指導と知識人との結合によって登場した,戦後民主主義の実働部隊として主体形成を遂げてきた総評労働運動と,労働者政党と経済主義的労働組合を基本構成とする西欧型社会民主主義の論理との厳しい対決を反映していたものだった。

　そして,いくらか行論を先取りしていえば,左派社会党では清水私案を支持する青年活動家を統制処分にかけて清水慎三を「クビ」（前出,清水の回顧）にすることによって蓋をし,総評では高野実を事務局長から退かせて太田－岩井ラインを起ち上げることで,清水私案の「平和四原則の戦略的意義」を封じ込めようとしたわけだが,現実の歴史過程において太田－岩井ラインが当初企図していた筈の実践が50年代後半に実現しなかったのは,そうして組織的に抑え込んだはずの青年活動家たちを現実の運動の場では抑え込むことができなかったからだった。

---

41)『日本社会党の三十年（一）』409頁。

VI 左社綱領論争と知識人

　左派社会党の綱領論争は，平和四原則によって"ニワトリからアヒル"になった総評とブロックを築いてきた知識人たちにも大きな影響を及ぼした。先に平和問題談話会についてふれたところで述べたように，知識人たちは，かつての侵略戦争に対する自己の無力への反省から，平和四原則を採択した総評とともに歩んできた。彼ら彼女からすれば，平和四原則の戦略的意義を強調し，国民的課題を重視する清水私案を葬って成立した左派社会党綱領は，字面の上でいかに社会主義を目指していようとも――和田博雄が向坂・稲村と妥協することが可能だったことが示すように――労働運動を経済主義の枠内に閉じこめ，自らはその経済主義の労働組合の上に議会主義政党として自足しようとするものとして映った。

　平和問題談話会に組織された知識人のなかでもこの時期に最も実践に深くコミットとした清水幾太郎の『中央公論』1954年2月号に掲載された「わが愛する左派社会党について」[42]はそのことを示すものだ。冒頭，清水は「昭和28年11月8日に左派社会党綱領の草案が発表され，次いで，その批判として清水慎三私案が発表されて以来，綱領の問題は，至るところで，烈しい関心と論議を喚び起している」と書きだし，当時清水幾太郎自身が深く関わっていた内灘の反基地闘争における左派社会党の消極的な取り組みを実態に即して実例を挙げて批判し，つぎのように述べた。

　　しかし，これ等のことも，党が忙しいために起る不本意な結果なのであろう，と私は解釈してみた。それは偶然的なものであろう，と思い直してみた。けれども，左派社会党書記長野溝勝氏の「立ち上がる基地日本」という小冊子を読むと，これ等のことは決して不本意な結果や偶然的なものでないことが判ってくる。それは本質的なもの，或は必然的なものといってよい。即ち，この小冊子によれば，基地反対闘争には3つの方法があって，第1は，「社会党を中心とする革新勢力が議会に多数の議席を占め，社会主義政権を確立して，議会を通じて，基地の原因となっている講和，

---

42) 清水幾太郎「わが愛する左派社会党について」，『中央公論』1954年2月号所載。

安保，行政協定の改訂と廃棄をすることである。」第2は，「屢々共産党等が言うように，議会外に基地反対の勢力が結集されて，実力を以てこれを跳ね返すこと。」第3は，「国際情勢が緊迫して混乱状態に入り，無条約状態が，これ等の条約が何等効をなさないような情勢がある場合。」そして，「以上3つの条件が考えられるが，わが党は院外に強い組織を作ることは言うまでもないが，第一の立場と方法を採ることを明確にしておく。」

清水は，この調子で，左派社会党の政策を詳細に分析して見せた上で，「左派社会党は，徹底的な議会主義である。そんなことは，綱領草案を覗いても，前記の小冊子の頁を繰っても，直ちに明らかになる。現地闘争や院外闘争は，どう見ても，義理で口に出した言葉，お世辞のようなものである」と断じた。清水幾太郎の論点は多岐にわたるが，綱領草案，左派社会党と総評との関係についていま少し見ていこう。

> 昭和27年7月の総評大会へ持ち込まれた沢山の問題を見ても，また同年12月の平和経済国民会議の大会へ持ち出された夥しい要求を見ても，「MSAの被害者」の間に，闘争の題目は有り余っている。腐るほどある。左派社会党は，ただ，これに深入りしさえすればよいのだ。それが党の真実の発展の唯一の道なのである。だが，いざ，現地へ近づいてみると，必ず，そこには共産党の関係者が活動している。時に拙劣であり，時に軽率であるが，しかし必ず働いている。何しろ当面の問題は1つなのであり，民衆の仕合せになる解決方法も1つであるから，現地で本気にやろうとすれば，不可避的に何等かの程度の共同闘争という結果になる。

清水幾太郎は，あからさまに高野指導への支持を表明し，さらに共産党との共同闘争を避けることはできないとして，左派社会党の議会主義を厳しく批判する。そしてこのとき，左派社会党の議会主義への批判は清水幾太郎ひとりに限られたものではなかった。平和問題談話会にふれたところで見たように，平和問題談話会内部において，知識人と実践の関係において丸山真男は清水幾太郎のいわば対極の立場を示していたが，その丸山が同じ時期につぎのように述べている。

> 議会の軽視ということは非常に危険な考えです。と同時に，議会主義か暴力主義かといった問題の提出の仕方も観念的だと思う。議会政治は民主的なプロセスを通ずる決定という原則が，社会的基盤として存在し，その

173

上部構造としてはじめて意味があると思う。ただ制度としてだけの議会は，それ自身，実質的には民主的自由を抑圧する役割を果すことだってありうる。たとえば本来の意味からかけ離れた多数決主義，すなわち多数決万能によって，議会，政党という制度の存在を前提にしながら，実質的に画一化，翼賛化が進行していく可能性もある。「自由世界」の看板からいっても，何年に一度の選挙の投票権利を剥奪するということは議会政治の建前上当然できないとすれば，反動勢力はルソーの有名な言葉を逆用して，国民の政治権利の行使は投票日に行って，投票する権利だけでそれ以外の政治行動は議会政治下においてあるべからざる「暴力」だ——こういう考え方で，国民の日常的な政治活動を封殺していく。[43]

左派社会党と清水幾太郎の対立をちょっと喧嘩両成敗するように見せながら，しかし，「議会主義か暴力主義かといった問題の提出の仕方」を「観念的」だとして「制度としての議会」の危険性を強調し，「日常的な政治活動」が「封殺」されることに注意を喚起しているように，丸山も清水と同様に議会主義に強い懸念を抱いていた。平和問題談話会の代表的な知識人である丸山が「日常的な政治活動」といったとき，そのなかには太田薫が労働組合がそれを担うことは「非常な誤り」だとした「政治カンパニヤ」が含まれることはいうまでもない。

しかも，ここで留意すべきは，当時，総評が担わなければ「日常的な政治活動」＝「政治カンパニヤ」を担う主体など，どこにも存在しなかったのである。60年安保闘争を経て，市民運動が擡頭してきたとき，丸山は「市民」とは実体ではなく「組織労働者が他の国民と共有している民主主義の担い手という側面」[44]と述べた。この発言をそれがなされた1964年から10年ほど前のこの時期にまでさかのぼらせることができるならば，丸山は高野指導下の総評が国民的課題に取り組むことを「市民」性の発揮として捉えることになったかも知れな

---

43) 強調点原文。初出は，辻声明・都留重人・丸山真男「民主主義の名におけるファシズム」，『世界』1953年10月号所載。但し，引用は丸山真男『増補現代政治の思想と行動』未来社，1964年，523頁より。
44) 強調点原文。佐藤昇・丸山真男「現代における革命の論理」（丸山真男『丸山真男座談第四分冊』岩波書店，1998年，所収）における丸山の発言。同対談の初出は『講座現代のイデオロギー』1961年，三一書房。参照，本書第2部第2章「高度成長期における『市民の論理』の歴史性」。

い。

Ⅶ　統一戦線の可能性

　清水幾太郎は上の「わが愛する左派社会党について」において，左派社会党を議会主義的偏向と批判しながら，国民的課題を担うために具体的には共産党との共闘を求めていた。それは運動を現場で担う左派社会党員の要求でもあった。だが，当時，左派社会党はそれを頑なに拒んでいた。1953年11月8日の中央委員会では「労働組合内の党員が共産党またはその同調者と共同闘争を行う場合は，党規律違反として処置する」ことを決定したが，その後，これに対して地方代表者からの党執行部批判が相次いで出された。清水の「わが愛する左派社会党について」には左派社会党の内部資料からつぎのような記述が拾われている。

　山形県連代表は「闘争のためにいかなる実践をしているか。また，やるべきか。昨年の闘争で，組合出身の議員が，党執行部の圧力の下に，逆に組合の説得に向った，という噂を聞いたが，本当なら，この綱領の意義は失われる。昨年末闘争に対し，党は如何に動いているか。書くことのみ立派で，何ら行動はないではないか」。福岡県連代表は「農民闘争の報告の中で，党の水害対策に関する活動を述べ，次のように書いている。『共産党，労農党と共闘し，組織的な混乱を惹き起している。たとえば，民水対……』党はどういう調査によってこういう結論を出したか」。

　山中統制委員長代理はこれに，「水害対策，平和運動などに於いて，共産党，労農党との共闘が各地に現れている。共闘を申し込まれて，これに同調せざるを得ない事情も理解できるが，かかる共闘をしないということが党の方針であることを明確にするように」と応えたが，「今の統制委員長のお話では納得できない。超党派的な共闘の中に，たまたま共産党が入っているからといって，共産党との共闘というのは納得できない」と再び反論された。さらに他県の代表者は「県議の候補，演説会についても共闘してはいけないのか。話し合ってもいけないのか」と質したが，これに，佐々木総務部長は「共産党との共闘はいけない」とだけ応えて斥けている。これら県連代表者は具体例を挙げて党執行部に不満をぶつけている。つまり，そのような共闘がすでに行われているこ

とを示している。

　清水幾太郎は「右に見た事情は，同時に，綱領草案に対する清水私案を初めとする多くの批判の持つ意義を説明するものである」と述べ，左派社会党がみずから固有の組織を持たず，その「代用品」として総評に依拠していること，そして批判はまさに総評の活動家から起っていると指摘している。清水の「わが愛する左派社会について」は総評の"ニワトリからアヒルへ"の主体形成を表現したフレーズを借りて「左派社会党よ，アヒルになれ」と結ばれているのである。

　清水幾太郎の左派社会党へ向けられた批判は左派社会党と総評の現場活動家たちの要求に基づいていた。それだけに左派社会党は聞き流すことができなかったのだろう。左派社会党は政策審議会（なお会長は和田博雄）名で「清水幾太郎氏の愛情に応えて」と題する反論をやはり『中央公論』1954年3月号に載せた。それはつぎのように書き出している。

　　清水幾太郎氏にとっては，かつての「メーデー事件」による混乱も革命であれば，内灘の闘いも「小革命」である。一等寝台車の温かい毛布の中で「革命」的大演説の構想にふける高級で，「進歩的」インテリにとっては，一切が革命に見える。清水氏が可愛い沢山のミイちゃんハアちゃんを前にロマンティックな「進歩」的大演説をされる時には，氏の姿が氏自身にとって「革命家」に見える

清水の切羽詰まった批判を辛辣なレトリックで切って捨てるばかりでなく，運動に参加している者たち——そのなかには，左派社会党，総評の活動家ばかりでなく，丸山の所謂「市民」や今日に所謂「無党派」が多くいた——を「ミイちゃんハアちゃん」と呼んで憚らないことに示されるように，ここに見られる清水への応答はそれこそ西欧流の強い労働組合主義に立つ批判だ。清水幾太郎と左派社会党をこれほど厳しく対立させているものは，労働組合の経済主義に依拠する西欧社会民主主義（の論理，或はそれを目指そうとする左派社会党の志向）と戦後民主主義，高野指導下の総評労働運動との対立にほかならない。このことは「清水幾太郎氏の愛情に応えて」に対する清水慎三の「反論」に明白に描かれている。

　この左派社会党からの清水幾太郎への反論が『中央公論』3月号に載ると，吉野源三郎編集長の『世界』5月号には清水慎三の「既成事実の進行と平和運

動」が載った。清水慎三は「清水幾太郎氏の愛情に応えて」を明らかに読んで，それへの反論としてこれを執筆している。

清水慎三は，先ず太田薫をつぎのように批判する。

　　1954年3月8日，MSA協定は調印された。この日，東京の街は平穏無事であった。全国的にも街頭にデモを見ず，工場・鉱山に時限ストはおろか職場の抗議大会もなく，また計画もされていなかった模様である。むしろ，その前日，総評を舞台とする春季労働攻勢の支柱といわれた炭労争議が妥結していたというとのほうがひどく印象的であったくらいである。それどころか，MSA調印の直前に，近代化学労働者の統一組織である合成化学労連（委員長は太田薫：引用者補）は大会をひらいて平和運動に血道をあげた総評本部を批判し，労働戦線異状ありと新聞種をにぎわしていたほどであった

このように太田の運動思想＝組合主義はMSA協定反対，平和運動を課題として捉えられないことを厳しく指摘し，清水の矛先は太田を「総評内部の逆流」と評して左派社会党にも向う。

　　1953年春，マレンコフ，周恩来両氏の平和声明，朝鮮休戦の現実，資本主義諸国における平和恐慌の恐怖という一連の世界情勢の変化を迎え，総評は「平和経済国民会議」なる一大カンパニアを提唱した。時宜に適したという意味で正にクリーン・ヒットであった。しかも，二塁打，三塁打となるべき打球であったが，なぜかシングル・ヒットに終った。総評内部の逆流が左派社会党を含めて既に渦巻きはじめていたからだ。

さらに清水は左派社会党の議会主義及び太田の組合主義と高野指導とを対比して，前者を「武装解除」であり太田の組合主義は「改良主義運動」と批判する。

　　不幸なことに，左派社会党に根強い議会主義（下からの要求闘争の意義を認めない）と，労働組合内部の近視眼的な（純粋かも知れないが）組合主義は総評コースを明確に拒否しはじめた。…中略…／総評内部の新しい批判者たちが，組合運動の固有業務の分野における相互批判の域をこえて，組合主義の生硬な主張を依然続けているならば，既成事実の進行そのものに武装解除することによって，その意図がいかに純粋であろうとも，その道は一路MSA下の改良主義に通ず。かくして，新しい政局と労働情勢の

中から新しい改良主義運動は日増しに成長しつつある。

政党の議会主義と労働組合の経済主義（労働組合主義）の結合が西欧型社会民主主義だが，ここで清水は左派社会党の議会主義を批判し，同時に太田が高野指導に対置している主張を「近視眼的な（純粋かも知れないが）組合主義」であると批判し，それは詰まるところ「改良主義運動」であり，「既成事実の進行」を容認する「武装解除」だと批判した。清水からすれば，それは，「ラディカルゼイション」どころでなかったのだ。

左派社会党（和田博雄）・太田薫と清水慎三の対立は，西欧型社会民主主義と戦後民主主義との対立にほかならない。ここまで繰り返し強調してきたように，戦後日本の労働運動がここで西欧型社会民主主義に収斂してしまっていたら，戦後民主主義はなかったし，戦後日本の政治・社会の歴史は著しく様相を異にすることになっただろう。戦後民主主義は西欧型社会民主主義になれなかったのではなく，西欧型社会民主主義と対峙し，それを克服する過程で成立したのだった。

清水慎三がこの文章を書いた背景にもふれておきたい。この文章は左社綱領論争で清水慎三の盟友ともいうべき坪井正と親しかった竹内好が吉野源三郎に「清水の言いたいことを『世界』の紙面で書かせてやってくれ」と依頼して実現したものだ[45]。発表されると久野収がこれを高く評価し，清水は次号の『世界』に続けて「平和闘争と権力闘争」を載せることになった。

吉野源三郎と久野収，清水幾太郎の繋がりについては平和問題談話会の行でふれた。要するに，左派社会党，太田薫が直接に対立していた相手は，高野実，清水幾太郎，吉野源三郎，久野収ら，本稿が叙述してきた戦後民主主義の主体形成にそれぞれの戦線で欠くべからざる役割を果たしてきた知識人を含めた活動家たちだった。このとき，清水幾太郎，久野収ら平和問題談話会のなかでも実践に深く関わった知識人やそれから少し距離のあった竹内好までが高野の側についていたし，つぎに述べるように，総評第5回大会で挨拶を述べた平塚雷鳥らも，高野を支持する知識人を媒介にして，高野指導の総評労働運動に期待を寄せていた。

---

45) 清水慎三『戦後革新の半日陰』日本経済評論社，1996年，170頁。

Ⅷ　太田薫の落選

　1954年7月に開かれた総評第5回大会で太田は事務局長を高野と争って敗北した。
　この大会でははじめて共産党の春日正一，産別会議の吉田資治の挨拶が認められた。他に，大山郁夫，羽仁説子，平塚雷鳥らが挨拶に立った。平塚は「内部対立が心配でムリして出てきました。最後まで統一を守って欲しい」と訴え，会場から大きな拍手を受けた。
　報告に立った高野実は「ビキニに雨の降るごとく，ビキニに灰の積もるがごとく，つもりつもったMSAの被害者にたいして，すべての国民は立上がる」云々と「名演説」と呼ばれる高野節をきかせた。
　対する太田派は「観念的な地域共闘をあおる民族闘争の先行は絶対に承認できない」(大木正吾・電通委員長)と高野を批判したが，高野は「戦争挑発者は誰か，インドシナの民族闘争が勝利したとき，だれが介入しようとしたか，グアテマラの反革命をおこしたのは誰か，……皆さんの拍手がそれに答えている。民族独立の立場で平和四原則を主張する。合法主義の枠に入り込んではいけない。六法全書をいつでもくわえていなければならないか。ある時は棄て去ってたたかうときもある」[46]と応えた。
　大会では事務局長以外に対立候補はなく，高野と太田の決選投票となり，140対107，白票12で高野が当選を果たしたが，票数からは太田の意見がかなりの力を持ちはじめていることがうかがえる。それでも，左社では先に見たように党青年部を抑圧して清水私案を葬ることができたが，総評の場では高野を追い落とそうとしてこのときはかなわなかったわけである。
　注目されるのは，日教組がこのとき高野を強く支持していたことだ。総評大会に先立つ7月の第23回中央委員会で，平垣書記長は「左社の干渉は遺憾」と批判し，宮之原も「いかなる理由があろうとも現在の事務局長にひいてもらうとはかんがえていない」と高野支持を表明した。「教え子を再び戦場に送るな」のスローガンを掲げ，総評第2回大会で平和四原則採択にも大きな役割を果た

---

46)　岩井章監修・労働運動史編さん委員会編『総評労働運動の歩み』1975年，56頁。

した日教組が総評大会を前にこうした強い高野支持を打ち出したことは，太田の主張する路線の内容と意味を浮き彫りにしていたといえよう。

　この54年5月には教育二法が成立していた。これは，優れた平和教育の模範例とされていた山口県教組を「政治偏向」であるとして文部省・自民党が攻撃した山口日記事件を契機としたもので，教員の「政治的行為」を「政治的中立性」を名目に規制することを目的としていた。また総評大会後のことになるが，10月には大達茂雄文相が日教組の平和運動を批判した。さらに，この年は3月1日にアメリカによるビキニ環礁での水爆実験で第五福竜丸乗組員が被爆し，同月8日にMSA協定が調印。6月8日は警察法改正公布（自治体警察の廃止），さらにその翌日9日は防衛二法が公布され，防衛庁ならびに自衛隊が発足している。同時に職場や地域では「うたごえは平和の力」として労音をはじめ若年労働者の間にサークル活動が盛んになり始めていた。高野総評の運動の裾野に，狭義の労働組合運動史からは見逃されやすい，しばしば企業横断的なこうした活動が存在していたことも見逃せない点である。

　総評大会に先立つ6月26日の左社第2回中央委員会で，和田博雄は「党員である以上，党の基本方針を堅持する人を労働運動の指導者に選ぶことが望ましい」と労組の政党からの自立など端から関心がないような発言をして，左社からの総評への不当干渉と批判されたが，結局，このときに太田－和田の目論見は実現しなかった。それが実現したかに見えたのは翌55年である。だが，つぎに見ていくように，それでも太田－和田の構想は完全に実現したのではなかった。

Ⅸ　岩井事務局長の登場

　岩井章は太田が事務局長に立候補して高野に敗れて落選した翌55年8月の総評第6回大会で事務局長に就任したが，岩井はこの大会での自身の事務局長選出の顛末をつぎのように回想している。

　　あのときの票読みと票集めはものすごいもので，全単産が動いた。そのなかで，日教組の小林さんや全駐労委員長の市川さん（現総評議長）などが高野氏と私の間を調整しようととびまわっていた。このときのことについては，国労ではほとんど柴谷委員長が応対していたので，私はくわしく

知らなかったが，あとで聞いたところによると，岩井は今年は副議長になってもらったらどうか，ということだったらしい。そこで柴谷委員長が／「ことしということだが，それでは来年はどうなるんだ」／といって，どうやらそのへんで話がつかなかったようである。／採決の結果は128対123で私のほうが5票（高野よりも：引用者補）多かった。しかし白票が8票あって，どちらも過半数に達せず，というところだった。そこで椿金属委員長が立ち，高野氏に辞退を勧告する。また，市川さんなども彼を説得したらしく，高野さん自身は，おそらく，やるつもりでいたのだろうが，結局，退く決意をしたのだと思う。[47]

こうして高野は総評事務局長を退くことになったのだが，ここで注目されるのは前年の太田に代って事務局長に立候補した岩井の「決意表明」である。岩井は総評大会より早く7月16日から開催された国労第14回大会でつぎのように述べた。

　　私は高野氏に比べて力は弱い。しかし立候補を決意した第1点は，派閥解消である。運動方針で事実上大きな対立はない。各単産も心配しているので，国鉄から出そうということになった。第2の点は民主的集団指導の確立のためである。第3点は労働戦線統一を推進するためである。統一のふん囲気を盛り上げるためには高野氏よりも他の人がよい。高野氏には常駐副議長になってもらいたい。[48]

第3点に挙げられた労働戦線統一は当時の，いうなれば，決まり文句であり，このことに高野であろうと太田であろうと，はたまた全労会議であろうと，否定するものはいない。岩井は，高野と自分との間に「運動方針で事実上大きな対立はない」と断じ，派閥解消と民主的集団指導の確立のため，つまりは高野－太田の対立を解消するために立候補するとして，しかも立候補の経緯については「各単産も心配しているので，国鉄から出さそうと言うことになった」と敢えて主語を明示していない。

先に挙げた岩井の回想によれば，高野と岩井の「調整」に奔走した単産は日教組と全駐労である。国労の岩井でなく，前年破れた合化労連の太田薫を再度

---

[47] 岩井章『総評とともに』(読売新聞社, 1971年), 85-6頁。
[48] 岩井章編著『総評労働運動の歩み』国際労働運動研究会, 1974年, 58頁。

推したほうが筋が通るようだが，高野と「運動方針」の異る太田では「調整」したことにならなかったのだろう。

　宇部窒素出身の合化労連の太田と中小を多く抱える全国金属の高野の対立の根底には，朝鮮戦争特需を経て戦後日本主義の復活による大企業と中小企業の格差，利害が拡大していたことがあっただろう。敗戦から10年を経ようとして，ようやく高度成長の軌道に乗った日本資本主義が太田の社会民主主義の枠内における経済主義的，組合主義的要求を後押ししていたといえるかも知れない。国労の岩井を推すための「調整」に日教組，全駐労が主役として汗を流したのに，民間単産の名は出てこないが，民間単産は高野を降ろすという点で「ものすごい票読みと票集め」をすることで一致していたから「調整」の必要を覚えなかったのだろう。

　しかし，「運動方針上で事実上大きな対立はない」というのはレトリックではなく岩井の本音だったかも知れない。岩井は事務局長就任後，清水慎三からのアドヴァイスを受け容れて，中対オルグ（中小企業対策オルグ）の設置を決めて，高野指導が育成した活動家集団である「指導者グループ」を温存して強化することを決め[49]，また，やはり事務局長就任間もなく砂川闘争の支援を大々的に行う。

X　太田－岩井ラインにおける高野指導の存続

　翌56年，総評は中対オルグの指導書として岩井章の序文を付した『中小企業労働運動必携』を出版した。そのなかで清水慎三は「中小企業労働者は地域共闘を軸として階級的統一行動の一翼を担わなければならない」と記した。高野指導に体現された，戦後民主主義を担う労働運動を継承しようとするこの主張は，民間大単産の指導者である太田薫の構想する経済主義に立つ労働運動思想に明らかに抵触し，清水慎三の太田に対する批判の継続と読めた。『中小企業労働運動必携』はつぎのように述べている。

---

49)　岩井章『総評とともに』（読売新聞社，1971年），84頁。また岩井は同じことを，清水慎三・岩井章・篠藤光行・山田宏二「これからの日本の労働運動への提言（上）」，『国際労働運動』1987年7月号所載でも述べている。

第 3 章　戦後民主主義の確立

　　昭和28年の秋以来，支配階級の手によって軍事化と独占のためのデフレ
　政策が強行され，その行きつくところ，前にも述べたように，独占資本と
　中小資本零細経営の間にはげしい落差をひきおこし，階級的な団結をもっ
　ていなかった労働者階級は分裂支配されて，労働条件の著しい格差となり，
　…中略…こうした事態に直面して，さきにふれたように，労働陣営も敏感
　に反応をしめし，一方では中小企業や陽のあたらない産業の労働条件を先
　ず企業資本の問題としてとらえ国民的な結合と抵抗を期待して平和経済国
　民会議のカンパニアを企画したが，他方ではこうした労働条件の落差に
　よって自らの足が引張られるてゆくことを体験した大組合の手によって，
　中小企業労働者の組織化のための本格的な行動に移ることが提案され，た
　とえば昭和29年 6 月の国鉄労働組合上の山大会ではそのために 1 人10円カン
　パをすべきことを決議し，同年 7 月の総評大会にもちこんだのであった。
　だが，いずれも総評傘下各単産の一致した自覚と協力がえられず，先覚者
　的提案として空しく時日を経過した。[50]

　こうした経緯を経て，いま岩井事務局長の下，『中小企業労働運動必携』を
出すことになったが，そこには高野指導が継承されることになったばかりか清
水慎三は太田が追求していた経済主義とは正反対に「従来のものよりも政治的
に高いカンパニア」を組織するための運動論をここで展開した。

　　中小企業労働者は当然この地区共闘に参加し一翼をになうことにならね
　ばならないが，この場合も単にまきこまれてゆくとか，隣の町工場をまき
　こんでゆくとかいうカンパニア調にとどまるのではなく，中小企業労働者
　の日常的な組織拠点である地域合同労働組合の旗の下に結集し，自らの地
　域ペースに立って，地域共闘の渦潮にとけこんでもらいたい…中略…いい
　かえれば，労働者の地区共闘態勢は地区労組織を舞台にして，それぞれ
　の分野の労働者が，それぞれの組織ベースに立ちつつ日常の持続的な組織
　連携を結んでゆくことに基調があるのであって，時に応じてのカンパニア
　は相互の連携を強めるためのものである。したがって地区労組織はその組
　織的性格からいってカンパニア組織以上の労働者の恒常的な基本組織の一
　つに高められてゆく必要があり，この土台が築かれているならば，今度は

---

[50]　『中小企業労働運動必携』131-2頁。

従来のものよりも政治的に高いカンパニアがそれで消化されるようになる。こうなっておれば2年前の平和経済国民会議などは狙っていたとおりの政治的効果を伴いつつ浸透することができたに違いない。[51]

引用に明らかなように，清水はこうした運動論を，高野が提唱したものの太田薫－和田博雄らによって困難を強いられた平和経済国民会議の反省から導き出している[52]。

高野は，先述したように太田派及び左派社会党の非協力に遭って，総評幹部を通じて平和経済国民会議を組織することを断念し，地評を通じてこれに取り組んだものの所期の成果を上げることができなかった。しかし，その過程で高野指導を受け止める活動家が地評，地区労を通じて，地域共闘の担い手として成長した。清水はこのことにも着目しただろう，「地評を合同労組の父とすれば地区労はその母である」というスローガンで，これを奨励した。

岩井事務局長のもとで，ここで清水が展開している運動路線は，55年からはじまったとされる太田－岩井ラインの経済主義どころではなく，高野指導を一層強化する運動路線だった。清水がここで述べているのは，高野の「指導者グループ」に担われてきたカンパニア運動の新たな担い手として地区労を舞台とする中小企業労働者を組織し，育成しようとするものだ。「カンパは固定すべからず」が高野の口癖だったとされるが，ここで語られているのは高野指導下のカンパニア運動のなかで育った活動家を維持，育成すべき舞台としての地区労だった。そうすれば，平和経済国民会議など「従来のものよりも政治的高いカンパニア」が可能になるというのである。

高野が事務局長を退いた瞬間を清水幾太郎はつぎのように回想している。

　　彼（高野実：引用者補）は，死の約20年前，孤独になり悲壮になっていた私を新しい世界へ導き入れた人間である。昭和26年3月10日，私が『社会心理学』で苦労していた時期に，総評の第2回大会が開かれ，講和問題で総評の左右両派が対立し，左派が勝って，平和四原則（再軍備反対，全面講和，中立堅持，軍事基地反対）が決定され，高野実が事務局長に選ばれたのであった。…中略…私は高野を通じて，今まで知らなかった世界へ入

---

51) 『中小企業労働運動必携』133-4頁。
52) 高島喜久男『戦後労働運動私史第2巻』（第三書館，1993年）295頁。

り込み，その世界に住んでいる人々と知り合った。…中略…昭和30年7月の総評第6回大会で，彼（岩井章：引用者補）が高野実を追い落として，総評事務局長になり，そこから「太田－岩井ライン」が始まったのである。あの晩，私は，高野敗る，というニュースを本郷の湯島の料理屋で聞き，自分が敗れたように感じた。[53]

　清水幾太郎の回想は，戦後民主主義の運動を領導した高野指導がいかに当時，知識人とその周囲の国民に支持されていたかを物語っている。高野が事務局長から退いた後，総評大会を傍聴する知識人がばったり途絶えたのは，清水幾太郎の思いがひとり清水のものだけでなく，多くの知識人たちに共有されていたからだろう。

　しかし高野に代って，33歳の岩井章事務局長が率いた総評は，「改良主義」に堕すこともなく，敵前に「武装解除」することもなく，60年安保と三池までは高野指導を実質的に存続させ，知識人をまきこみながら，無党派を含めたそれぞれの党派の活動家の運動が戦後民主主義を持続させ強化した。

　60年安保闘争において強行採決後にようやく安保闘争に立ち上がった市民運動は，経済主義，改良主義に堕することを懸命に防いで，安保闘争を下支えしてきた総評すらをも「既成左翼」，「既成組織」と批判したが，その市民運動の登場を可能にしたのは，ここまで述べてきた総評が中軸となって担ってきた戦後民主主義だったのである。

終りにかえて

1　1960年代以降の戦後民主主義

　以上に見てきたように，総評は戦後民主主義を積極的に担って，戦後日本社会に大きな刻印を遺してきたが，その過程で，職場闘争と地域共闘という戦後民主主義に特有の運動形態を編み出した。それらが60年代にどのように変容するのかを概観しておこう。

　本稿では十分に扱い得なかったが，職場闘争が60年代に後退していく過程と企業支配の成立とは密接な関係があった。清水慎三が指摘したように，春闘，

---

53) 清水幾太郎『わが人生の断片』，『清水幾太郎著作集』第14巻，348-9頁。

職場闘争，地域共闘は，企業別労働組合という戦後日本の労働組合の組織形態に規定されたものでありながらその規定性を積極的に活かした，企業別労働組合の階級化を見込んだ運動形態だった[54]。

そのなかでもとりわけ職場闘争と地域共闘という運動形態は総評全盛期に定着したものでありながら，両者ともほぼ同時期，60年代初頭に総評みずからによって否定されていく。つまり，この2つの運動形態と戦後民主主義運動の盛衰は相関していたように見える。

(1) **職場闘争**

職場闘争は，日産争議（1953年）から三池闘争（1960年）に至るまで「階級解放への下部構造」（「総評組織綱領草案」1958年）として位置づけられ，生産点において「労働者が主人公」であることを目指す運動だった。

しかし，62年，「総評組織綱領草案」に代って「組織方針案」が提起され，64年にこれが採択される時点では，職場闘争は「職場活動」と名称が変更され，産業別統一闘争に従属すべきものとなった。当時総評組織部長だった太田派の大木正吾は62年つぎのように述べている。

> 職場闘争が発展し，生産をストップするような点にいたるならば，これは部分的ストライキと同じ結果になるのであるから，すみやかに上部機関にすいあげて，よりひろい場での問題の解決にあたることが運動の基本である。[55]

大木のことばに見られるように，60年代初頭には職場闘争は総評指導部にとって堅持すべきものではなくなっていた。背景には，三池争議に対する否定的総括と，それを支え強化した構造改革論があった。

(2) **地域共闘**

一般的には，地域共闘は，55年に春闘がはじまり，中小未組織労働者の組織化への取り組みが本格化したことを契機とする，とされるが，本稿が述べたよ

---

54) 清水慎三「総評三〇年のバランスシート」，清水編著『戦後労働組合運動史論』日本評論社，1982年，所収。
55) 大木正吾「組織方針案への提言」，『月刊総評』1961年11月号，所載。

うに，高野時代における「ぐるみ闘争」はもちろん，その淵源は産別会議の全逓が行っていた地域闘争をもその前史として位置づけられるべきだろう。

「総評組織綱領草案」では，地域共闘は「『平和と民主主義』型国民運動の場」とされており，その後も，安保闘争前夜に労働者の間で地区労の評価がいかに高かったことは，例えば，上野英信『追われゆく坑夫たち』[56]にもうかがうことができるし，この時期には日常的な中小企業の争議支援に加えて，砂川基地反対闘争をいち早く総評に先駆けて取り組んだ三多摩労協，安保闘争における東京地評の活動があった。

それゆえ「総評組織綱領草案」における「地区労は地域共闘の核」，「労農商提携等の国民的結合を開花結実させる場」「平和運動を大衆のなかに着実に下ろす場」という位置づけはかなりの程度にその実態を反映したものだったと思われる。60年中葉になって労働運動が企業主義に傾斜していく時にそれを批判する市民たちは総評のこの運動によって育まれていたのである。

2 職場闘争と地域共闘の否定

こうした職場闘争と地域共闘とを否定したものは何だったのだろうか。全逓は61年の運動方針で，「産業別統一闘争を進めるために，団体交渉の当事者としての組合中央の背後に一糸乱れぬ統制を保った組合の圧力がなければならない」，ところが「最近，地域共闘と称して組合の主体性と指導を無視して，外

---

[56] 「案内役の職制はかなり前方を歩いていた。…中略…「あのう」顔の輪郭もみえなくなった闇のなかでぎらぎらと眼だけ輝かせて，彼はおし殺した声で私にたずねた。「ひょっとして地区労の方じゃないでしょうか」「いいえ」と私は答えた。と同時に，血が引くように輝きが彼の眼から引いた。「しかし」連絡くらいできるが——と，あわてて私はその場をとりつくろうとした。「いや，よかとです。なんでもなかとです。」彼は私よりさらにあわてて私の言葉をさえぎりながら函の陰からとびだし，カンテラの火口をよせて私の火を移しとるやいなや，逃れるように走りさっていった。「なんでもなか」彼はそう否定した。しかしその「なんでもなか」ことがなんであるか，私にはいたいほどはっきりと理解できる。組合を作りたいのだ。闘争をしたいのだ。そのために彼は厳重な監視の目をかすめて姿を隠し，期待に胸をおどらせながら私をまちぶせしていた。しかし労働組合のことを知らない彼には，ひとつの純粋の錯誤があったのだ，——こんな圧制ヤマの坑内にまで入ってきてくれるのは組合の偉い指導者以外にないだろうという」（上野英信『追われゆく坑夫たち』岩波同時代ライブラリー版，65-6頁）。つまり，それが「純粋の錯誤」であれ，「圧制ヤマの坑内」の「労働組合のことを知らない彼」ですら「地区労」を知っていて，「地区労働組合協議会に援助を求め」られると思うほどに，「地区労」の存在はなっていた。

部からの指導や指令を優先する傾向が生れているが，このような闘いの進め方は絶対に許されない」[57]と力強く述べている。このときの全逓委員長は67年に労働戦線再編を提起した宝樹文彦である。

産業別統一闘争といえば，大単組の意向が優先し，中小のそれが軽視されやすくなるのは，ある条件の下では，当然であろう。旋盤工・作家の小関智弘は1979年につぎのように記した。

> 総評拡大評議員会は，まだ場末の中小企業が半分も解決していないうちに，どうどうと敗北宣言をした。どこか狂っていないか。何か間違っていないか，とわたしは思う。[58]

総評議長太田薫は62年の総評の運動方針についてつぎのように述べている。

> なかでも具体的目標として重視しているのは，高校全員入学運動，義務教育費の父母負担・物価値上げ反対闘争などである。こんどの組織活動のなかで，地域共闘を非常に重視し，「基調」のなかで，「産業別組織は，この日本労働運動の戦略的弱点を克服するために，地域組織を財的，人的に充実させ，中対オルグを増員し，主婦の会，通勤者同盟を発展させる努力をする」とかいた。[59]

ここでは地域共闘が高く位置づけられているようだが，それは換骨奪胎された上でのことだ。たしかに高校全入運動等の課題を掲げて地域共闘がこれを担うべく位置づけられている。しかし，地域共闘において労働組合固有の課題である解雇反対闘争，合理化反対闘争等の課題には言及されていない。清水慎三は，『中小企業労働運動必携』，「組織綱領草案」において，高野のぐるみ闘争を継承しつつ地域活動家の舞台として，地評・地区労を位置づけた。「地評を合同労組の父とすれば地区労はその母である」のスローガンを掲げて，中小企業労働運動の進展を図った。そして，そのことでそれに加えて，政治的カンパニアを消化できる組織に鍛えようとしていた。太田がここで重視しているのは，

---

57) 佐藤芳夫・高島喜久男の対談「連合結成をどう読むか——労働戦線統一と日本帝国主義」（六本木敏・中野洋・鎌倉孝夫・佐藤芳夫・村上寛治・高島喜久男『対談集　敵よりも一日でも長く』社会評論社，1988年，所収）より引用。

58) 小関智弘『春は鉄までが匂った』現代教養文庫，1993年，87頁。親本は晩聲社より1979年。

59) 太田薫「総評新運動針案の重点」，『月刊総評』1962年7月号所載，53頁。

平和経済国民会議と較べると政治性の希薄な政治的カンパニアのみに終始している。

このことが中小企業労働運動にどのような影響を与えたか。正にこの時期太田の出身単産である合化労連は，全組合員解雇の攻撃をうけて果敢に戦っていたエスエス製薬労組を「合化の指導に従わない」として合化労連から除名していた[60]。

また，太田は，産別組織が地域組織を発展させる，としている。それ以前であれば，総評が地域組織を発展させるとなるはずだが，ここでは主語が入れ替わっている。さらに，高度成長期の日本社会の枠組を否定しようとする安保反対などの政治的課題（政治カンパニア）は周到に，或は当然に退けられていた。したがって，「組織方針」においても，「組織綱領草案」と同様に地域共闘は重視されているようだが，両者における地域共闘重視は外見のことであって，そこには断絶があったと見られる。

もちろん，こうした変化は，太田個人のイニシアティヴにのみに帰することはできない。総評傘下大単産が総評指導部よりも大きな発言力を持ちはじめたなかで，太田は総評を"戦闘的組合主義"の線から後退させないよう且つ総評全体をまとめるべく舵取りに苦労していただろうと思われる。

3 戦後民主主義の変容

それでは，なぜ産業別統一闘争の名において，ほぼ同時期に，総評の，そして戦後民主主義の，主要な運動形態であった職場闘争と地域共闘とがともに否定されようとしたのか。つぎのような事情を背景としていたと思われる。

(1) 職場闘争の否定

先ず，職場闘争で名高かった三池闘争が敗北に終ると，総評指導部が職場活動家を「ハネ上がり」として排斥するようになったことである。本稿冒頭「はじめに」でも引用したが，清水慎三はその状況をつぎのように述べている。

　　それはともあれ，安保と三池は活動家層の檜舞台であったことには間違

---

60) 佐藤一晴・市毛良昌「東京争議団共闘の十五年」『労働運動史研究・58号』労働旬報社，1967年。

いない。ところで安保の退潮，三池の収拾後，時日の経過と共に活動家層への風あたりははげしくなった。安保については「活動家という連中は職場で締めあげられ，グウの音も出ないから街頭でエネルギーをぶちまけてハネ上がる」と言われ，三池闘争では「活動家は自分の職場ではホドホドに妥協し，外に出たときだけ基本線を押しとおす」と非難された。そして結局のところ，「安保の場合街頭行動の割に政治成果が上らなかったのは生産点における反独占闘争が弱いからだ」といわれ「三池の悲劇は炭労の他山企業がそれぞれのヤマで各個撃破されたから」そして最後には「三池の職場闘争には問題がある」というところまで追いこまれた。そして組合指導部の組織論では「活動家とは未熟無能無責任なハネ上がり」の位置に成下がり，組合の外では「活動家を支えとする」安保と三池は構造改革論に引出物として先ず血祭りにあげられた感さえある。[61]

　清水はまた後年「職場活動を否定的に捉えていたのは太田薫総評議長（当時）の運動思想によるところが大きかった」[62]と述べているように，職場闘争に対して総評指導部が否定的態度をとったことを重視している。もちろん，清水の恨み節にもかかわらず，そのことを太田ひとりの「運動思想」に帰することはできない。太田の「運動思想」を支持し，受け容れる基盤が運動の現場に存在していなければならないし，太田は間もなく登場する企業主義的労働運動の胎動を目の当たりにしていたはずで，太田のなかでは職場闘争の否定は，力を付けた民間大単産の経済主義以上の協調主義，企業主義に堕することを防ごうとする努力と結びついていたはずだ。

　だが，その過程で，50年代の戦後民主主義を担った，「指導者グループ」が総評から追われて，そうした活動家はますます地域に依拠するようになっていった。そうした活動家の排除と同時に，高野指導の運動形態を継承していた清水慎三が上に引用した1962年の『世界』掲載論文「労働運動における使命感の欠落」が宝樹全逓委員長の逆鱗に触れることになって総評を逐われることに

---

61) 清水慎三「労働運動における使命感の欠落——総評新路線に思う——」，『世界』1962年11月号所載。
62) 清水慎三「総評三〇年のバランスシート」352頁。清水編著『戦後労働組合運動史論』日本評論社，1982年，所収。

なった[63]のも，この安保後の労働運動の状況転換を示して象徴的だった。

(2) 地域共闘の変容

　職場闘争が否定されても，地域共闘においては，ある面では，ナショナルセンター或は大単産レベルで否定された中小単産・単組の要求に基づいた運動が展開しやすかった。地評，地区労と降りていくにつれて，中小単産・単組，また官公労出身の活動家の比率が増えた。60年の安保，三池以降，大企業民間労組の主要な関心は――池田内閣の所得倍増論と整合的だった――春闘における賃上げであり，それゆえ，大単産・単組は春闘における地域共闘の「ハネ上がり」は抑えようとしたが，それ以外の分野での地域共闘は比較的に黙認していた。先に見た，太田が示した，地域共闘が担う課題の多様化はそのことを示している。

　例えば，朝日訴訟支援運動，三菱樹脂事件支援運動，革新自治体運動等の60年代に入ってからの展開はそのゆえだったと思われる。これらの運動は，生存権を求めるものとして，職場における思想・信条の自由を権利として打ち立てようとする点において，また地方自治体レベルにおいて福祉を拡充しようとする点において，戦後民主主義を底上げしていくものだっただろう。

(3) 地域共闘の発展としての〈周辺〉共闘

　60年代後半に革新自治体が数多く成立したが，それは公共部門の労働者や「中小企業労働者や大企業の臨時工，社外工，さらには都市下層の，〈周辺〉層」が主力となったもので，それは「民間中小単組，それから官公労，また〈周辺〉層は，この時代にはいまだ，企業社会的な構造が未確立の場所」[64]であったからだ。つまり，〈基軸〉における大企業民間労働者の能力主義的競争を核とする支配構造は，それぞれの系列下にある下請中小企業を通じて，また，労働者家族を通じて，教育を通じて，高度成長期の日本社会に徐々に広く深く浸透していったのだが，その支配の最後に及ぶべきところが〈周辺〉であり，地域共

---

63) 清水慎三『戦後革新の半日陰』日本経済評論社，1996年，242頁以下。
64) 渡辺治「現代日本の社会民主主義」，渡辺『「豊かな」社会日本の構造』(労働旬報社，1990年)，223-5頁。

闘の場だったといえるだろう。

　高度成長期の地域共闘はこのような支配を防ぐ壁として一定程度の機能を果たしたのであり，また60年代初頭，総評において地域共闘の位置づけが積極的（地域固有の課題の重視，高校全入などの広範な住民の要求の組織）に，また否定的（50年代来の「平和と民主主義」に連なる課題に対する消極性，階級的課題の希薄化）に変化するのはこのような支配に対する複雑な反応だったと思われる。したがって，地域共闘の運動の場である〈地域〉とは，当然のことながら自然としての或は行政区画としての地域ではなく，地域共闘が〈周辺〉層共闘という構成になった革新自治体運動のように，高度成長期に形成された企業支配と対応して〈周辺〉層或は〈周辺〉的利害が凝集された場であり，同時にそうした条件こそが〈周辺〉共闘を可能にしたと思われる[65]。

4　戦後民主主義の可能性

　丸山真男がつぎのように記したのは半世紀前，1964年5月である。
> もちろん戦後民主主義を「虚妄」と見るかどうかということは，結局のところ経験的に検証される問題ではなく，論者の価値観にかかわって来る。…中略…私自身の選択についていうならば，大日本帝国の「実在」よりも戦後民主主義の「虚妄」の方に賭ける。[66]

　丸山は「戦後民主主義を『占領民主主義』の名において一括して「虚妄」とする言説」が「政界・財界・官界から論壇に至るまで，のどもと過ぎて熱さを忘れた人々，もしくは忘れることに利益をもつ人々」によって唱えられ，それが「戦争と戦争直後の精神的空気を直接に経験しない世代の増加とともに，存外無批判的に受容される可能性がある」状況を危惧して，この状況に「戦後民主主義の『虚妄』に賭ける」というマニフェストを対置した。

　丸山の賭が丸山ひとりのものであったはずはない。それは例えば安保闘争に参加した労働者や市民など多くの人々に共有されたはずのものだった。丸山の

---

[65]　本書第Ⅱ部第3章「1990年代新自由主義東京の労働運動」において，90年代東京の地域労働運動を考察した。清水慎三・花崎皋平『社会的左翼の可能性』（新地平社，1995年）において，労働運動と住民運動の結合を説いて，新たな地域共闘のあり方が模索されているのは本稿の文脈からも興味深い。

[66]　丸山真男『増補版　戦後政治の思想と行動』（未来社，1964年），585頁。

賭は半世紀後の今日になって，日本の大国主義化，新自由主義の蔓延の状況下で，例えば九条の会，反貧困ネットワークの運動に見られるように，かえって新たにその意義を増しているようにも見える。

だが1960年代に入って生産過程では新たな事態が進行していた。清水慎三の63年における同時代的観察を，やや長くなるが，引用しよう。

> 第九条の平和条項を除くならば，新憲法感覚はもはやストレートに労働組合に味方するものではない。この場合も労働組合をつくらせないとか，ムキ出しの不当労働行為を含む前時代的な労務管理に対しては，新憲法感覚は依然として組合に有利な大衆的基盤である。だが，職場における個人競争の奨励や，その勝利による私生活における「片隅の幸福追求」は新憲法感覚に適合したムードであり，大資本の新型労務管理にとって有利な武器でもある。「作業長制度」や「職務給」による分裂支配も新憲法感覚と矛盾するものではない。「作業長の非組合員化」といえども，すでに作業長や作業長候補の心と希望が大勢として企業に側に向かっているならば，こうした階級的攻撃には新憲法論理は階級的武器に転化しがたい。かくして戦後教育や「新憲法感覚の定着」に依拠した自然成長主義や市民主義的権利への無条件の期待だけでは，資本の攻撃に対する大衆的抵抗帯とはならない時代ができたのである。「階級の論理」と「労働者階級による下部社会——生産点と地域生活を通じた——の形成」にあらわれる創意性とモラルがどれだけ労働者大衆の心を掌握できるかによってしか，最後の勝負はできなくなってくる。[67]

これによれば，生産点において「新憲法感覚」が「階級的武器」たり得ていたのは50年代までで，60年代前半の民間大経営においては「新憲法感覚」は「新型労務管理にとって有利な武器」となる状況がすでに生まれていたということになる。これを角度を変えていえば，第九条を除けば，それなりの形で，当然歪みを伴いつつだが，戦後民主主義運動の力によって，「新憲法感覚」と齟齬をきたさない支配が60年代以降に実現しつつあったということだ。

60年代に入ってから徐々に戦後民主主義の実戦部隊の担い手から民間大企業

---

[67] 清水慎三「個人主義と組織主義」，『月刊総評』1963年4月号所載，66-7頁。ちなみに清水の肩書きは「総評顧問」となっている。

第Ⅰ部　戦後民主主義と労働運動——その形成

労組が脱落していく事態はこうした背景において理解できるだろう。太田薫の総評の新方針も，意識的あるいは無意識的な，こうした客観的状況に対する反応，対応だったに違いない。

　戦後民主主義の運動のひとつである平和運動は，60年代中葉のベトナム反戦運動期にまで水脈を保つことになるが，ベトナム反戦運動においては，企業支配から相対的に免れている学生や市民の比重が増大し，大企業民間労組が脱落して労働組合の比重の低下はあからさまだった。しかし，60年代後半から70年代にかけての革新自治体運動においても，地域共闘は重要な役割を果たした。その地域共闘は周辺共闘の性格を強くしていたが，この周辺共闘が，60年代以降，総評の全国指導が春闘に限られてくるなかで，革新自治体などの貴重な成果を上げることになった。

　その後さらに，80年代に地域共闘の衰退はあからさまだったが，90年代に入って新自由主義改革がその成果をあげてくることに対応して，再び地域共闘の復活が見られるようになった。担い手がいる限り，戦後民主主義と労働運動はこれからも新たな展開を生み出すだろう。

　本稿はここまで戦後民主主義とそれを担った労働運動を，丸山の賭から夙に半世紀，かつての丸山のように「価値観」と「経験的」な「検証」とを分離させず，むしろ反対に，結び付けながら，論じてきた。丸山も認めるだろうが，利害を超越した，価値観抜きの経験的な検証などありえないだろうから。

　無数の戦線や陣地で闘われている支配との間断ないせめぎ合いの中で，しかし全体としての運動の上昇下降の趨勢は存外に長期にわたることがあるし，今日，戦後民主主義が新自由主義の実現を阻めなかったことが戦後民主主義の破産宣告のように論じられることもあるが，新自由主義と対峙する社会運動が抱える諸困難は何も日本に特殊なことではない。しかも，そうした国々の労働者階級が持つ，日本の労働者階級がいまだ持ちえず，それゆえ，日本の労働者階級の喫緊の課題として提示される，産業別労働組合も労働社会も新自由主義の実現を阻む防波堤とはやはりなりえなかったが，しかし，それをもってそれらの破産宣告が論じられることはない。運動がどのような歴史に立ち，何を武器とするかはそれぞれの運動の主体性と歴史環境とによって決まるだろう。ヨーロッパ並みの産業別労働組合と産業別労働協約の実現が求められるのはもちろ

んのことだが，それは戦後民主主義と二者択一の関係に立つものでないし，そもそも二者択一する必要もない。平和四原則をかつて勝ち取った，そして今日にそれを引き継ぐ「日本の労働階級の立場」にとってはなお依然として戦後民主主義は武器として遺されているように思われる。

第Ⅱ部
戦後民主主義,労働運動,市民運動

第1章　1960年代初頭における教育政策の転換と教育運動
――岩手県における全国一斉学力テスト反対闘争を中心に――

はじめに

1　基底的な問題関心――総評労働運動の後退と企業社会の成立

　今日の日本社会は端的に企業社会と称ばれる。企業のきわめて強大な労働者支配に起因する諸問題が，職場ばかりでなく，家庭，教育，環境等々のあらゆる場面で噴出し，この社会に暮らす圧倒的多数の人々に多大な困難を強制しているからだ。しかし，この企業社会はもちろん連綿と存在し続けてきたものではない。

　試みに歴史を繙けば，終戦直後のいわゆる"革命的高揚期"をいまは括弧に括っても，戦後の日本社会が1950年代初頭から安保闘争を経て60年代中葉に至るまで，"平和と民主主義"を掲げた力強い運動の経験を豊富に蓄積していることを知ることができる。この運動を中心的に担ったのは労働組合の全国組織である総評だったが，重要なことは，企業社会は現象としてこの運動の停滞乃至後退と反比例するかのように成立してきたことである。

　このことを踏まえて本稿を貫く基底的な問題関心は，総評労働運動は60年代以降に成立してくる企業社会にどのような刻印を遺しているか，ということである。もしも総評労働運動が維持されていれば今日あるような日本社会でなく，別の，もっと暮らしやすい社会が存在し得たのではないか，というifの問いかけはここでもあまり意味がないように見える。むしろ，企業社会の成立はそれなりに必然性を持った，幾つかの歴史の選択肢のひとつの実現ではなかったかという見地に立って考察を進めていく。

　それは歴史過程として見るならば，総評労働運動はどのようにして企業社会を「準備」したのかということになるだろうし，もう少し角度を変えて言い換えれば，総評労働運動の論理と企業社会の論理とがどこまでどのように対立するものであるか否か，ということになるだろう。いまこの問題にあらかじめ見

通しを与えるならば，それらは安易に互いを許容し合うはずのものではなかったが，しかし水と油のようにきれいに反撥し合うものでもなかったと思われるのである。敢えてこのような視角を採るのは，総評労働運動が停滞／後退していった原因を運動主体の内部に見出そうとするためで，それは言い換えるならば，企業社会の成立契機を運動の側から捉え直そうと意図するものだ。

2 問題の所在——全国一斉学力テスト反対闘争

　上の基底的な問題関心に支えられながら，しかし，本稿で具体的な考察の対象とするのは，1961年に初めて実施された全国一斉学力テスト反対闘争である。いまや能力主義は，企業社会を厚く覆いそこに深く浸透するイデオロギーとなっているが，その能力主義の教育現場への導入の端緒において，日教組を中心として展開した学力テスト反対闘争がいかなる対応を示したのかを考察することで，総評労働運動がどのように企業社会を「準備」したのかという上述の問題に接近したい。もちろん，教育運動という限定された視角からアプローチするわけだから，全面的に問いに答えることにはならず，一定の限界がつきまとう。だが，つぎの２点についてはあらかじめ想起しておきたい。

　第１に，いわゆる総評「御三家」が，日教組，国労，炭労とされていたことに示されるように，日教組は総評の戦闘性を担った代表的な労働組合の１つであること。実際，"ニワトリからアヒルへ"の転換において，日教組は"教え子を再び戦場に送るな"のスローガンを掲げてこの転換を逸早く領導したのでもあった。第２に，50年代から60年代にかけての「教育」は，単なる「教育」という一分野，一領域ではなく，重要な政治争点として現われていた，ということである。

　全国一斉学力テスト反対闘争は，1961年に文部省が全国の中学２・３年生に一斉悉皆テストを課そうとしたことに端を発して起きた，日教組を中心とした運動で，総評の運動方針にも盛り込まれた。あらかじめ学力テスト反対闘争をもっぱら現象面に着目して仮に特徴づけるならば，同時期に展開した高校全員入学運動が能力主義をある程度「受容」して「国民の教育権」を発展させようとしたのに対して，学力テスト反対闘争は能力主義そのものを「拒否」して「国民の教育権」を守ろうとした運動であったように映る。もちろん本稿で試みるように，単に現象面の特徴づけに満足するのではなく，学力テスト反対闘争を

現実ならしめた諸条件を歴史的に掘り下げていくならば，このような特徴づけは十分ではない。本稿の課題は，学力テスト反対闘争は，何故，能力主義そのものを「拒否」したのかを当時の歴史的な日本社会の構造において明らかにすることである。

周知のようにこの時期は，安保闘争の高揚を経て岸内閣が退陣して池田内閣が発足して間もない時期であり，後にジャーナリズムから「政治の季節から経済の季節へ」といわれた転換の時期にあたっていた。池田内閣は有名になった「所得倍増論」とリンクさせて――こちらはさほど注目されなかったが，「所得倍増論」と不可分のものだった――「人材開発政策」を打ち出していた。その意味では，池田内閣は能力主義イデオロギーを政治の場に持ち込み，本格的に追求した初めての内閣だったかも知れない。

以下，まず能力主義が教育の場に登場してくる過程を考察する（第1節）。端的に「所得倍増論」に象徴されるこの時期の支配層の戦略は，それまで1950年代に追求されてきた既存の教育政策に質的な変更を迫るほどの強いインパクトを与えたように思われるからである。そこで50年代の教育戦略の何が60年代に継承され，何が60年代に新たに付け加えられたのかを明らかにする。つぎに，学力テスト反対闘争について検討する（第2節）。ここでは全国で最高の学テ拒否率を示した岩手県における反対闘争を中心に取り上げ，反対闘争を可能にした条件を，反対闘争のイニシアティヴをとった岩手県教職員組合（岩教組）の運動に即して考える。全国一斉学力テストは全国では9割実施されたが岩手県では9割が反対闘争により拒否されて実施不能の事態に陥ったのである。最後に，以上の分析を踏まえて，当時の日本社会の歴史的段階のなかで学力テスト反対闘争が担った歴史的な意味を考えることにしたい。

I　能力主義教育政策の登場

本節の課題は，学力テスト反対闘争を理解する前提として，それに必要な限りで学力テスト政策が登場してくる過程をフォローすることにある。

1961年に全国一斉学力テストを強行する背景となった，主に財界のイニシアティヴによってもたらされた能力主義政策は，それまでの文部省による教育の国家統制，自民党による日教組攻撃を基調とした政策とは明らかに異なる思想

を持っていた。見通しをよくするためにはじめに概観を示すならば，この教育政策の変更には，連続と断絶の二つの側面が存在したように思われる。連続は教育の国家統制において顕著であり，断絶は自民党の日教組攻撃において顕著だった。

1 勤務評定と教育課程改訂

1951年11月に政令諮問委員会が「教育制度に関する答申」を公表し，また同じ頃に天野貞祐文相が「国民実践要領」(当時「天野勅語」と呼ばれた) を公にしてから後，50年代の教育行政は，絶えず，占領期の教育改革がもたらした民主化の成果を否定しようとしてきたことが特徴である。しかもそれは，日教組の「平和と民主主義の教育」を敵視しつつそれに対抗して教育の国家統制を図ろうとする文部省の志向と，日教組 (総評) の政治力，とりわけ選挙における集票力に脅威を覚える自民党による日教組攻撃とが絡み合いながら展開した。それゆえ，50年代の教育政策には，一口に「教育の反動化」といっても，文部省による教育の国家統制を意図した「反動」と，自民党による日教組攻撃を意図した「反動」という，2つの相対的に区別される政治的意図が存在していた。

(1) 任命教育委員会制度と勤務評定
[教育委員会制度]

教育委員会制度は1956年に制定された「地方教育行政の組織及び運営に関する法律」(地教行法) によって，それまでの公選制から任命制に改められた。これによって教育委員会法第1条に示されていた同法の「目的」(「この法律は教育が不当な支配に服することなく，国民全体に対して直接に責任を負って行なわれるべきであるという自覚のもとに，公正な民意により，地方の実情に即した教育行政を行なうために，教育委員会を設け，教育本来の目的を達成することを目的とする」) は削除された。56年6月30日の文部事務次官通達によれば，地教行法の目的は，第1に，教育の政治的中立と教育行政の安定を確保すること，第2に，教育行政と一般行政の調和を進めること，第3に，都道府県及び市町村の連繋を密にすること，以上の3点にあるとされた。では，この3点が，具体的にはどのように阻害されていたのだろうか。

任命制教育委員会制度においては，教育長の任命に際して市町村の教育長は

都道府県教育委員会の承認を，都道府県教育長は文部大臣の承認を，それぞれ得なければならないとされ，さらに教育予算に関する教育委員会の自主権廃止，教科書以外の教材を使用する際には教育委員会へ届出て承認を要すること等と，一般に教師の自主的な活動を行政の力によって制限するように改められた[1]。教育委員会法第一条のもとではこうしたことはできなかったのである。

　任命制に改められる以前の公選制教育委員会制度は，GHQの強い意向により，戦前の軍国主義教育の弊害を除去するために教育行政の民主化，地方分権化，及び一般行政からの独立を意図して，1948年の教育委員会法によって制度化されたものだった。政府・文部省が教育委員会法の立案過程において既にGHQと対立していたことに現われているように，公選制教育委員会という制度は政府・文部省にとってきわめて不都合なものだったが，それが具体的に機能し出すと，後述するように，日教組（－総評－社会党）の政治舞台としても機能するようになり，さらに不都合なものとなった。注目されるのは，公選制を任命制に改めるという点では政府・文部省，自由党，民主党とも一致していたが，教育委員会の設置単位を都道府県と五大都市に限るか，或は全市町村にも設置するかということでは意見が割れていたことだ。

　教育委員会制度の改編は，先ず52年11月戦後第一号党人文相岡野清豪によって，地方教育委員会を市町村に一斉に設置するというかたちで行われた。これは選挙における日教組の集票力を削減しようとした自由党の意向が主に反映したものだった。作家の松本清張は同時代につぎのような観察を残している。

> 市町村に教育委員会を設けることは，保守党がその選挙対策として小選挙区の有利なるところからヒントを取ったもので，府県単位の教育委員会よりも，市町村単位の方が日教組を抑えるのに有利だとみたのだ。なぜなら，市町村のようなせまい自治体に絞ると教育委員に選ばれる者は，大体，保守系，右翼系の者が多くなる。彼らに「アカがかってゆく先生」を監視させようというのが狙いだった。[2]

　岡野文相は他にも教員給与を3本立てにして高校教員の日教組からの離反を

---

1) 山住正己『日本教育小史』（岩波新書，1987年），210頁。
2) 佐々木隆爾「一九五〇年代の政治反動の歴史的位置」（同『世界史の中のアジアと日本』御茶の水書房，1988年，所収）より再引。

図るなど、日教組を主敵とした政策を積極的に進めた。当時文部官僚であった内藤誉三郎は「政党の意向が直に文教行政に反映され、とくに日教組対策に力を入れだした」と回想している[3]。

しかし、公選制教育委員会制度は文部省にとっても我慢のならないものになってゆく。教育委員の大半には教組の支持を受けた者が当選していたが、教育委員を経た後に政界に進出する者が少なくなかったし、何より、平和教育に熱心な日教組の支持を得ているような教育委員は文部省が大切にしていた「愛国心」や「修身」にきわめて冷淡であった。そしてこのような事態は、文部官僚の目には「教育委員会が自主性の名の下に知事や市町村長とせめぎあうようなところ」があり、「政治的に中立であるべき教育委員会が政治的な確執の場」となり、また「教育委員の選挙で政治選挙のトレーニングが行なわれて」いると映った[4]。さらに教育委員会は、予算原案送付権を持つなど他の行政部局に対して相対的な独立性を有していたから行政一般と摩擦が生じることがあった。実際に、第2章で検討する岩手県では、県教育委員会が教組の意向に沿った予算案を県議会に送付するということがあった。こうして日教組退治という名の下に、任命制教育委員会へ向けて自民党と文部省は一致することになっていく。

地教行法の作成に中心的な役割を果たした木田宏（当時文部省初中局地方課長）は、「市町村の教育委員会は地方自治のためにどうしても必要」であると考えていたが、市町村に教育委員会を残すことには、大蔵省、自治庁、また元民主党系文教族が反対していた。賛成していたのは僅かに元自由党系文教族のみであった。木田は、岸信介自民党政調会長を説得してようやく教育委員会の市町村設置を維持したが、その経緯をつぎのように語っている。

> 私が法案のご説明にいったら、岸さんは「市町村の教育委員会は要らんという声が党内外でこれだけ強いのに、それを全部残す案では駄目だ」と言われた。で、私は「いや、市町村の教育委員会をなくすわけにはいきません。どうしても必要です」と申し上げたら、「だったら教育長をやめればいいじゃないか」というわけです。「教育長がいなかったら、教育委員会

---

3) 佐々木同上論文を参照。
4) 木田宏の発言。木田宏監修『証言戦後の文教政策』（第一法規、1987年）より引用。以下、木田の発言はすべて同書による。

になりません。教育委員と教育長はワンセットですから」と私が言った。岸さんはぽいと横を向いて，「駄目だ。どっちか潰して持って来い。何と心得ているのか」と怒られたんです。そこで，窮余の悪知恵ですよ。原案を直して，市町村教育委員会の場合は，教育委員の中から教育長を任命することにしてもって行きましてね。「政調会長，あなたがどっちかつぶせと言われたので，つぶしました。教育委員の中から教育長を出すことにし，ひとつにしてもってきました」と言ったら，岸さんは「よっし，これでやる」と。

すなわち任命制については，政府・文部省，自民党で一致をみていたものの，それを市町村単位に設置することには共通の認識が当初はなかった。それは文部省と自由党系のみの主張だった。なお，木田が地教行法の立案過程で，かつて内務官僚であった鈴木俊一（元東京都知事）が地方自治法を作成する際にそうしたように，"明治の手法"を参考にしたのは興味深い。1879年に学務委員を選挙で選ぶことになった際に「混乱」が起きたが，それを解決するために府知事県令が市町村長の推挙する候補者のなかから任命することにしたという。木田はそれに倣って「地方団体の長が議会の同意を得て，任命するふうにしておけば，いいだろうと思った」と語っている。

地教行法はついに警官隊まで導入して国会を通過したが，木田はその法案成立の舞台裏をつぎのように回想している。

> あのときの国会には，文部省関係で地教行法のほか，教科書法案，臨時教育制度審議会法案と３つの重要法案が出されていたんです。保革対決の激しい政治的な環境の中でしたから，国会対策上から，清瀬大臣は何よりもまず地教行法案を通そうと，１本にお絞りになった。しかし，国会の最終段階になって，小選挙区法案も残って，与党としては，地教行法か，あるいは小選挙区法案か，どちらか一つを選ばなければならん局面を迎えたわけです。４月か５月の頃だったと思います。それで，党内では内々の相談が行なわれていたんですね。…中略…坂田道夫さん，武尾式さんを先頭に文教族といわれる人達が凄まじい勢いで党内を走り回ってくれたわけですよ。…中略…結局，自民党は５月の何日でしたか，地教行法案一本でゆくことを決め，国会で突き進んだ。与党の側では，日教組対策という政治的なねらいもあったでしょう。それに対して，社会党の方では，日教組出身

議員がたくさんいて，自分の選出基盤がこれで壊されるのじゃないかと，政治的な大問題だったでしょうね。

文教族が必死になって自民党内を説得して回った結果，ついに法案成立段階では党内で地教行法の対日教組・社会党攻撃の効果について共通の認識が形成されていったことが窺われる。「保革対決の激しい環境」において，小選挙区法か地教行法かというところまで煮詰められたこと自体が，地教行法の，教育行政をはみ出した，政治的位置づけの高さを物語っているといえるだろう。

［勤務評定］

さて，地教行法の制定を土台にして，もっぱら自民党による日教組に対する攻撃という意図に基づいた政策として，つぎに展開されたのが教員に対する勤務評定だった。地教行法によって56年10月に任命制教育委員会が発足すると，早速，愛媛県で全国に先駆けて教員に対する勤務評定が実施された。愛媛県は56年度から，地方財政再建法が適用され，県当局は財政難を理由に教職員の定期昇給分を7割しか予算化しなかった。つまり，県は勤務評定を実施し，その成績の悪い3割の教職員の定期昇給をストップしようとした。これに対して愛媛県教組はもとより当時いまだ公選制であった（56年9月末日迄）教育委員会も「教職員の職務の特性から勤評はなじまないので反対する」と意見表明をしていた。しかし，発足したばかりの任命制教育委員会は地教行法第46条1項を根拠に問答無用とばかりに勤評実施を決めたのである。

勤評の推進者の一人である白石春樹自民党愛媛県連幹事長はつぎのように述べた。

　勤評を実施して昇給できる教員と落ちる教員を作れば，教組は必ず割れる。実施の責任者である校長はきっと組合の圧力にたえかねて教組を離脱するだろう。校長のいなくなった組合は弱体化するのは火を見るよりも明らかだ。[5]

果たして組合活動家，女性教師が昇給から外され——つまり，勤評は，当時電産型賃金を克服，査定を復活して間もない民間企業における年功賃金と同様の効果を発揮したということだ——，また多くの校長が，勤評の評定者とされたことから組合と教育委員会との板挟みにあい，組合をやめていった。白石は，

---

5) 前掲佐々木論文より再引。

教師集団，労働者の団結について，それを否定するための実践的な洞察力を発揮したといえるだろう。

　翌57年12月には，内藤誉三郎文部省初中局長が衆議院文教委員会で「地公法ならびに地教行法で勤評は決められているので，実施したい」と全国的に実施する方針を明らかにし，ついに翌58年から勤評は全国で実施されることになった。パイロットケースというべき愛媛県の事例が高く評価されたことがその理由だろう。日教組はもちろんこれに対して大規模な闘争を展開したが，多くの教組が愛媛県と同様の過程を辿った。この間，勤評に反対した教育委員会は僅かに京都，高知，北海道のみだったから，任命制教育委員会の効験はあらたかで，期待どおりの威力を発揮したといえるだろう。

　自民党が日教組をかくも攻撃した背景には，日教組の活動が地域における保守層の既存の支配構造をたえず動揺させてきたことがあったと思われる。例えば，愛媛県においては各種選挙で，保守の辛勝乃至惜敗といった事態が続いていた。勤評はそのことに危機感を覚えた支配層－地域保守層の反撃だった。したがって注目されることは，自民党は勤評で日教組攻撃の目的をほぼ達し，以降，このような全国規模での凄まじい日教組攻撃は行わなかった。その意味で，勤評は日教組攻撃のクライマックスだった。

(2) 教育課程改訂

　50年代の教育「反動」政策には，しかし，このような政治勢力としての日教組攻撃を主眼とした筋とともに，教育内容の国家統制を狙うもう一つの筋があった。これに沿ったものとして，ここで見ていくのは勤評と同時期に行われた教育課程改訂である。

　先に見たように，市町村単位に教育委員会を設置することにさほど熱心でなかった民主党は教育内容の統制については早くから関心を示していた。55年8月から11月にかけて，民主党はパンフレット『うれうべき教科書の問題』（第1～3集）を出して，「偏向教育」の批判キャンペーンをはじめた。また，同年安藤正純文相のもとで社会科指導要領が改訂され，「愛国心」が登場する一方で，他方では「我々はどのようにして平和憲法を守るか」という単元が削除されるなどした。

　文部省がこれに同調して介入が本格化するのは，翌56年清瀬一郎文相が教育

内容に対する国の発言力を強化すべきことを主張して，教育課程審議会に「小学校，中学校教育過程の改善について」を諮問してからである。同審議会は57年2月に委員の任期切れで中断するが，9月に新委員が発令されるまで，その間7カ月は文部省が独自に改訂作業を実質的に進めることができた[6]。新委員が発令された9月14日の総会で文部省は，道徳教育の徹底，基礎学力の充実，科学教育の振興，職業陶冶の強化，の4点を中心に審議するように要請した。席上，内藤誉三郎文部省初中局長は第1に道徳教育の問題を取り上げてつぎのように述べた。

　　学校教育の全体を通じて道徳教育を行うということは，とかくその徹底を欠きがちであるし，また社会科でも，道徳を主として人間関係の知的理解として指導することになり，基本的な生活習慣や内面的な道徳的心情の育成には，これまた困難な実情にある。…中略…道徳教育の徹底を図るために，小，中学校ともに道徳的指導のための時間を特設して，毎学年指導する必要があるのではないかと思う。[7]

同審議会は58年3月15日に文相に答申を提出した。内容は，第1に，道徳教育の時間を特設すること，第2に，これは財界の意向を容れて，中学における「能力・特性」に応じて就職，進学コースの分離を行い，能力主義的な多様化を視野に入れていること，である。ここに相互に異なる根拠を持つ2つの政策――教育の国家統制と能力主義――が並列されたことは注目される。

同年8月，この答申に基づいて教育課程改訂がなされたが，内藤は新教育課程は「国際社会において信頼と尊敬をかちうるりっぱな日本人の育成」，「国土にたいする愛情をつちかい，老人のすぐれた業績にたいして尊敬と感謝の念をもたせ，日本の伝統や古典を重視」し，「『君が代』，その他の国民的愛唱歌が共通に歌われるように改善くふう」を凝らしたと述べた。また，この改訂によって学習指導要領が法的拘束力を持つようになり，教科書検定が強化された。これらに教育課程改訂が教育内容に対する国家統制の意図を持っていたことが鮮明になっている。文部官僚としての内藤にとっては「この教育課程の"改訂"はたんに改めて訂正するのではなく，改めて法的に定めたのだからと，意

---

6)　太田堯編著『戦後日本教育史』岩波書店，1978年，273頁。
7)　山崎政人『自民党と文教政策』岩波書店，1986年，35頁。

識的に"改訂"という文字を使った」[8]というほどの思い入れがあった。

なお，内藤のつぎの回想は，日教組攻撃と教育の国家統制という相対的に区別できる2つの課題が客観的に存在していたことを示すだろう。

> 文教委員の森山欽司さんなんかに「勤評で忙しくて手いっぱいのところへ君は，なんで道徳教育などまたやるんだ」と叱られた。私は「しかし，こっちは教育課程の問題であり組合とは関係ありません。組合がなぜ騒ぐかわかりませんが，文部省として当然のことをしているわけで勤評とも関係ありませんよ」と答えたが，「内藤さん，あんたね，勤評やったり，道徳やったり，あんたどんどん先へ行っちゃうから，自民党はついていけないよ」ということだった。[9]

内藤は組合が道徳教育になぜ騒ぐかわからないと嘯いているが，それはともかく，自民党が必ずしも党をあげて道徳教育に積極的であったわけではなかったことがわかる。50年代後半，文部省としては教育の国家統制が主要な関心であって，自民党はもっぱら日教組対策に主要な関心があった。そのなかで，与党の積極的な意向がなくても，独自に教育課程改訂が必要だ，道徳教育が必要だと判断すれば，文部省は——或は，もっといえば官僚は一般に支配層内部で相対的に独自の意思をもって——それに邁進するということを上の内藤の言葉は示している。

2 能力主義教育政策の登場

ところが，60年代に入ると上に見てきたような教育政策に質的な変化が現われた。

60年安保闘争によって岸内閣は退陣に追いこまれ，7月19日に池田内閣が発足し，11月には周知の所得倍増論を唱えた。池田内閣の文相には荒木万寿雄が就任した。それまで慣例として日教組と文相との会見が行われていたが，荒木は，日教組が52年に決定し，当時の天野貞祐文相も賞賛した「教師の倫理綱領」が社会主義革命を目指しているとして在任中ついに一度も会見の席に着かなかった。荒木は「日教組バカヤロー」と題する講演を行ったり，「日教組は

---

[8] 内藤誉三郎『戦後教育と私』毎日新聞社，1982年，126頁。
[9] 内藤誉三郎『戦後教育と私』毎日新聞社，1982年，130頁。

破防法すれすれの団体」などと発言して「低姿勢内閣の高一点」と評された。しかし，日教組への具体的な対策を講じたかといえばそうではなく，「口は出したが，手は出さなかった」[10]のである。

　これから見ていくように，60年代に入ると，50年代には顕著だった日教組の力を具体的に削ごうとする政策は次第に影をひそめ，対照的に財界の能力主義的な要求が本格的に教育政策に浸透するようになる。財界が教育に対して要求を出したのは，52年10月の日経連の「新教育制度の再検討に関する要望」に遡る。その後も忘れた頃に出されるが，50年代は殆ど日経連からのみだったし（関西経済連合会が１件），その内容も技術教育の改善・振興を主張するものだった。したがって，60年代に入って首相の諮問機関である経済審議会という媒体を通じて，経済政策の一環として，教育へ要求を出すばかりでなく，みずから教育政策を作成しようとしたのは，50年代とは異なるもので，ひとつの画期をなす事態だった。

(1) 全国一斉学力テストと能力主義教育政策

　60年秋，『文部時報』11月号に「当面する文教政策の重要課題——義務教育の充実・高等学校の振興——」など一連の文章が掲載された。特に初中局の執筆になるこの文章において，文部省は，はじめて，全国一斉学力テスト実施の意思を表明した。そこではつぎのように述べられている。

> 　文部省では明年度から，中学校第２学年及び第３学年の生徒に対して，国語，社会，数学，理科，外国語の５教科について全国いっせい学力テストを実施することとし，そのために必要な経費（約１億900万円）を要求することになった。従来，…中略…サンプリングによる学力調査を実施してきたが，調査指定校以外の学校がこれに参加するものが多く（34年度において半数以上の学校）この調査によって，自校の児童生徒の学力水準をある程度客観的に検討するとともに学習指導の反省や改善に資そうとする気運が非常に高まってきているのである。／しかも，一方においては，目下政府が立案中である36年度より45年度に至る国民所得長期倍増計画において，広く人材を開発することを必要としているが，何よりも，優れた人材

---

10) 内藤誉三郎『戦後教育と私』毎日新聞社，1982年，137頁．

を早期に発見し，そのものにたいする適切な訓練を施すことが大切である。この見地から，義務教区の修了期において生徒の能力，適正を見出し，その進路を指導していくことが大切である。

そして，この時点では，全国一斉学力テストの目的は，第1「能力，適正に応じて進学させ教育を受けさせるための客観的資料とする」，第2「選抜時における学力テストと学校差を無視して作成された内申書に依存する現行の選抜方式を改善する資料とする」，第3「各民間会社等における就職時の一般学力テストのむだを省く」，第4「平常時の勉学を奨励し，いわゆる受験勉強の弊を除く」，第5「各学校における生徒の学力水準を全国的，全県的水準などの比較の上に正確に把握させ，その条件の反省と改善への努力を通じて学校差をなくし，教育水準の向上を図る」ことにある，としている。

興味深いことに，これら5つの目的のなかには，すぐ上に見た「広く人材を開発する必要」とか「優れた人材を早期に発見」「適切な訓練を施す」というような表現が見られず，むしろ，受験勉強の弊害を除く，学校差をなくす，というような反能力主義的ではなくても，いまだ非能力主義的な内容が無味乾燥な官僚的作文で綴られている。後段でもふれるが，こうしたことに窺われるように，当初構想された「全国いっせい学力テスト」は文部省独自のものではなかった，言い換えるならば，文部省の従前の発想から生まれた，文部省に起源をもつ政策ではなかったように思われる。

同じ時期，10月25日，首相の諮問機関である経済審議会教育訓練小委員会の答申「所得倍増計画に伴う長期計画」は「人的能力開発政策の中心となるものは教育訓練である」と述べ，11月1日にやはり経済審議会が答申した「所得倍増計画」のなかには「経済成長と人的能力」という項が立てられ，そこでは「経済政策の一環として人的能力の向上を図る必要がある」と主張された。そして両者とも中等教育（中学校・高等学校）の完成を主張していた。ということは，経済審議会は中等教育が未完成なものとして不満を抱いていたということである。

全国一斉学力テストは，この所得倍増計画に表現された教育への要求に慌ただしく応えるために登場した。サンプル調査の段階では，文部省自身が「学力テスト」と呼ばずに「全国学力調査」と呼んでいた。従来のサンプル調査では果たせない，「人材開発」的，「選抜的」的，つまりは能力主義的な意図を持っ

たことで「調査」は「テスト」として，その意図と内容を適切に表現するように捉え直されるようになったのだろう。

　例えば，これより1年半ほど前，『文部時報』59年2月号に掲載された伊藤良二調査局調査課長執筆の「全国学力調査の意義と概要」は，「調査方法に一層の改善が行われ，教えられる教科の全領域にわたってテスト結果が得られるならば，繰り返し行われることによって，教科別にどの領域に進歩改善のあとができたか，どの面に依然弱さがあるかなどの点も検討され指導上いっそう役立ちうるであろうし，またこの小論の主体をなした学校間の差異と条件についても，その傾向が一層明確に示され，教育行政上にいちばんの寄与をするものと考えられる」と述べている。

　つまり，この調査課長は，全教科のテストを行い，学校間の格差をなくすことに関心があり，「いっせい」にする意図はなかったが，「全国いっせい学力テスト」は，そのような「改善」はなされず，5教科のままで「いっせい」に行うとしたのである。「全国学力調査」と「全国いっせい学力テスト」とでは形式的にはもちろん連続性があったが，それが担うべき役割は大きく変えられた。そしてそのような変更を促した決定的なインパクトが先の所得倍増計画であっただろう。

(2) 全国一斉学力テストと教育の国家統制

　しかしながら，文部省は翌61年3月の各都道府県教育長に宛てた通知では「全国一斉学力調査」と呼んで「テスト」と呼ばなくなる。文部省が学力調査を実施する法的根拠は地教行法第54条2項「文部大臣は地方公共団体の長又は教育委員会に対し，都道府県委員会は市町村長又は市町村委員会に対し，それぞれ都道府県又は市町村の区域内の教育に関する事務に関し，必要な調査，統計その他資料又は報告の提出を求めることができる」であったから，一度は「テスト」とみずから呼んだものを「調査」と改めたのは，調査の目的で「テスト」を実施することはできても「テスト」の目的で「テスト」を実施することができないことに気付いたためかもしれない。呼称の変更はかえって本音の所在を際立たせたようである。とまれ，こうしたことにも文部省の拙速な政策転換が外部からもたらされた力によってなされたことが垣間見える。

　さらに文部省は学力テストの目的をも変更した。先に示した当初の目的は，

61年4月27日に出された「昭和36年度全国中学生いっせい学力調査実施要綱」では，第1に「教育課程に関する諸施策の樹立および学習指導の改善に役立たせる資料とする」，第2「自校の学習の到達度を，全国的な水準との比較においてみることにより，…中略…生徒の学習の指導とその向上に役立たせる資料とする」，第3「教育条件を整備する資料とする」，第4「育英，特殊教育施設の拡充・強化に役立てるなど，今後の教育施策を行うための資料とする」とされた。半年ほど前の浮ついた「人材開発政策」的な表現は一掃され，さらに語尾がいちいち「……資料とする」に統一されたのは地教行法第54条2項を強く意識したためだろう。

この変更はしばしば，学力向上と教育条件整備に役立つと宣伝することで人材開発のための全国一斉学力テストに対する批判をかわすためのものだと理解されているが，しかし，それだけではない。

たしかに，当初の目的に現われていた「能力，適正に応じて」等という露骨な「人材開発政策」的表現は姿を消し，役所風の実務的な表現に改められたという点ではそのように見える。しかし，それだけでは新しく目的の筆頭に掲げられたものが「教育課程に関する諸施策の樹立」となったことの意味がよく見えてこない。

日教組は，当然のことながら，これをもって学力テストは「改悪教育課程の押し付けの手段」であると捉えた。その通りなのだが，「改悪教育課程の押し付け」は当初から意図されていたものではなかったように思われる（意図されていたのなら，早晩，日教組から批判を受けるのは当然なのだから，最初から明らかにすればよかった）。

先に引いた「当面する文教政策の重要課題——義務教育の充実・高等学校教育の振興——」に明らかなように，学力テストは当初はもっぱら「優れた人材を早期に発見する」手段として位置づけられたのであり，学力テストを「改悪教育課程押し付けの手段」とすることは発想に含まれていなかった。

このことは，先に述べたように，全国一斉学力テストが経済審議会の受け売りで慌ただしく計画されたことを示唆しているように思われる。しかし，目的を変更する間に，文部省は教育の国家統制という50年代来のみずからのスタンスを再び取り戻し，その上に改めて学力テストを位置づけることにした。内藤誉三郎は自身が初中局長のときを振り返ってつぎのように回想している。

そこで新しい構想のもとに国語，社会，数学，理科，英語の5教科について中学2，3年生全員を対象に人材開発テストを行うことにした。…中略…その後，さらに検討した結果，調査の目的を教育課程に関する諸施策の樹立，学習指導の改善の資料とする。[11]

こうして，50年代に追求された文部省による教育の国家統制への志向は，その後異質な60年代の能力主義政策のなかに継承されていくのである。

(3) 60年代初頭の教育の国家統制

このように登場したばかりの能力主義的教育政策を反映した学力テストは，教育の国家統制の側からも位置づけ直された。国家統制をさらに強化するために同時期に行われたのが，教科書の無償化＝「国定教科書」化だった。

荒木文相は60年7月に松山で開かれた四国ブロック地教委教育長会議で講演した際に「義務教育に対して教科書の無償配布を検討している」と述べた[12]。62年3月には「義務教育初等学校の教科書用図書の無償に関する法律」が制定された。無論，文部省の目的は教科書を無償化することにあったのではなく，それは手段であって，無償化と引き替えに教科書の広域採択方式を採ることで，実質的に教育内容の国家統制を強化することにあった。実際，内藤は「荒木文相の意をかなえたいと考え，『責任は私がもつ』の一点張りで部下を抑えた。荒木文相のハラのうちは，むしろこれによって国定教科書にしようと考えていたようだ」[13]と洩らしている。つまり，学力テストの第一の目的を「さらに検討して」，「教育課程に関する諸施策の樹立」と改める過程で，それ以前から計画していた教科書の「国定教科書」化と学力テストとを結びつけたのである。

(4) 学力テスト政策のもたらしたもの

内藤誉三郎は63年1月23日，初中局長から事務次官に就任する。そのときの抱負をつぎのように回想している。

　　次官としては初中局長時代にやり残した課題を解決することだった。／た

---

11) 内藤誉三郎『戦後教育と私』毎日新聞社，1982年，143頁。強調点は引用者。
12) 山崎政人『自民党と文教政策』岩波書店，1986年，61頁。
13) 内藤誉三郎『戦後教育と私』毎日新聞社，1982年，143頁。

とえば勤評は，もっと評定項目を少なくし，それが教師の励みになり役立つようなものにしたかった。特設道徳も，教科としてはっきり位置づけ，教科書を作って，徳目をお題目のように唱えるだけでなく，実践するようにしたい。学力テストもとかく問題のある高校入試全廃への手がかりとしたい——と，まあこんなことを考えていた。[14]

　63年時点でも内藤は50年代来の教育の国家統制を相変らず追求していく姿勢であったことがわかる。だが，内藤の思惑どおりに進まないこともあった。今しばらく内藤の回想に耳を傾けよう。

　しかし，それは甘かった。私が初中局長のときはテスト結果を絶対秘密にしていたが，その後どういうわけかテスト結果が漏れて，香川や愛媛などが"学力日本一"を宣伝するようになった。おまけにテストの前に各県が予備テストをやるようになり，まるで文部省が学力テストのコンクールを主催するような形となった。と同時に，各学校では，クラスの成績が悪いのは先生に力がないからだ，教え方が悪いからだなどと短絡的な批判がでるようになり，日教組はテストの結果で教師を否定する勤評だと反対の声をあげた。／親の心子知らずというか，学力テストはとんでもない方向に独走してしまった。[15]

　ここからわかることは，第1に，学力テストの「親」を自負する内藤は文部省主催の「学力テストのコンクール」というような能力主義的なものを意図していたのではなかったということである。

　内藤は「どういうわけかテスト結果が漏れて」と敢えて曖昧に表現しているが，実はテスト結果を洩して学力テストを文部省主催のコンクールへと拍車をかけたのは——内藤の主観とは別に，それが学力テストに客観的に担わされていた役割であっただろう——内藤の後任として事務次官に就任した福田繁であった。福田は65年11月愛媛の県教育大会に赴いて「本年度，小，中学校の学力検査の結果，本県はついに全国一位の栄誉をかち得ました。これはひとえに本県の教員諸君の不断の努力のたまものでありまして，敬意を表するとともにご同慶にたえません」と挨拶したものである。文部省がコンクール主催者であ

14）　内藤誉三郎『戦後教育と私』毎日新聞社，1982年，142頁。
15）　内藤誉三郎『戦後教育と私』毎日新聞社，1982年，144頁。

ることを自認した瞬間だったといえようか。

　第2に注目されることは，福田が敬意を表した愛媛県はもとより，香川県など，勤務評定の過程で組合の大きな後退を経験した都道府県がコンクールにおいて好成績を収めたということである。

　つまり，勤務評定が，先に見たように，白石春樹自民党愛媛県連幹事長の思惑どおりに教組を弱体化させたばかりでなく，そのことが，さらに能力主義教育への批判的視点を失わせて，その視点を失った教師集団を解体，扇動して，教師をして子どもをコンクールに駆り立て邁進させたこと等々を併せて想起するべきだろう。教組を壊したことで——内藤も嘆くように——教育も壊れたとすれば，教組，教師集団が担い支えていた，教室から家庭，地域，社会に及ぶ教育というものの内容と意味がかえって明らかになるのではないか。

　こうした文部省のスタンスを50年代のそれと比較するとその変化は歴然とする。60年代中葉から70年代末葉に至るまで，文部省の国家統制への意欲は徐々に希薄化し，それとは反比例するように，全国一斉学力テストが火を点けた能力主義は凄まじい勢いで教育を支配していった。初めて全国一斉学力テストが行われた翌62年には教育白書『日本の教育と成長』が発表され，「教育投資論」が喧伝された。また63年6月24日荒木文相が中教審に「後期中等教育の拡充整備について」を諮問した。中教審がこれを受けて，第19・20両特別委員会が審議に入るが，その第1回会議は経済審議会人的能力開発部の報告についての説明聴取からはじめられた。

　また内藤の回想が示しているように，父母・PTAが，学力テストの結果が悪いのは教師のせいだといい出したことも注目される。実は，61年に全国一斉学力テストが実施されて以来，日教組は父母の対応に苦慮していた。子どもの高校進学を希望する父母には学力テストに対する支持が強く，日教組の反対運動は浸透しにくかったのである。日教組は繰り返し，父母を説得する方針を掲げた。曰く「父母の学力にたいする要求を受け止め」（61年7月22日，第23回定期大会），曰く「父母の理解を求めること，この協力を働きかけること」（62年2月2日，第57回中央委員会），曰く「PTAの民主化や私たちを支える父母の層の拡大に努め」「父母大衆に啓蒙し，宣伝し」（62年7月26日，第24回定期大会），曰く「教師にプレゼントを贈ろうとする父母の教育にたいする意欲と関心を，学校全体の教育条件の整備と教師の生活条件の向上に向けられないものか」

「父母との間で勇気をもって積極的に話し合い」（65年5月6日，第28回定期大会）。

日教組は，学力を規定するものは教育条件であると父母に根気強く訴えるのだが，その試みははかばかしい成果をあげなかった。65年5月6日第27回定期大会で「指定校以外に依然として希望受験が多い実態や，県教委段階で希望校には業務命令を出さないとの確約を取りつけながら，希望校の多くが協力して（学力テストを：引用者補）実施している実態」が指摘されている。学力テスト反対の方針を掲げているにもかかわらず，このよう事態が生まれていることの背景には父母の学力テストに対する強い支持があると理解される。

学力テストは，64年，宗像誠也らの香川・愛媛学力調査実態調査がマスコミに取り上げられるなどされ，その弊害が明らかになり，66年をもって終了したが，この背景には，日教組を中心とする反対運動もさることながら，高校進学率が——高校全入運動の成果でもあった——61年62.3パーセントだったのが66年には72.3パーセントにまで増大したことがあったと思われる。つまり，学力テストによって能力主義が広く深く教育に浸透した一方，他方で学力テストが当初持っていた「優れた人材の早期発見」が中学段階では意味をなさなくなったからだと思われる。

II 全国一斉学力テスト反対闘争——岩手県における事例を中心に

第1章で見たように，50年代は，自民党による日教組攻撃と，文部省の教育の国家統制への意欲が，教育政策に色濃く反映していた。それぞれ，自民党は政治勢力としての「選挙に強い日教組」を敵と見做して，これを弱体化させること，文部省は教育の国家統制を強化することに目的があった。文部省は，日教組の選挙時における集票力には関心はなかったが，日教組の「平和と民主主義の教育」には敵意を抱いていたから，現実の場において，結果的に，自民党とともに日教組を容認しがたかった。

60年代初頭，勤評によって既に日教組弱体化という所期の目標を達成した自民党による日教組攻撃は沙汰やみとなるにもかかわらず，文部省の教育国家統制への意欲が「反動」と捉えられて存続する。が，それも束の間，財界が教育政策を摑むようになると，文部省の教育国家統制への意欲も次第に後景に引いていった。

60－70年代は、学力テストがもたらした能力主義が教育の現場に深く浸透していった。今日から振り返れば、学力テストは、50年代の教育政策と60年代の教育政策との潮目の変化を告げるものだったといえるだろう。つまり、歴史的には、学力テスト反対闘争は能力主義教育政策自体に対する最初の反対闘争でもあったし、それゆえの葛藤をも表現することになった。

当時初中局長だった内藤誉三郎はつぎのように回想している。

> こうして（61年：引用者補）10月26日、初の一斉学力調査が実施された。激しい反対闘争を展開した日教組は、当日の朝、集会を開いたり、補助員や執行者には説得行動隊を差し向けたり、採点拒否などの戦術をとった。／文部省が予定していた人員は、2、3年生全員447万人だったが、日教組の反対で対象校の9.1パーセントが実施できなかった。北海道、青森、岩手、東京などの反対で950校が拒否した。なかでも岩手は県下376校のうち完全拒否が320校、一部拒否は45校に達した。

内藤によれば、岩手県では実に約9割に及ぶ中学校で学力テストを完全に阻止し、全国で拒否した中学校数に岩手県下のそれが占める割合は4割弱にも及んだ。

日教組によれば、学力テスト反対闘争は「宮崎・大分・熊本・山口・鳥取・滋賀・京都・青森等で中止校をたたかいとり、とくに岩手・福岡・北海道・高知の場合は、県ごと調査を無意味にさせ」たという（62年7月26日、第24回定期大会「1961年のたたかい」）。しかし、荒木万寿夫文相が実施直後の校長研究会で「全国いっせい学力調査も、おかげさまで94点をとって及第したようであります」[16]と述べたように、学力テスト反対闘争は全国でたたかわれたにもかかわらず、テスト実施率は94パーセントに及んだのである。しかも県毎調査を無意味にさせるという、テスト自体の意味を失わせるような運動を展開し得たのは、日教組も認めているように、僅かに、岩手、北海道、高知、福岡に限られた。そのなかでも岩手のたたかいの結果が示す数値はいかにも突出していた。本節は、なぜ、岩手でそのようなたたかいが展開し得たのかを明らかにすることを課題とし、同時に、学力テスト反対闘争一般の歴史的な意味も同時に浮かび上がらせるようにしたい。

---

16) 荒木万寿夫「学力調査と教育の正常化」、『文部時報』1961年12月号所載。

1 岩教組の勤務評定反対闘争と教育課程反対闘争

第Ⅰ節でふれたように，教師に対する勤務評定は，任命制教育委員会制度をテコにして57年に愛媛県で導入され，翌58年から全国で実施されるに至った。白石春樹自民党愛媛県連幹事長は「勤評を実施して昇給できる教員と落ちる教員を作れば，教組は必ず割れる。実施の責任者である校長はきっと組合の圧力にたえかねて教組を離脱するだろう。校長のいなくなった組合が弱体化するのは火を見るよりも明らかだ」と嘯いたが，多くの教組は白石の目論見どおりの経過を辿ったが，岩手県教職員組合（岩教組）は少ない例外となっていた。

岩教組は戦後間もない48年1月21日，全国に先駆けて知事と労働協約を結ぶ等，その結成の当初から強い運動を展開してきた。岩手県下では最も強い労働組合として戦後を歩んできた。同年10月に県教育委員会が発足するが，6人の教育委員のうち1人の県会議員を除いて，5人はすべて教育関係者が当選した。また初代県教育長に就任したのは山中五郎であるが，山中は55年3月まで教育長を務め，その後社会党から出馬して衆議院議員となり，ちょうど学力テストが実施された61年には荒木文相に，教育基本法改正の意思を表明したことについて質す等している。その山中に推挙されて後任の教育長となり，任命制に変ってからも62年一杯その職にあった赤堀正雄は山中について「社会主義を標榜して，県下の労働組合を背景に立候補したくらいだから，もともと教員組合とは極めて親しい仲にあった。というよりも，密着していた，といったほうがいいかもしれない」[17]と回想している。

戦後ごく早い時期からこのような条件で組合運動を開始したことにうかがえるように，60年代に入っても岩教組は，当時の組合幹部の語るところでは「人事権は，実質，教育委員会と組合が分有している状態だった」という。

(1) 岩教組の勤務評定反対闘争

57年12月20日，全国教育長会議では，勤務評定試案を了承し，翌58年「4月20日を期して各都道府県教育委員会は勤務評定規則を制定する」とされた。岩手県PTA連は同日，岩教組と県教委との対立を憂慮して，県教委に慎重を期

---

17) 赤堀正雄『蒼海憂泳記』秋山書店，1983年，261頁。

せられたい旨の申し入れをした[18]。

　岩手においてようやく，かろうじて勤評が実施されるのは9月にはいってからだった。しかし，これは「条件評定」といって，新採用教員は条件評定が提出されない場合には採用延期になるため，9月26日の岩教組中央委員会で，「主体的条件で，記入を規制し，一斉に提出して，つぎの定期評定1本にしぼってたたかうことが，今後の勤評闘争を進めるのに有利である」と判断して提出されたものだった。このような決定をした背景には，校長の組合役員辞退の問題が浮上し，実際に条件評定当該校の校長9名が組合を脱退したことがあった。しかし，この条件評定の提出によって，この時期に校長からのさらなる組合脱退者を出すことはなかったのである。

　11月9日，知事の勤務評定に関する斡旋案として勤評審議会設置案が出される。この案はかねてから県PTA連によって提起されていたものだったが，岩教組と県教委はなかなか折り合いがつかず，第1回勤評審議会が開催されたのはそれからほぼ1年を経た，翌59年10月15日のことだった。同審議会は，県教委，地教委，岩教組，高教組，校長会，高校校長会，事務職組，学識経験者の計22人によって構成された。これによって翌60年1月27日の審議会においてようやく結論が出された。果たして，「実質勤評書の内容は，各支部ごとに組合・校長会の代表によって決められ，現場では校長も含めた勤評対策委員会を各校ごとにもって，そこで作成することになった。識別性・段階性が判然としないことは当然であったし，むしろ勤評に困難な事実や条件整備要求が記入されることが多い」[19]く，「また組合は勤評書に書く文の文例まで作って，分会に流し，分会長は学校長も含めてそれを忠実に守って，実質的には何らの差別のない勤評書を提出するようになり，それが現在（66年：引用者補）まで維持されている」[20]という。

　こうした組合の力量から容易に推察されるように，岩教組は勤評による組織後退を最小限に抑えることができた。特に校長層の組合離反を最小限に食い止めたことは学力テスト反対闘争の過程でPTAを教組側に組織できたことの大

---

18) 『岩手県近代教育史・第3巻』1117頁。
19) 『戦後教育の森への証言』毎日新聞社，1969年，284-5頁。
20) 岩教組『教育の危機に抗して』労働旬報社，1966年，62頁。

きな要因だっただろう。

　このような運動を可能にしたのは，第1に，岩教組が結成当初から持っていた強さが挙げられるが，これ自体，戦前から北方教育と呼ばれた教育実践において培ってきた遺産の上に形成されたものだろう。第2に，それとも関係があるが，多くの僻地を抱えているという岩手の条件が教師，教組の社会的地位を相対的に高いものにしていたことも踏まえるべきだろう。校長や教師たちは，そのような条件のもとでは，その地域の数少ない「名士」であったり「知識人」と見做された。そして，このことは裏返していえば，開発行政の成果をいまだ十分にあげていない或は県民にその成果を十分に意識させることに成功していない，保守層，地域ボスなど地域支配の要となる勢力の権威，自立性に相対的な弱さがあったということになる[21]。

　例えば，県教委と岩教組の交渉が難航しているさなかに，岩教組の説得を受けて，勤評の実施主体であるところの市町村教委が「市町村教委協議会」の名を以て勤評は時期尚早である旨の陳情書を県教委に提出したり，また一般には地域ボスが多く占めると見込まれるPTAが，実際にもPTA全国協議会が日教組，総評の勤評反対闘争を批判していたにもかかわらず，県教委よりも岩教組の側についた。

　こうして岩教組は結果的に殆ど無傷で勤評を克服したわけだが，このことは学力テスト反対闘争に際して，勤評により弱体化した教組と比較するとき，格段の違いを生じさせることになっただろう。

(2) 岩教組の教育課程改悪反対闘争

　第I節でもふれたように，教育課程改訂は勤評と実施時期がほぼ重なったため，教育課程改悪反対闘争は勤評闘争と並行して展開した。

　58年4月18日，岩教組は県教委とつぎの合意を結ぶ。第1，道徳教育の実施については，県教委指導室，県教育研究所（48年に県学務課が事務所を提供し，岩手大学派遣の研究員，岩教組派遣の所員で構成。研究費は岩教組が提供），現場代表をもって「研究機関」を設置する。第2，「研究機関」の意見を尊重する。第3，「道徳時間」特設の可否の決定権は地教委にある。この確認に沿って「県

---

21) たとえば本多勝一「南部のくに」。本多『そして我が祖国・日本』朝日文庫，1983年所収。

道徳教育研究委員会」(県道研)が設置され，5月19日第1回会合がもたれた。県道研は，県教委指導室から5名，県教育研究所から1名，現場代表6名，岩教組代表2名，校長代表3名の計17名によって構成された。しかし，学力テスト反対闘争後に前代未聞の大規模な弾圧を被るまで岩教組は組織率ほぼ100パーセントを維持していたから，県道研が岩教組の強い影響下に置かれたことは想像に難くない。県道研は20回以上の会合を持ち，59年2月には，生活指導を中心とする道徳教育であるべきことを確認した中間報告書を出して各学校に配布した。文部省，内藤が意図した「道徳教育」はここでは骨抜きにされたわけである。

注目されるのは，岩教組は教育課程改悪反対闘争の過程で，教育課程自主編成運動をもはじまったことである。日教組により第1回全国教研集会が開かれたのは51年のことだが，岩教組はこれより早く49年に第1回県教研集会を開いている。この岩教組の取り組みは全国的に注目され，それが全国教研集会への流れを作っていたとされている。そうした取り組みの蓄積のなかで，岩手県農村標準カリキュラム，漁村カリキュラム，山村カリキュラム，小規模学校のための複式学級カリキュラム，特殊児童カリキュラムなどが編成され，根気強い教育実践が積み重ねられていた。そこで59年の県教研では新たに教育課程分科会が設けられたのである。

石川達三『人間の壁』(1959年完結)は佐賀県教組弾圧に取材した小説だが，そこに，組合専念型の教師と，組合にやや距離を置きながらしかし心のこもった濃やかな教育実践にひたむきに取り組む教師が描かれている。そのような2つのタイプの教師像の存在はおそらく全国に普遍的なものだったと思われるが，岩教組が早い時期から教研活動を重視してきたことは，この点で2つのタイプの教師を組合を媒介に強く結びつけることになり，組合運動そのものをも強化しただろうと思われる。

後段でふれるが，岩教組のこうした活動は「学力とは何か」というテーマで職場やPTAとの討論を組織するなど，学力テスト反対闘争の過程で大きな力を発揮することになった。父母やPTAを組織する上で他の教組を抜く成果をあげ，62年7月の日教組大会は「未曾有の大弾圧をうけながらも，微動だにしないで組織の統一と団結を守ってたたかっている岩手の組織力，闘争力の根源」は「学校長もふくめて一体となって教委の業務命令をはね返し，部落集会，

父母集会を積極的に組織して協力態勢を完ペキにした職場分会の強大さ」にあると述べた[22]。

岩教組は，時々の教育問題について，政治的な対応のみに終始することなく，同時に，一旦政治と切り離して，教育実践に内在的に，或は教研活動において捉える，というある種の柔軟さと同時に強靱さを備えた活動を展開していたといえるだろう。

2 岩教組の全国一斉学力テスト反対闘争
(1) 岩教組の全国一斉学力テスト認識の推移

岩教組は61年3月19日，第6回中央委員会で全国一斉学力テスト反対闘争の方針をつぎのように決定した。

> 学力テストの反対運動をおこす。／イ，学力テストの問題点，その弊害を明らかにし，世論の結集をはかって「学力テスト反対の決議」をあげ，県教委に要求する。／ロ，指導要録改訂を機に「教育評価」についての根本的な検討に取り組む。とくに職場においては学力問題，子どもの正しい発達を保障する評価の方法について研究する。

この段階では後に明らかになるような岩教組独自の学力テスト認識はまだ生まれていない。しかし，世論を喚起するという「政治的」な方針を打ち出すと同時に，争点になる問題について教育実践に内在的に研究していこうとする方針が示されていることは注目される。

61年5月15-17日の定期大会では，「5段階評価など，現に教師が行っている教育評価の反省と再検討もふくめ」[23]た議論が行われた。そして，この大会を受けて同月27日の拡大闘争委員会ではつぎの指示が出された。

> 競争入学のある現実と，強いそして素朴な父母の声に圧迫されている面を考えざるを得ないがそれにしてもそのことによって子どもに対する差別的取り扱いが正当化されるものではない。／われわれは，高校全入の闘いをすすめながら，一方において子どもの全面発達を目指して教科指導，とくに教育評価を大事にしながら一層の前進をはからなければならないし，教

---

22) 日教組第24回定期大会「1961年のたたかいの教訓」。
23) 岩教組『教育の危機に抗して』労働旬報社，1966年，114頁。

科指導のための人間形成に重要な教科外指導が軽視されるという点は一掃する必要がある。

実は，この拡大闘争委員会に先立って行われた定期大会の執行部作成の運動方針においては，学力テストはもっぱら指導要領を押し付ける手段，すなわち文部省による教育の国家統制を企図したものと捉えられている。それは日教組の捉え方と同様である。にもかかわらず，大会後の拡大闘争委員会では，学力テストの目的（文部省による教育の国家統制）から学力テストの実施がもたらすもの（子どもに対する差別）へと力点が移動している。この力点の移動は，おそらくは大会における討論のなかで子どもに対する差別への懸念が強調されたためだと思われる。そして，岩教組は，以降，一貫して，学力テストは子どもに差別をもたらすものという点を強調してゆく。

例えば，8月23日の県教委との交渉においてはつぎのやりとりが見られる。

　　組合　学力とは何ですか。

　　県教委　小・中・高それぞれの教育内容に照らして，どの程度わきまえているか，ということだ。

　　組合　知能指数とはどういう関係があるか。

　　県教委　標準的な問題を出すのだから……。

　　組合　テストで人間を評価するのは，子どもに劣等感を与え，自信をそう失させるだけだ。教育テストならいざ知らず，指導要録は生きている間ついてまわるんですよ，あなたはみたことがあるか。

　　県教委　みてない

　　（一同笑声）

この交渉は，このような調子の問答が延々と――互いに歩み寄りの余地がないことを確認することだけを目的としているかのように――続くのだが，最後に岩教組のつぎのことばをもって打ち切られている。曰く「都市とへき地のアンバランスを解消させなさい。これをやらないうちはテストを受けない」。実は，一斉悉皆となる以前，それまでの抽出調査においてすでに，都市部ほど成績が高く，僻地になればなるほど成績が低くなることが明らかにされていた。例えば58年度の抽出調査の結果を文部省はつぎのように分析している。

　　最も包括的，総合的条件として考えられる学校の所在している地域の類型との関係をみる。地域の類型を大中都市（人口10万以上）の工・商・商工・

住宅・その他の各地区の五類型と，小都市および町村の漁業・工業・市街・山村・農業・その他の各地区六類型，合計11の地域類型にわけてみると，いずれの教科の調査結果においても，大中都市の住宅地域または商業地域にある学校の成績が最も高く，山村地域と漁村地域の成績，とくに僻地のそれが最も低くなっている。そしてこの両者の開きは，全教科でほぼ15点となっている。／音楽，図工，家庭，家庭・職業などの科目では，平均してほぼ10点前後の差異であるが，英語においては20点を超えるひらきがしめされた。／いわゆる基礎学的学科においても，ある学校の平均成績が10点前後であるにもかかわらず，他の学校の平均成績は80点という高いレベルにある事が示されている。この差異をちぢめることは，近代民主主義社会の強い要請であらねばならない。[24]

　高い調子で締め括られたこの報告は，第1に，59年時点で能力主義乃至全国一斉学力テストに繋がる発想が微塵も見られないこと，第2に，それと関わるが，学力差を縮小することが「近代民主主義社会の強い要請」としていること，第3に，そのことからうかがえるように当時の日本を「近代民主主義社会」以前，言い換えれば前近代的，半封建的な諸関係が存在することを暗に前提としていて興味深い。

　とまれ，このように，抽出調査の段階で，岩手県は全国最下位グループにあることがわかっていた。ここに，子どもに対する差別は絶対に許さないという岩教組の独自のメンタリティと，それに支えられた独自の学テ認識が生まれてくる土壌があったといえるだろう。これから見ていくが，学テ反対闘争の過程で，岩教組から県教委に妥協案が示され，或は県PTA連合会から斡旋案が出されるが，岩教組はこの，子どもに対する差別は許さないという一点だけは頑なに維持して決して譲らなかった。

(2) 岩教組の学力テスト反対闘争の戦術の推移

　先の5月の大会では「学力調査の問題点を明らかにし，父母，地域大衆にその非を訴え，世論の反対を背景として県教委に返上する」という戦術だった。そしてこの「返上」戦術は7月13日の第2回中央委員会でも維持される。但し，

---

24)　伊藤良二調査局調査課長「全国学力調査の意義と概要」，『文部時報』1959年2月号所載。

同委員会では「調査に伴う労務はこれを拒否する」と「労務拒否」戦術も併記されている。これは日教組の6月の宮崎大会，7月の東京再大会で決定された「調査強行の場合は労務拒否をもってたたかう」という方針を反映したものだろう。つまり，この時点では，岩教組は「労務拒否」戦術の線に大勢とともに留まっていた。だが，この戦術でゆくと，市町村の職員がテスト補助員の任命を受けてテストを実施する場合には座視せざるを得なくなる。そして荒木文相が「学力調査も，おかげさまで94点取って及第したようです」と嘯いたように，94パーセント実施という結果は，かなりの教組がそうなったことを示す。

　岩教組が，「労務拒否」戦術から，すなわち学力テストに反対しつつも，それが強行されるならば「容認」せざるを得ない立場から，飽くまで普通授業を敢行して断乎として阻止するという，いうならば「学テ完全阻止」戦術に移行するのは9月18，19日に行われた第3回中央委員会においてだった。

　同委員会では，執行部の原案は「労務拒否戦術」（A案と呼ばれる）を採るとしていた。これに対して東磐井支部から修正案として，テストをせず普通授業を行う，すなわち「労務拒否」の一斉休暇戦術は採らずに「テストを推進する目的で来校する者にたいしては，組織をあげてその意図と行動を阻止する」の文言がはいった修正案（B案と呼ばれる）が出された。さらに西磐井支部からも「全組合員がテスト補助員にならないという決意書を，また学校長のテスト責任者辞退の決意書を遅くも9月末までに集約する」という修正案が出された。両支部が存在する地域はいわゆる「僻地」とされる山村地域であった。このような地域の支部から「学テ完全阻止」戦術が出されたことは示唆的だろう。同中央委員会は，「最終的にB案を中心とする闘争計画と，宣伝ならびに説得交渉（地教委に対する：引用者補）の強化」[25]を決定した。この決定に基づいた指令4号（9月21日付）が各支部に発せられて，10月3，4日にはその後の活動を点検する支部長・書記長会議がもたれた。そこで出された発言はつぎのよう

---

25) 佐々木寿雄『落第校長』234頁。『岩教組二〇年史』は，ここで扱った執行部原案の「労務阻止」戦術と東磐井郡・西磐井郡から出された「学テ完全阻止」戦術との対立が見えにくくなっている。『岩教組二〇年史』によれば，「学テ完全阻止」戦術は「労務拒否」戦術の「補強修正案」として出されたものだとしているが，学テ実施に際してそれが正反対の結果をもたらすものは当初から見込まれていたことだろう。それゆえ，ここでは両案の対立を明確に述べている佐々木寿雄『落第校長』から引用した。

「岩手の子どもは単純労働者やお手伝いの供給源でございます，なんていうことを誰が（指導要録に：引用者補）書けるか。辺地にあるわが支部はあげて闘争に突入する準備ができた」「能力別編成も補習教育もそれが教育をぶちこわすものだからやめたじゃないか。今ここで学テと闘わなかったら赤堀教育長に岩教組がなめられてしまう。岩手の教師は差別と20年間たたかってきたじゃないか。私たちの支部も闘うことを決めてきた」というような強い論も出された。しかし，「組合員のなかにも，とくに校長部会はなんとか学テの毒素排除による平和解決ができないものかという声がまだある。執行部はそのために最後の努力をしてもらいたい。それがだめなら私たちも立ち上がる」という慎重派の意見も出されていた。[26]

　なおこのとき，県教育長の赤堀正雄は文部省の海外教育事情視察団に選考され，日本にいなかった。赤堀はつぎのように回想している。

　　　私は岩教組の態度が変わらない限り，海外旅行どころではないと思っていた。／するとある日，組合幹部の一人が，私の室にふらりとはいって来た。もちろん秘書課を通してのことであるが，教組の幹部ともなれば，必ずしもその用件をその都度詳しく明示するわけでもなかった。私は，視察団の出発に備えての最後の打ち合わせのため，上京の直前であった。／「教育長，海外旅行では小・中学校をできるだけ多く見てきてください。そしていいところは本県の教育行政面に大いに生かしてください」／「そんなありがたいことをいってくれて，学力テストのほうはどうするつもりだね」／相手はにやりと笑ったが，すぐに真顔になって，／「教育長，われわれも教育長の留守をねらって阻止するような，卑劣なまねはしませんよ。まさか正面切って賛成ともいえませんが，腹の中では，今度は仕方ない，実施に踏み切ろう，と執行部としては，そんな風に話し合ってるんですよ」／「そりゃあ本当かね。喜ばせておいて……」／「いや，僕も男ですよ。二言はありません。後顧の憂いなく出掛けてください」／従来教組の食言で苦汁をなめさせられたことがないとはいえなかった。そこで，私は半信半疑で念を押したのであるが，この"男"の断言で，疑懼の念を一掃した

---

26)　前掲，岩教組『教育の危機に抗して』旬報社，1966年，119頁。

のであった。[27]

　しかし，岩教組の戦術がこのようにエスカレートする一方，県教委も「教室決戦」を辞さないという強硬な姿勢を示し，事態を憂慮した県PTA連の斡旋により，8月以来途絶えていた両者の交渉が行われることになった。岩教組は，学力テストの実施を前提に（！）交渉に入ったとされるが，そこでの岩教組の提案は，「今回の学力調査は，教育課程とも重要な関連があるといわれるが，その点からしてもまた本県学力の向上という地域性からも，幸い本県では，現場と行政が一体になった教育課程研究推進委員会（教育課程改革反対闘争のなかで設置されたもの：引用者補）があるので，単に文部省のだけでなしに，教育課程推進研究委員会で作成した問題も併用してほしい」というものだった。県教委はこれに「受け入れる余地がない」として，この交渉も物別れに終った。これは岩教組の計算どおりということであったろう。岩教組の提案によれば，全国一斉学力テストではなくなってしまうから，県教委は首を縦に振るはずがなかった。県教委の拒否を前提にした岩教組のこの提案は，上に引用した支部長・書記長会議での議論――「毒素排除」派の存在――を考慮しての，言ってしまえば，闘争態勢を築くのに不可欠な"アリバイ"的な交渉だったように見える。すなわち，PTAの立場を考慮し，岩教組内の，学テに妥協的な「毒素排除」派を「完全阻止」派に収斂させるための，「執行部の最後の努力」だったというべきだろう。

　しかし，10月23日，いよいよテスト実施の3日前，県PTA連はさらに，今度はみずからが斡旋案を提示することで何とか事態を収拾しようとした。県PTA連の提案は9項目に及んだが，主要なものはつぎのとおりである。

　1　教育内容に行政が介入しないことを確認すること。
　2　今回の学力調査は調査であって学力評価ではない。従って個人評価は行わない。
　3　テストは英語を除く4教科とする。
　4　個人評定はしない。学校評定もしない。すなわち，学校名，学級，氏名は書かない。

他にはC表（家庭の経済状況等を記入する）は記入しない等であった。県教委

27）赤堀正雄『蒼海憂泳記』秋山書店，1983年，270-1頁。

はこれに対して，1については了承する。2以下は譲ることができない。但し，指導要録記入，並びにC表記入については今後の話し合いに譲ってもよいとした。これで折り合いがつかなかったことから，県PTA連はいよいよイエスかノーかと念を押した上で最後の斡旋案を出す。

　今回の調査は教育諸条件改善資料を得るための調査であって，生徒並びに学校の評価のためではない。／したがって，生徒名，学校名は必要としない。ただしF表作成の必要上，学校名は記入するが，教師や学校の評定に資するものではない。

　この最後の斡旋案に対して，岩教組は若干の不満はあるが岩教組の主張に近いものになったため受け入れると回答し，地教委も賛成したが，ひとり県教委のみが反対したため，ついに一昼夜に及んだ交渉は決裂し，学力テスト実施の日を迎えることになった。このようにPTAが教組の側につくということは全国でもきわめて異例の事態だったといえよう。多くの地域ではPTAはむしろ県教委の側についたのである。

　岩教組はPTAをどのように自己の側に組織していったのか。県PTA連の最終斡旋案は，直前に出された9項目の斡旋案と内容は実質的に変っていない。つまり，PTAにとっても，子どもを差別することは許されないということが重要な関心事となっていたことがうかがえるが，PTAは当初からこのような立場だったのではなく，岩教組の働きかけによって，岩教組の学テ認識，闘争戦術の変化に並行して変化していったように見える。

　例えば7月13日の岩教組第2回中央委員会では，進学を希望する父母には学テ賛成派が多いことに懸念を示しているが，PTAを組織するということについて具体的な取り組みが示されていない。しかし，9月18，19日の第3回中央委員会においては，父母に対して「テストは子どもの能力を伸長させるのでなはく差別評価が目的であること，むしろ高校急増対策，学校差の解消こそが急務である」ことを強調して学テの弊害を訴え，そのために父母集会を組織するという具体的な戦術が登場した。この第3回中央委員会は先述のように，「労務拒否」戦術から「完全阻止」戦術へと飛躍した場である。そして，父母集会は大きな成果をあげたようである。つぎに引くのは農村の父母集会について一青年教師が記した記録である。

　おとうさん，おかあさんに訴えれば訴えるほど，この学力テストの問題は

重大なものをはらんでいるような気がします。先日，私たちの分会では，この問題について父母集会をもちました。10月14日のことです。／農家は今は，稲刈，稲コキでうんと忙しいのですが，子どもたちもこのことは父母に話しているとみえて，ナント100名も集まったのです。／お母さんたちも熱心になってきいてくれました。学級こんだん会では，「なして，そったな重大なものを早く話してけねがったじゃ」とか，「反対の時，先生だずぁ赤旗立てないでいぐずオラも立てるが」と素朴な意見がたくさんでました。

なお，この地域では「子どもと生活を守る会」を組織したが，この会が地教委に対して学テ反対の声明を出したパンフレットには，同会は「広く地域の諸団体を包括するもので，学力テスト問題のために作られたものではなく，今後，私たちの子どもや生活の諸問題の解決に向かおうとするもの」だと述べられている[28]。学テ反対闘争の過程で政治的な地域共闘組織が作りあげられた例といえよう。岩教組みずからも「このような，職場・地域の活動が，10月26日を3日後に控えて，県P連幹部が交渉あっせんに乗り出す基盤となったのであり，その際に県P連のあっせん案が，組合の考えと近いものになった理由である」[29]と述べている。

先述のように海外視察中のため帰国してから岩教組の活躍を知った教育長の赤堀はつぎのように回想している。

「一斉テストはどうだった」私はまずそれを確かめようとした。／「それが教育長さん。10％でした。申しわけありません。」「10％？　思ったよりよかったんじゃないか」／私は10％を当然拒否率と取ったのである。そこで90％の実施率は，岩手県としては大出来ではないか。私は喝采を叫びたい衝動を覚えた。／しかし，Ｏ君は蒼ざめた顔を歪めて何ともいわなかった。無理もない。実は実施率が10％だったのである。／それは全国最下位で，またしても岩教組は悪名を（彼らにいわせれば勇名だろう）天下に馳せたのであった。／その年12月20日…中略…と昭和37年2月22日の2日にかけて，教育委員会は画期的な懲戒処分を実施した。組合幹部8名の罷

---

28) 岩教組『教育の危機に抗して』労働旬報社，1966年，124-5頁。
29) 岩教組『岩教組二〇年史』804頁。

免以下訓告処分まで入れると，900名になんなんとする，全国的にも例を見ない大規模なものであった。マスコミが一斉に大きく取り上げた。／他県の教育長の中には，激励の電報をくれる者があり，郷里の古い友だちからは，「ムリスルナ」という電報を打ってくれる者もいた。／教員組合は当然のこととして処分取消要求のデモをし，不当労働行為だとして訴訟を起こし，また検察庁は幹部8名を起訴した。／しかし，3月には恒例の年度末人事が順調に実施され，新年度の予算も大した混乱もなく通過した。[30]

このように岩教組は全国で最高の拒否率を誇る闘争を展開した。当局の弾圧は岩手に集中して熾烈を極めた。後に，岩手県の学テ反対闘争は裁判闘争に持ち込まれ，76年5月11日，最高裁大法廷で地方公務員法違反等として有罪判決が下された。

3 岩教組の闘争を支えたメンタリティ

岩教組が学力テストについて，何よりもその実施の結果もたらされる差別を重視するという特徴のある学力テスト認識を築いたメンタリティについてここでは検討する。

(1) 〈戦争〉観

総評労働運動は平和と民主主義を掲げた戦後民主主義を強力に推進したことで知られるが，その総評のなかでも，特に平和と民主主義の運動を領導し非妥協的であったのが日教組だった。それは全面講和運動に際して，日教組が逸早く平和四原則を採択したことにもうかがえるが，何よりも戦中に，教師として教え子を戦場に送り出したことに対する責任の自覚と，それに基づく深い反省があったからだ。

　逝いて還らぬ教え児よ
　私の手は血まみれだ
　君を縊ったその綱の
　端を私も持っていた
　しかも人のこの師の名において

---

30) 赤堀正雄『蒼海憂泳記』秋山書店，1983年，275-6頁。

終戦直後,高知の若い教師が作ったとされる詩だが,みずからを棚に上げて性急に他者を糾弾するのでなく,まず自己に向けられる,この深い戦争責任の自覚はその後ある時期まで,日教組の組合員のエートスを普遍的に表現したものとなったように思われる。学テ闘争時に岩教組中央委員だった柏朔司は,岩手学テ事件被告人意見陳述の場で,この詩を朗読してつぎのように述べた。

　敗戦直後,為政者たちは「一億総懺悔」の一片のスローガンでごまかし,一度も国民にわびはしませんでした。しかし,直接,人の子を預かり,教育の場で触れ合っている教師たちは生徒に手をついてわびなければならなかったのです。これは教師という職業の性格からくる,人間の「魂の教師」として避けることができない良心のおのずととった道でした。[31]

つぎに紹介するのは盛岡地裁における一教師の証言である。

　〔復員後,今まで証人が受けたあの熱狂した軍国主義,この問題についてはどういうふうに考えましたか〕

　私は真っ先に言ったのは中学校時代の先生でした。私たちの仲間はだいたい5分の1兵隊に行って帰ってきておりませんでした。このようにしたのもあんたたちじゃないかと,それはおれたちもそのようなものにおどらされて悪かったかも知れないけれど,直接おれたちが兵隊に志願する場合に,ニッコリ笑ってしっかりやれとはげましてくれたのはあんたたちじゃなかったか,この責任をどうしてくれるんだと私はなじりました。その時にその先生は手をついて,いや申し訳なかったと,おれは悪いと,まちがっていると知りつつもやっぱりそうせざるをえなかったのだ,時勢がそうなのだからと,許してくれといいました。私はその時に手をとって恩師と泣きながら,やっぱり許す気になれなかったのです。／…中略…日本のこのような,いま,あらゆる面で混乱しておりますが,その混乱しているいろいろな責任というのは,その人たち,それからわれわれの先輩,そして私もふくめて許されない仲間じゃないか,と私はそう思っております。[32]

丸山真男のいう悔恨共同体は,一部の知識人に限られなかった,というべきだろう。また学テ時に校長であった佐々木寿男は盛岡地裁の学テ闘争に起因す

---

31) 『資料日本の教育と学テ裁判』第2巻,労働旬報社,101-2頁。
32) 岩教組『教育の危機に抗して』労働旬報社,1966年,325-8頁。

る刑事裁判でつぎのように証言している。

> 教育の国家統制がひどくなっていくことは軍国主義につながっていくのではないか。さきほども申し上げたように，教育の国家統制とか思想の国家統制だとかが戦争につながってあのような悲惨な目に私どもあったわけでございます。私どもは戦争のにおいのするものは一切いやだという気持をもっております。そして朝鮮動乱の前後から，憲法を改正する動きがでてまいり，教育二法がで，教育委員会も任命制に変わり，教育課程が改訂される。勤務評定がでてきます。そして学力テストということになると，こういう一連のつながりをみると，戦前治安維持法でぎりぎりやられ，最後に戦争に追い込まれたあれを思い出すわけです。とくに朝鮮戦争，それから新安保条約，いろいろ国際情勢をみると，そらくるんだぞという気がいたすわけでございます。…中略…戦争のにおいのするものは教育者の良心にかけて絶対にやってはいけないというのが私どもの気持であります。[33]

全国一斉学力テストは60年安保の翌年のことであり，61年9月4日付『岩手日報』には，岩教組と県教委との学力テストをめぐる対立を伝えるニュースの右に，より大きなスペースを割いて，黒地白抜きの見出しでソ連の水爆実験再開を伝えている。これに先立ってドイツではベルリンの壁が築かれ，国内では政暴法案が議論をよんでいた。またこの年，総評，日教組，岩教組はともに社会党支持を決めるが，9月13日付『岩手日報』の伝える社会党の情勢判断はつぎのようなものである。

> 池田内閣は改造により挙党態勢を固めて反共軍事態勢を強化し，政暴法の強行成立，労働関係立法の改悪など反動的な高姿勢をとる反面，ギマン的な低姿勢を捨てていない（後略）

岩教組だけが「突出」した認識を示していたのではないことは明らかだ。この時代はさらに，62年キューバ危機，64年アメリカの北爆開始へと続く。60年代を通して一見素朴な「戦争のにおいのするものは一切いやだという気持」は，自覚的な運動を支えるのに十分な根拠となっていただろう。

---

33) 岩教組『教育の危機に抗して』労働旬報社，1966年，69-70頁。

(2) 〈差別〉観

　上に見てきた〈戦争〉観は，しかし，岩教組に限らず，日教組延いては総評労働運動のうちに普遍的なものであっただろう。これだけでは，岩教組が殊更に学テ反対闘争を非妥協的に戦い抜いた契機はまだ十分に見えてこない。そこで，岩教組に特殊と思われる，地域的特殊性に規定されて存在した，いまひとつのメンタリティ，すなわち岩教組が固有に持っていたと思われる〈差別〉観について見ていこう。

　1万5000平方キロという四国に匹敵する広大な面積を持つ岩手の耕地率は60年代中葉でも9.5パーセントに過ぎない。僻地が多いことから，おのずと小規模学校が多くなる。そのような条件とそれを放置する教育行政が，3，4割を占める僻地校に対して，2学年或は3学年を一緒に授業する，複式学級性を強制していた。

　もう少し詳しく61年の状況について見ると，つぎのようである。小学校773のうち僻地指定校は246校，3割強が僻地校である。また，中学校373のうち僻地指定校は91校，2割5分が僻地校である[34]。そしてこの数値は実は，高度成長が終焉した76年になっても，高度成長など知らぬかのように，否，むしろ高度成長のゆえにというべきだろう，殆ど変化がない。

　駒林邦男岩手大学助教授（当時）は，盛岡地裁でつぎのように証言した。僻地の子どもの学力が低い原因として，第1に，長期欠席が非常に多いこと。60年代ついていえば全国で最高の長期欠席率である。もちろんこれはすぐにふれるように比較的近年の事象である「不登校」のゆえではない。第2に，設備・施設が非常に劣悪であること。駒林が調査した安家では校庭がなく道路をその代りとし，教室は雨漏りがして「馬小屋」のようである。第3に，教師の移動率が大きいこと。1年間に担任が2人以上も代る例もある。第4に，僻地における教育の在り方の特殊性，すなわち教育に対する保護者の相対的に大きい無関心。それは「子供というものが親の3本目の手」として働かざるを得ない状況があることから起こる。

　駒林は「へき地の教育には，あまりに近く，あまりに厚い壁があって，何ともならない気持ちになり何もかも投げ出したくなる気持ちがする」という，僻

---

34) 『岩手近代教育史』第4巻より算出。

地の一教師のことばを伝えているが，こうした状況，条件が岩教組をして，教育の国家統制よりも，子どもへの差別に比重を置いた学テ認識に導いたといえるだろう。

　学力テスト問題が起きたときにへき地の問題をいろいろ話し合いました。そしてもともとへき地の子どもたちは差別されている。先程も申し上げたようにいろいろな面で，まったく私は全国教研ではまあ同情はされましたが，やっぱりお笑いものにしかならなかったひどい状態だったわけです。そのようななかで差別され育てられる，生まれながらにして差別されている，そのようななかでさらに差別された教育環境のなかで育っている子どもたちに，いったいそれを調査してどうしようとするのかということについて討議がしぼられていったわけです。そして，そのときのたとえはこうでした。100メートルの競争に100メートルもあとから遅れて差をつけて走らされ，そいつを調べてどうしようというのだ，あるいは，かたわな子どもたちを健康な子どもと一緒に走らせてくらべる人があるだろうかと，同じようにへき地で差別された子どもたちをテストして，一せいにテストして卑屈感と劣等感をかりたてる，そのようなテストをさせていったいどういうものだろうかということが私たちの討論の中心になったわけです。[35]

全国教研で笑いものになるほかなく，テストとの関係で自分の教え子である僻地の子どもが「かたわ」という比喩で語られるほどに僻地という条件を差別の根底にあるとする考えが強かった。学テ闘争を闘う過程で，「労務拒否」戦術，「毒素排除」派を抑えて，「完全阻止」戦術へと押し上げていったのはこうした背景を持つ教師たちであった。先述のように，「完全阻止」戦術を提起したのが東磐井郡，西磐井郡の支部であった。

終りに

さいごに，これまでの考察をもとに，当時の日本社会の歴史的状況を踏まえながら，全国一斉学力テスト反対闘争の持つ意味について考えてみたい。岩教組は，何故，反学テ闘争において最も果敢な闘いを挑んだのか，何がそのよう

---

35) 『日本の教育と学テ裁判』第2巻，329頁。

な闘争を可能にしかつ必然のものにしたのだろうか。

1 岩教組の学力テスト反対闘争の背景
(1) 闘争を可能にした主体的，組織的条件
　第Ⅱ節で述べたように，岩教組は勤務評定によって他の教組のように大きな打撃を被らなかった。岩教組は条件評定を行うことによって校長層の組合からの離反を最小限に食い止めた。これによって校長層を組合に敵対させることなく，そのことがまた，一般組合員の雪崩のような組合離反を防ぐことになった。
　また岩教組は全国に先駆けて教研活動を展開したことに窺われるように，こうしたことによって，政治的視点を強く押し出しがちな，或は，政治的視点が強く押し出されていると捉えられがちな勤評闘争，反学テ闘争において，問題を，教育の国家統制という「政治」的視点からばかりでなく，学校の内側，教室という現場において，時々の政策が子どもたちにもたらす影響にこだわることで，多くの組合員を結束させることができた。

(2) 闘争を必然にした歴史的条件
　岩教組の非妥協的な学テ反対闘争を導いた，子どもへの差別を許さない，という認識は，岩手県が多くの僻地を抱えていたという条件と強く結び付いていたように思われる。岩教組の学テ認識は「教育の国家統制」（学テの目的）から「子どもに対する差別」（学テ実施の結果）へと重心を移行させ，それに伴い，闘い方も「労務拒否」戦術から「完全阻止」戦術へと移行する。
　僻地に置かれている子どもや教師たちが，どのような教育条件の下にあったのかはすでに一瞥した。全国教研で窮状を訴えても，同情こそされ，笑われてしまうような条件があり，それは教育行政の水準ばかりでなく，親が「子どもを3本目の腕」として必要とせざるを得ない生活の現実があった。
　先に引用した，岩教組が県教委と学テ実施の是非をめぐって交渉した際に，岩教組がいった言葉は「都市とへき地のアンバランスを解消させなさい。これをやらないうちはテストを受けない」というものだった。全国一斉学力テストが開始された1961年は，池田内閣が所得倍増論を掲げ，第2次産業就業人口がついに過半数を超え，高度成長が喧伝された時代である。が，他方では，農業基本法が制定され，中小零細農家の切り捨てが行われようとしており，農村か

ら都市へ，労働力が流出していく時代であった。

　こうした事情を踏まえれば，岩教組の学力テスト反対闘争の本質は，このように大衆社会が成立しつつあるときに，その大衆社会から排除されていた民衆のやむにやまれぬ異議申立，抗議表明だったように思われる。それを運動において体現したのが岩教組という労働組合だった。岩教組の学テ反対闘争は，教育の国家統制に反対する運動というよりは，能力主義反対の形をとった「貧困」を主敵とする運動だったといえるだろう。

　当時岩手県の生活水準は全国で下から数えて3番目だった。佐藤三樹太郎（文部省初中局財務課）による「高等学校生徒急増対策の問題（上）――中学校卒業生の高校進学状況――」[36]によれば，生活水準の全国平均を100としたとき，岩手は71，トップの東京は191。また一人当り平均所得は全国平均を100としたとき，岩手は81，トップの東京は203である。また1959年度の高校進学希望者は，全国平均59パーセント，岩手47パーセント，東京77パーセントであり，高校進学者率は全国平均55.4パーセント，岩手41.7パーセント，東京75.1パーセントだった。佐藤は例外を認めながらも「高等学校への進学希望者の割合は，各地方の生活水準とか県民所得と大きな相関関係があるようである」としていた。

　岩教組の学テに向けた「闘争宣言」には「子どもを封建制と貧困から守る」と記されていた。「都市とへき地のアンバランスを解消させなさい。これをやらないうちはテストは受けない」。このロジックをやや強引に反対にすると，大衆社会化すればテストは受ける，と読める。片言隻句を取り出してもてあそぼうというのではない。

　高度成長の過程で，小規模農家から徐々に農業を離れ，僻地が一層僻地としてより少数派に押し止められる一方，他方で都市や商工業地帯の周辺部から徐々に大衆社会に組み込まれ，大衆社会の外延は拡大した。実は，その過程で，学力テストに象徴される能力主義に対する批判の根拠も薄れていかざるを得なかったし，だからこそ実際にも能力主義に反対する運動はその後，停滞し，沈滞し，後退していったように思われる。

36）　佐藤三樹太郎（初中局財務課）「高等学校生徒急増対策の問題（上）――中学校卒業生の高校進学状況――」，『文部時報』1960年9月号所載。

2 学力テスト反対闘争と高校全入運動

　1963年に,社会党,共産党,民社党の支持を得て成立した岩手県初の千田正革新県政は地域開発を積極的に推進した。千田県政は,2期目には共産党が「革新にふさわしくない」と支持を取りやめるが,千田は自民党,社会党,民社党の支持を得ていわば「開発県政」として県民の支持を調達し存続した。つまり,学力テスト反対闘争の論理は地域開発推進の論理と,当時の具体的な状況において,互いを許容することが可能だった。

　岩手や北海道で学力テスト反対闘争が果敢に展開しているとき,既に大衆社会化した都市部では学力テスト反対闘争と並行して高校全入運動が取り組まれ,多くの場合には後者,高校全入運動の方がヨリ積極的に取り組まれた。岩手でももちろん高校全入運動は取り組まれたが,学テ闘争の比ではなく,学テ闘争時に岩教組の中央委員だった柏朔司によれば,「岩手に限らず,東北では一般に高校全入運動は盛り上がらなかった」。

　学力テスト反対闘争と同時期に行われた高校全入運動はたしかに三原則（総合制,男女共学,小学区制）を掲げて,教育の能力主義に抵抗することを自覚し,その理念を堅持していたが,高校全入運動が量的に拡大していく過程で,当初もっていた三原則の理念は拡散し,結果的に国民的な規模での能力主義の受容に道を開いた側面のあることは否めないように思われる。

　「豊かさ」を量として捉える思考は,能力主義イデオロギーのメダルの裏側として,高度成長期に顕著だった。だが,大衆社会が日本社会の内包を殆ど埋め尽くし,「豊かさとは何か」というふうに,「豊かさ」を物質的な量でなく,質の問題として問うことができるようになった今日,「豊かさ」から排除されていたがゆえに,能力主義そのものを拒否せざるを得なかった岩教組の学テ反対闘争の持つ意味は新たなるものがあるように思う。しかし,本稿はその点を深めるのには十分でなかった。他日を期したい。

第2章　高度成長期における「市民の論理」の歴史性

はじめに

　日本共産党の幹部であった上田耕一郎に『人生の同行者』[1]と題する対談集がある。対談の相手は，小柴昌俊（物理学者），鶴見俊輔（哲学者），小田実（作家）である。上田の晩年，2006年に出版されたものだ。ところでこの風変わりな書名の由来については，上田自身が同書「はしがき」の末尾でこう述べている，「題名とした『人生の同行者』は，小田実氏が小田夫人につけた呼称であるが，良い言葉と思い，同氏の了承を得て，『同時代の人生の同行者』という広い意味で使わせていただくことにした」と。

　小柴昌俊と上田の縁は「敗戦の年」，旧制高校の寄宿寮で3カ月間を同室で過ごしたことにはじまるという。だが，本稿の対象は16.4万年前に16.4万光年の彼方の大マゼラン雲で起こった超新星の爆発云々というようなスケールには到底及ばない，時間的にも空間的にも，もっとささやかなものだ。対談相手の後二者，鶴見，小田という市民運動，具体的にはベ平連（「ベトナムに平和を！市民連合」）の中心的人物と日本共産党幹部の上田とがどのように「同時代の人生の同行者」であったのかを垣間見ようとするにとどまる。

　上田と小田とは，『人生の同行者』に収められた対談「戦争と戦後60年——憲法9条を守るために」[2]によると『文化評論』1981年1月号の対談以来ということだが，鶴見との関係はもう少し遡る。上田は1962年に「プラグマチズム変質の限界——『思想の科学』の示すもの」[3]と題する論文を書いていて，そこで鶴

---

1)　上田耕一郎『人生の同行者』新日本出版社，2006年。
2)　初出は『経済』2005年10月号。
3)　上田耕一郎「プラグマチズム変質の限界——『思想の科学』の示すもの」，上田耕一郎・不破哲三『マルクス主義と現代イデオロギー（上）』大月書店，1963年，所収。初出は『文化評論』1962年6月号・7月号・8月号，所載。

見を厳しく批判していた。

　半世紀前，1960年安保闘争以降に本格化するとされる市民運動[4]は，当時の社会党，共産党，総評を「既成組織」あるいは「既成左翼」と位置づけ，同時にその「既成組織」に対する強い批判意識を持って登場してきたものだし，対する「既成組織」とされた側，とりわけ共産党は「既成組織」論を唱える市民運動に対して，当然のことながらしばしば強い批判を展開してきた。そこで，いわば，「市民の論理」を代表する鶴見，小田と「階級の論理」を代表する上田とが世界的に新自由主義が蔓延する21世紀初頭の今日になって「同時代の人生の同行者」と想起されるとすれば，それは，なぜなのか，ということにいくらか迫ってみたい。

I　60年安保闘争時における「市民の論理」

　さて，先に述べたように「市民」とは，当初，社会党，共産党，総評などの「既成組織」とみずからを区別するための自称として用いられるようになった言葉である。その市民の運動であるところの，市民運動の英訳Civil Movementは，小田実，また，やはりベ平連の活動家であった鶴見良行も書いていることだが，アメリカ人には通じず，Civil Rights Movement（公民権運動）ではないのか，と問い返されることがあった。その意味で，ここでの「市民」なり「市民運動」は戦後日本に独自の概念である。

1　久野収「市民主義の成立」

　50年代末葉の警職法闘争から60年安保闘争に向かう過程で，運動のなかで「市民」ということばが盛んに用いられるようになってきた[5]とされるが，こうして登場してきた「市民」とは何かを正面から最初に論じたのは久野収「市民主義の成立」[6]だろう。これは，「A」と「B」というふたりの人物の対話ス

---

[4]　高畠通敏「大衆運動の多様化と変質」，日本政治学会編『55年体制の形成と崩壊』岩波書店，1979年，所収。
[5]　久野収『市民として　哲学者として』毎日新聞社，1995年，210頁。同書は，高畠通敏を「聞き手」とした久野の「ライフ・ヒストリー」。
[6]　久野収「市民主義の成立」，同『市民主義の成立』春秋社，1996年，所収。同論文の初

タイルで書かれたもので，末尾に「1960年6月15日」と脱稿日が記されている。国会前のデモに参加していた大学生樺美智子が「圧死」した日，安保闘争のさなかで書かれたものだ。

「Ａ」が問う，この安保闘争のなかで「主体が市民だということも大切だろう。それとも"市民大衆"とか"市民運動"とか"市民精神"といった，よく使われだした言葉は，何かのカムフラージュにしかすぎないのか。われわれはそう思いたくないのだ」。これに対して「Ｂ」は異なる立場を提示して対話が進展するのではなくて，同じ地平に立って「ぼくもきみと同じ気持だ。労働者階級中心の統一戦線では都合がわるいので，"市民"というオブラートにつつんでいるといった言葉ではないと思う。また，そうさせてはならないと思うのだ」と応える。

つまり，折角の対話スタイルが生きない書き出しなのだが，久野の問題意識は鮮明だ。久野は「市民」は，それが何か未だ明確でないものの，既に実体を備えている限りでは存在しているもので，同時に，この「市民」をさらに当為としても捉えようとしている。

そこで，「市民」の「歴史的，発生的説明」でない，「現在における市民の定義」は「もっともかんたんにいえば，"市民"とは"職業"を通じて生活をたてている"人間"という定義になるだろう」という。これはどういうことか。"職業"は久野によれば「職業モラル」（＝「市民的エトス」）とギルドに関わる。"人間"とは「生活者」であり「有権者」＝「主権者」のことであり，そのために，政党や労働組合の主張を地域の"市民会議"に持ち込まない者を指す。そこでこの３点について久野の含意を見ていこう。

第１には，職業モラルの問題である。たとえば，「農民が市民と呼ばれにくいのは，日本の農村では，この両方がごちゃまぜになりがちで，戦後の改革をまって，この分離がやっと地につきだしたからだった。日本の教師はまだ周囲から職業と生活を分離するな，寝てもさめても二十四時間，教師であれと暗に要求され続けている。教師が市民になるなといわれているのと同じだ。教師の中にも，本気でそう思いこんだり，そういうポーズをしたりする人々がずいぶんたくさんいて，サラリーマンとしてではなく，職業人としての教師のモラル

出は「政治的市民の成立」のタイトルで『思想の科学』1960年7月号。

が本当に成立しにくいのだ」と。教師の例示は久野の日教組教研集会に関わった経験によるものだろうし，農民の例示は，安保闘争で農民の立ち上がりが見られない，といわれたことについての久野の仮説を示しているだろう。

　第2に，ギルド。「職業人の自主的組織であるギルド（同業者組合）…中略…は自主と自由の母体となった。国家を超える社会が，国家の中に出てくるということこれが近代だ」。「市民はギルドの中から出てきた職業人だという話になるが，日本の場合にそうはなっていない」ことに「実は問題がある」。だが，たとえば，「新聞人という同一の職業に属する職業的市民の立場があるはずだし，この立場は各社の企業のカベを越える連帯を持っているはずだ。この立場にたって，政治権力とは無関係なところから，政治権力の政策決定が新聞人の職業をやってゆくうえに不都合なところがあれば，どうどうと批判し，抵抗し，訂正をせまらねばならない。市民運動とは，職業人としての自覚にたつ，このような運動のことだといってよい。こうした動きは，労働者としての動きとは別に考えられてよいし，協力する場合もあるし，並行する場合もあるだろう」。久野は事前に察知していて書いたのか，久野が具体的に挙げた「新聞人」の「職業的市民」性への期待は，この対話脱稿から2日後の1960年6月17日，むしろ経営者によるいわばギルド的手法，いわゆる七社共同宣言によって裏切られた[7]。

　第3に，人間，あるいは生活者。「地域における市民，生活者としての市民の声が組織されなければ，市民の運動は最終的成功をかちとれないわけだ。市民はここで有権者，もっとはっきりいえば主権としてあらわれる」。しかし，市民は「多くのエネルギーを政治活動にさくことは無理」だから「目の前の生活上の利益をまもり，ふやすグルーピング，生活をゆたかにするグルーピングが，第二次的な目的として国政的活動を」「パートタイマー的におこなうのがいちばんよいのだ」。

　だが，そうした市民会議には「政党の原理や職場の地位や労組の主張などをけっしてもちこんではいけない」。「既成のアクティーブたちには，新しいエネルギーのわき口を既成の原理，既成のルーティン既成の主張でおさえてしまえば，エネルギーがうしなわれてしまうということがわからない。そうしながら，

---

[7]　日高六郎編『1960年5月19日』岩波新書，1960年，224頁以下。

労組と地域との連合だとか，政党の地域への浸透だなどといってよろこんでいる。この連中に考えなおしをせまる仕事だけでもなみたいていではない」。

とはいえ，「政党，生産点，職場，街頭の諸活動に，地域における主権者組織がくわわった時，さらにこれらの拠点が相互にエネルギーを補完しあう時，われわれはいかなる反民主勢力とも対決しうる力を持つことになる」。つまり，それが安保闘争の争点であった，独占や帝国主義とも対決しうる力か否かにはふれないけれども，それでも「市民」と既成組織との協同は必要不可欠であり，対話は最後に「市民と階級がどう関係するかの問題が論じのこされたが，また別の機会に論じることにしよう。しかし，市民の立場と労働者の立場との協同，それが民主戦線だということだけは，はっきりいっておきたい」と強調して閉じられている。

久野は平和問題談話会の時代から雑誌『世界』に掲載された談話会声明を労働組合に広げるなどの活動をしてきた経験があり，市民と既成組織とを対立的に捉えることをせず，むしろ，積極的に両者の共闘を唱えている。そればかりではない。

久野が市民の属性として，職業モラルやギルドについてふれたところで問題にしているのは，当時年間2400時間の長時間労働と企業別労働組合である。長時間労働のゆえに本来の職業人，つまり労働者がいつまで経っても市民的属性を獲得し得ていないこと，また，企業横断的な職業別労働組合が存在しないがゆえに，職業モラルの発揮が押し止められているという考えが示されている。

さて，既成組織に対しては，地域市民会議を「自分らの思う方向にもっていこうとする」な，といさめている。だが，一般的に考えれば，既成組織はグルーピングや市民会議を「自分らの思う方向にもっていこうとする」過程で，市民から反応，意見，批判を受けることでこそ，むしろ久野のいう経験が可能になり，その場を「エネルギーのわき口」とすることができるようになると考えられるのだが，このような理解は当時に限らず，久野ひとりのものではなく，いわゆる「市民」に広く共有されていたものだ。だが，それでも，これでは，久野のいう市民会議とは，むしろ，市民革命前の貴族たちによる仮面舞踏会のようなものになってしまうのだ。

この対話では市民の「歴史的，発生的説明」を課題としないと敢えて明言している。つまり，自覚的に避けている。久野ほどの博覧強記と巧みな修辞術が

あれば、市民の「歴史的, 発生的説明」を簡潔に論じることはいとも容易だったはずなのに。

実は、久野には百も承知のことだったはずだが、フランス革命期の市民、シトワイヤンとはまさに党派的主張を包み隠さず主張し合うことでお互いにエネルギーを高め合っていたのであって、久野のように、党派的主張を抑えた市民（？）会議（？？）というのは、幾重にも語義矛盾を抱えた事態であったからである。「歴史的, 発生的」には市民とは党派の担い手に他ならなかった。

生まれたばかりの日本の「市民」が仮面を付けて会議をしなければならぬようなひ弱さ——戦後初期に丸山真男や大塚久雄の唱えた当為としての《個人》にはまだ程遠い[8]——に不満はあったに違いないが、久野は、いま眼前に拡がる安保闘争のなかで「市民」が実体として登場していることを認め、そしてそれを積極的に育てたいと思っていた。久野の主張の背景には、久野自身の安保闘争時の「武蔵野沿線市民会議」の経験があっただろう[9]。

久野は最後に、「市民と階級」の問題が残されたとやはり敢えて明示している。つまり、階級、あるいは左翼なり前衛の市民に対する指導の是非についての問題は残した、と述べている。当時の文脈の一端を見れば、丸山真男は安保闘争の翌年、「18世紀であろうが、20世紀であろうが、『市民』はかつて実体的存在であったことはない」として、市民を「組織労働者——つまり、総評とほとんどそのまま逆なる：引用者補——が他の国民と共有している民主主義の担い手という側面」（強調点原文）[10]と捉え、1966年、構造改革派の松下圭一は「労働者階級と別に市民が存在するのではない」とした上で「階級指導と市民感覚の緊張すなわち社会主義指導による労働者の市民的自発性の喚起を、具体的に政治過程のなかでいかに解決していくか——ここに現代先進国革命論争の焦点がある」[11]と述べて、「階級指導」自体については当然承認していた。

---

8) 丸山真男「日本における自由意識の形成と特質」（初出1947年,『丸山真男集 第3巻』岩波書店, 1995年, 所収）, 大塚久雄「近代化の人間的基礎」（初出1948年,『大塚久雄著作集 第8巻』岩波書店, 1969年, 所収）を参照。
9) 久野収『市民として 哲学者として』毎日新聞社, 1995年, 218頁以下。
10) 佐藤昇・丸山真男「現代における革命の論理」（丸山真男『丸山真男座談 第四分冊』岩波書店, 1998年, 所収）における丸山の発言。同対談の初出は『講座現代のイデオロギー』1961年, 三一書房。
11) 松下圭一「〈市民〉的人間類型の可能性」, 松下圭一『戦後政治の歴史と思想』ちくま

2 高畠通敏「市民運動の組織原理」

しかし，久野のこの論文から10年後，1970年になると，高畠通敏が「市民運動の組織原理」並びに「『声なき声』の10年」において，久野を名指ししているわけではないが，久野の議論の問題性を指摘するようになる[12]。高畠は60年安保闘争時に組織された「声なき声の会」及び後述するべ平連の活動に深く関わっていた。つまり，この 2 つの論文は高畠の10年にわたる市民運動の経験を総括して，「70年代に向かって市民運動を再編成」（強調点引用者）[13] することを目指すものだった。

高畠はそこで依然として「市民の運動が党派の運動に対して従属的な位置」にとどまっていることを指摘し，「党派にとって市民運動とは，カモフラージュであり草刈り場であり，また戦術的協同のためのセメントなのであって，市民運動に参加しているものも，自らの役割をシンパ，第二戦線，あるいは前衛のための救済に甘んじて限定してしまう」と論じている[14]。

高畠からすれば，革新自治体も「保守党の伝統的な地盤形成活動」と同じことが「社共という体制内化した革新組織においてなぞらえられただけ」[15] のものに過ぎない。

同時に，高畠は上に見た久野の「職業人」，「生活者」の規定を念頭に置いてのことだろう，「市民運動は職業人の集団であるといわれる場合…中略…職能的技能を持った人間が集まり，共同の運動をになう。そういう意味に転化されなければならないし，同じように市民運動は生活者集団であるとは，生活がかかっているから日和見ということを原則にするのではなく，生活者の感覚を持ち込みながらと，なおかつ強い運動をつくれるものに転化させなければならない。そうでなかったら準コンミューン的な意味での市民集団の形成，集団としての自発性は形成できない」[16] と述べる。さらに「きょうは私は忙しいか

学芸文庫，1994年，所収。初出は『思想』1966年 6 月号。
12) 高畠通敏の「市民運動の組織原理」（初出，別冊『潮』1969年秋季号），「『声なき声』運動の十年」（初出「声なき声のたより」50，1970年 6 月）はともに高畠『政治の論理と市民』筑摩書房，1971年に所収。
13) 高畠「市民運動の組織原理」。
14) 高畠通敏「『声なき声』運動の十年」。
15) 高畠「市民運動の組織原理」。
16) 高畠「市民運動の組織原理」。

らということで運動の責任をになっているひとがこないのも仕方ないというのが原則ならば，共同の事業を営めるわけがない」[17]と述べて，上に見た久野の「パートタイム的市民」，久野と同様やはり安保闘争のさなかに丸山真男がいった「普通の市民」の「在家仏教」的な政治との関係[18]を強く否定している。マルクスの「プロレタリアートの独裁は，彼においては，労働者階級を一つの自治的社会へ転化することと同じ意味をもっていた」[19]と述べることに示されるように，高畠がこの時期に構想していた市民運動の課題は，「体制内化した」社会党，共産党に取って代わる，職業人としての市民＝前衛による自主管理的な社会の形成だった。こうした高畠の市民運動論と小田実との対立は後段で言及しよう。

II 安保闘争後における「市民の論理」

　見通しをよくするために，安保闘争後に，市民運動にとって歴史的条件の質的変化があったことを先に述べておこう。市民運動の存在条件にとって大きな意味をもったのは，「既成組織」が主役を担っていた平和運動の分裂と労働運動の変質である。それは1960年5月19日強行採決——安保闘争における「市民」登場の契機である——以前から安保闘争の背骨となって運動を支えてきた社会党－総評ブロックと共産党との間にあった一定の「共闘」の解体を意味していたから，上に高畠の議論にその一端を見たように，既成組織に対置して自己のアイデンティティを形成してきた市民の自己認識，存在意義の問い直しを迫ることになったのである。

[1] 平和運動の分裂

　先ず，平和運動の分裂は安保闘争の翌年に生じた。1961年の原水禁第7回大会で，社会党・総評が「基地問題を原水禁運動が取上げるのは政治偏向であり，

---

17)　高畠「市民運動の組織原理」。
18)　開高健・竹内好・丸山真男「擬似プログラムからの脱却」（丸山真男『丸山真男座談　第四冊』岩波書店，1998年，所収）における丸山の発言。同座談会は1960年5月27日に行われたもの。初出は『中央公論』1970年7月号。
19)　高畠「『声なき声』運動の十年」。

幅を狭くする」と反対したことに始まった。

　社会党員でもあり，当時は総評の理論的リーダーでもあり，かつ安保闘争と三池争議に深く関わった清水慎三は，それを同時代において，「基地問題を原水禁運動からはずせというのは何としても道理に合わない。日本の基地が核戦争に利用される可能性と，沖縄が現に核基地であることはあまりにも明らかなことである。第7回大会がこれを取上げて決議した方が疑いもなく正しい」とした上で，社会党・総評がこれに反対したのは，社会党が「革新系大衆運動の指導権の奪還を志し，おくればせに参加した原水禁運動に先ず焦点を集中したこと」，社会党指導部が「はっきり構造改革路線をとり，軍事同盟や基地問題を反独占＝政策転換のワクにとじこめて，理論的に問題を矮小化したこと」，「総評指導部の伝統的な"反帝嫌い"」などを理由として指摘している[20]。

　翌62年の第8回原水禁大会では，社会党・総評系が大会から「総引揚げ」し，63年第9回大会はついに分裂大会となり，65年には社会党・総評系の組織によって原水爆禁止国民会議が結成され，同年こうした状況を憂慮した，中野好夫，日高六郎，阿部知二ら知識人の呼びかけによって，社会党系，共産党系の一日共闘（六・九一日行動）が行われた。そしてこの1965年にまさにベ平連が結成されたのである。

２　総評指導部の変質——太田・岩井ラインの顕在化

　第2に，労働組合の変質である。この変質は，さしあたりは，労働運動の幹部層において生じた。やはり清水慎三の，太田薫総評議長を批判した，雑誌『世界』に掲載された「労働運動における使命感の欠落」を参照しよう。

　清水は冒頭でこう述べる。1962年の総評大会は「マスコミ各氏が競って"右寄り路線"と礼賛」するものになった。そこで「社会政策学界の大御所，大河内一男東大教授は『総評がいまの社会秩序のなかに動かぬ地歩を占めるため』『可能な限り右寄りの労働組合主義に徹すること』を大いに支持激励」した。「"日本的組合主義"を経て，"国家独占資本主義下の組合主義"にたどりついたこの指導者の潮流は，前総評事務局長の高野実さんへの挑戦にはじまり，足掛け10年の歳月を費やして今年度大会にその主張を総評の場で全面展開し

20）　清水慎三『戦後革新勢力』青木書店，1966年，314頁。

た」[21]。

　そして清水にとって見逃せないのが,「自ら組合主義の看板を外そうとしないほど組合主義的」になったこの総評のなかで活動家層が「置き去りにされ」ていることであった。「『安保と三池』を組合組織論的な側面で言えば，その中心は活動家層の活躍にあった」と現場での陣頭指揮の経験を踏まえて判断する清水はつぎのように述べている。「1960年5月19日，安保激動のクライマックスを迎えるその日まで，一年有半にわたって全国各地の共闘組織のために尽力した中核は労働組合の地域活動家（社共両党の党員と無党派を含む）であり，職場を飛び出して国会周辺の街頭活動に意欲的に参加し，隊伍のなかでイニシアティーヴを発揮していたのは職場活動家である」。ところが,「組合指導部の組織論では,『活動家とは未熟無能無責任なハネ上り』の位置に成り下り，組合の外では『活動家を支えとする』安保と三池は構造改革論登場の引出物として先ず血祭りにあげられた感さえある」，と。

　こうした総評指導部の変質にもかかわらず——つまり，高野指導から経済主義の太田・岩井ラインへの移行は1955年ではなかったということだ——1960年代の前半は,安保闘争に参加した「新しい活動家たちが，職場に戻って，生産点で活動する。辺境ではなく，京浜工業地帯等の中心地帯において，職場支配の動揺」が起こった時期でもあった。しかし，この「職場支配の動揺」は60年代後半には失われて企業の職場支配が殆ど一元的に貫徹していくようになる[22]。

　例えば，1934年，15歳のときから55歳定年まで日本興業銀行で働き続けた詩人の石垣りんがつぎのように書いたのは，1967年のことである。「職場は大手を振ってまん中を行進していた組合活動を少しずつ横に片寄せ，経営が本通りをゆく，ある落ち着きをとり戻していました」,「まえには自分の支持する政党をはばかりなくあげ，職場の新聞で意見をかわす，というようなことがあったのに，1966年にはそうした論議を呼ばない。話題としても互いに礼儀正しくふれ合わないでいるような雰囲気がある。と同時に与党に反対の意志をもった者のひそかなさそいかけなどが私の所にまいります」[23]。石垣りんがここで示して

---

21) 清水慎三「労働運動における使命感の欠落」,『世界』1962年11月号所載。
22) 下山房雄「戦後日本主義の展開と労働者階級の主体形成」,『経済理論学会年報第16集』青木書店, 1979年, 所収。
23) 石垣りん「立場のある詩」,『石垣りん詩集』1971年, 思潮社, 所収。初出は，西脇順

いるのは，職場において市民的自由を形成し維持していた労働組合，そこで，それこそ市民として振る舞っていた組合員の姿が1960年代後半には薄らいでいく様子である。「職場で保守，地域で革新」，つまり，職場で「市民」として発揮できないエネルギーを地域において発揮する事態が指摘されたのもこの時期からである。

3　1960年代後半以降の「市民」

べ平連が登場したのはまさにこの時，平和運動が分裂し，労働運動が今日に至るまでの下り坂に向かった瞬間であった。

(1) 小田実と高畠通敏――べ平連の組織原理をめぐる「論争」

べ平連（当初は「ベトナムに平和！　市民文化団体連合」，まもなく「ベトナムに平和を！市民連合」）の代表的な人物となった小田実は，べ平連の発端についてつぎのように書いている，「あのとき，鶴見さん――鶴見俊輔さんが私に電話して来なかったら，という気が私にはする。1965年の4月に入ってまださして日数が経っていないころだったと思う。たまたまそのころはまだ生きていた大阪の父親のところにいた私に鶴見さんが自分で電話をかけて来て，ベトナム戦争反対の行動をしないかともちかけた」[24]。この電話は，高畠と鶴見の合意によるものだった。この年2月，アメリカによる北ベトナム爆撃がはじまったことで高畠と鶴見は「社会党や共産党とは独立のベトナム反戦運動を起そうと考え」ていた[25]。小田はすぐに東京に戻って鶴見，高畠と会い，動き出し，4月24日には東京の清水谷公園で1500人が参加して第1回のデモが行われる。呼びかけ人は，小田，開高健，高橋和巳，篠田正浩ら21名で，当日のデモのなかには丸山真男や古在由重の姿もあった[26]。だが，ここではその後のべ平連の活躍，例えばアメリカの有力紙に岡本太郎筆の「殺すな！」の反戦広告の掲載，アメリカ人脱走兵をソ連を介して亡命させたというような，はなばなしい運動の詳

　　三郎・金子光晴監修『詩の本Ⅱ詩の技法』1967年，筑摩書房。
24)　小田実『「べ平連」・回顧録でない回顧』第三書館，1995年，21頁。
25)　鶴見俊輔・上野千鶴子・小熊英二『戦争が遺したもの』新曜社，2004年，360頁以下における鶴見俊輔の発言。
26)　久野収『市民として　哲学者として』毎日新聞社，1995年，266頁。

細は一切割愛して，ベ平連の組織原理をめぐる内部対立を扱おう。

　だが，ベ平連の組織原理といっても，実はそんなに物々しいものではない。既成組織に対して「市民」と自己規定したように，組織原理においても，それは，既成組織のそれを裏返したものであった。「本店と支店」のような関係はなく，各自が各地で勝手にベ平連と名乗ってよい三原則としていわれるのは，「自分のしたいこと，また，できることをする」，「言い出しベエが率先してことを行う」，「他人のすることにとやかく文句を言わない。すくなくとも批判は自分にたちかえって来るかたち以外のものは意味がないとみきわめて，小言幸兵衛，イチャモン屋にならない」，以上である[27]。この組織原理によってベ平連の活動は量的には殆ど無限に拡大する。何しろ，誰がどこでベ平連を名乗ろうと自由なのだから。だが，そこで，その量を質に転化すべきかどうかが間もなく大きな争点になった。

　1969年，8月7日から11日にかけて，ベ平連主催で，大阪で「反戦のための万国博」が開催され，それは6万人の参加者を数えた。先の組織原理の実践というべきだろう，小田自身が或る自己批判を込めて述懐するところでは「私は『反博』の組織者ではなかったし，あえて言えば，私は『反博』の『参加者』というより『見物人』だった」[28]。だが，その「反博」の最終日に予定されていなかった「大論議」が起こって，対立が明確に浮かび上がったのである。小田は『「ベ平連」・回顧録でない回顧』でその「大論議」を記録した針生一郎の文章を引用しながら議論を進めている。小田が引用している針生の文章のごく一部を【　】で括って示す[29]。

　「【声なき声の会の高畠通敏はつぎのように語った。『反博は反戦という名の商品を万国博と同じスタイルで売り出し，受動的な観客の動員数で成功度をはかる，民青的論理におちいっている。ベ平連はあらゆる大義名分とだきあわせになった，日共風の幅ひろい民主主義を否定し，自律的小集団を核として出発したはずではないか。自発性尊重の原則は，個人が自分をとりまく制約をはねのけるためには有効だが，そこから先あまり役立っていない。とくに反博は全

---

27) 小田実『世直しの倫理と論理　下』岩波新書，1972年，230頁。また鶴見俊輔・上野千鶴子・小熊英二『戦争が遺したもの』新曜社，2004年，373-4頁を参照。
28) 小田実『「ベ平連」・回顧録でない回顧』第三書館，1995年，496頁。
29) 小田実『「ベ平連」・回顧録でない回顧』第三書館，1995年，517-20頁。

体の理念がアイマイなまま，関西べ平連が設計管理を請け負い，量としての群衆をあつめて興行としてやってきた面が否定できない。そこに無意識に体制的なものが入り込んだのだ（引用者による後略）】」。

「【日大全共闘の学生もいった】」，「【ぼくらはべ平連に全共闘運動のひとつの源泉をみてきたが，自発性と統一性の名のもとにすべてをのみこんでゆく市民運動は，限界にきているのではないか。……われわれは内ゲバをも辞さない討論と対決のなかからのみ，強固な連帯が生まれると信じている。】」。

「【さらに鶴見俊輔もまた，べ平連運動の痛切な反省を語った。『べ平連が大きな花火をうちあげて，全国の大衆をあつめる力をもつにいたったことを評価する。だが，そうなると，デカければ，デカいほどいいという量への信仰が生まれ，それに対する解毒剤を運動のなかにつくっておかないと，既成左翼と同様，支配，被支配の関係がでてくる。小田実はすぐれた組織者で，小田のゆくところべ平連ができるが，こういうべ平連は中村錦之助ファンの組織みたいで力が弱い（引用者による後略）』】」。

小田はこうした発言を引用してつぎのように記している。「私にとって『べ平連』は，たとえそこに『中村錦之助ファンの組織』的『力の弱い』『べ平連』があったとしても，それと全体がいっしょに動いて行く運動としてあったはずのものだが，その私をおどろかせたのは『べ平連』をいっしょにかたちづくることをはじめた高畠氏や鶴見氏にとって『べ平連』は——少なくともあるべきものとしての『べ平連』は，そうしたものではなくなったことだった」，「正直言って，私はそのとき私より先に発言していた高畠氏の発言はともかくとして自分では鶴見氏の持論をしゃべっているような気になっていた。そこで私は他人に無意識的によりかかっていて多分に無責任であったと思う。私に続く鶴見氏の発言は，私のその無責任を徹底して論難するように手きびしくちがっていた。わたしはあなたとはちがう——そう発言は手きびしく私に告げていた」[30]。

小田はとりわけ高畠の発言に「大きな違和感」を覚えた。小田には「それはいかにも非『べ平連』的，反『べ平連』的な言い方に耳にひびいたのだ。彼の言いたいことは判ったが，しかし，それをどうして『民青』『日共』とからませたかたちでいわなければならないのか，私には正直言って判らなかった」。

---

30) 小田実『「べ平連」・回顧録でない回顧』第三書館，1995年，526頁。

「ベ平連」のような市民の運動は，基本的には，『ベトナム反戦』なら『ベトナム反戦』というひとつの問題に対応して，いろんな政治原理をもついろいろな人たちが集まってことの解決をはかる。それが運動のありようの根本だった。この根本のところで，彼らと私たちはちがっていた」（強調点原文）[31]。

小田がここで述べている運動論は，あたかも総評事務局長だった高野実のカンパニア論を想起させるのだが，小田のいう「彼ら」，少なくとも高畠は先に述べたように既成組織に代る新しい政治組織を求めていた。そのことは，後年，革新自由連合（1977年結成の政党）の準備段階の頃にあった，小田が書き留めているエピソードにもよく示されている。

「高畠氏と久野氏が，私に選挙に出てくれ，と頼んだ。『市民が直接政治に乗り出すべき時がきた。』理由はそういうことだった。私はことわった。そして，言った。『じゃあ，あなたご自身がお出になったら。』『わたしは大学教授だ』と高畠氏はその意味になることを言った。『私は作家だ』と，私は彼に言った。同じことだ，という気持があってのことだ。『あなたには自分たちにない大衆的な人気がある。選挙には量が必要だ。』そうも言われた。言われながら，あの『反博』のときの『大議論』を思い出していた」[32]。

小田の「市民」と高畠の「市民」はその後ついに交わることがなかったようだ。高畠にとっては，先に見たように，市民運動は「既成組織」に取って代って真の前衛たるべきものだった。しかし，小田には「『量から質へ』への転換が運動のなかでいつも自明，当然の絶対命題のようにして持ち出されてあれこれ取りざたされること」への違和感があった，というよりは，むしろ小田は「なぜ，量は必ず質に転換されなければならないか，というおそらく根本的な疑問」を抱いていた[33]。

つまり，このときの小田にとっては，市民は「量」にとどまってよかった。「『量がたえられるかどうかをためす』ことなどは論外なことだった。そこで『たえて』『前衛』となった市民によって形成される『世直し』は，私が考える『世直し』ではなかった。私が考える『世直し』は，あくまで市民がまき込ま

---

31) 小田実『「ベ平連」・回顧録でない回顧』第三書館，1995年，570-1頁。
32) 小田実『「ベ平連」・回顧録でない回顧』第三書館，1995年，536頁。
33) 小田実『「ベ平連」・回顧録でない回顧』第三書館，1995年，533-5頁。

れながらまき返すかたちでの『世直し』であった。『前衛』の『質』に転換することのない，ただの『量』であり続ける市民の動き――それが私にとっての『べ平連』の運動だった」。それでは，小田の考える『世直し』は何を課題として捉えていたのだろうか。

(2) 『世直しの倫理と論理』の課題

　佐藤昇・梅本克己・丸山真男による鼎談『現代日本の革新思想』[34]のなかで，佐藤は，革命の手段としてのゼネストを日本の労働組合ができるようにしたいという発言をしている。その発言に対して，小田は1967年に「原理としての民主主義の復権」において，つぎのように反論している。「たしかに，日本の労働組合の企業主義的，民同的体質を克服することは必要だし，これから進歩派が力をつくしてなされなければならないことだが，その克服は，現在私たちがもっている『民主主義的秩序』とはべつの新しい秩序をかたちづくらせることを私たちに強いるほど，その秩序にとって異質なものだろうか。もちろん，そうではない。ひょっとすると，そこに出来上がって来るのは経済的要求に対してはきわめて強力だが，それ以外のことに関しては，たとえばベトナム戦争反対に対しては，そして，もちろん，現在の秩序を新しいものにつくりかえるというようなことに対しては，犯罪的なほど，ほとんど無力であるように見える，ある場合には，現在の秩序維持の強力なとりでともなりかねないアメリカの巨大な労働組合のごときものではないのか。もちろん，こうしたアメリカの労働者をめざめさせ，一つの政治的要求に立ちあがらせることは不可能ではない。しかし，それは，プロレタリア，ブルジョアの二つの民主主義を対置させることによってではないだろう」[35]。

　佐藤昇は構造改革派の代表的論客だったが，小田のこうした批判は，労働運動についてばかりでなく，帝国主義への荷担の視点も含めて，先にも引用した清水慎三とよく重なるものだ。こうした認識を持って現状の日本をトータルに課題として捉えようとして小田が執筆したのが，それからさらに5年後，1972

---

34)　梅本克己・佐藤昇・丸山真男『現代日本の革新思想』河出書房，1966年。現在は岩波現代文庫。

35)　小田実「原理としての民主主義の復権」，『小田実評論撰1　60年代』筑摩書房，2000年，56頁。初出は『展望』1967年8月号。

年の『世直しの倫理と論理』[36]である。

　この『世直しの倫理と論理』は，例によって小田節とでもいうべき語りによって，「公状況」と「私状況」とが自在に関連づけられ，滔々と議論が続くものだが，この本が何を課題としているかをあえて一言でいうならば，今日でいう企業社会の克服が課題として据えられている。そして社会党，共産党に対してはもとより，企業主義的な労働組合に対する強い不満と厳しい批判が繰り広げられている。

　つまり5年前「原理としての民主主義の復権」において小田がアメリカの例を挙げて，賃金闘争しかできない，「犯罪的なほど，ほとんど無力」であり，「秩序の強力なとりで」となる労働組合になるのではないか，と懸念した日本の労働組合が，いまやその賃上げ闘争すらも十分にできなくなったことを見据えている。曰く，「労働組合のえらいさん」は「人民指導が労働組合の当為と必然であるというわけです。そんなことを考えるひまがあったらいっそもっともっと『賃上げ組合』としてはなばなしくストライキでもやってもらったほうがよいと私は考えるのですが，労働組合や政党の『正しい指導』に依存しない人びとの自発的な運動がさかんになって来たつい一，二年まえにも，たしか総評の議長さんが，市民運動は元来労働組合が指導し育成するべきものだ，とある大きな雑誌に載った対談のなかでおっしゃっていた」（強調点原文）。そして「公害反対の市民運動がもり上って来ると，いっちょう，そいつらをみんな東京に集めて気勢をあげるか，というお手軽な発想にもなる」が「この公害の問題ほど，労働組合がよほど覚悟をきめてかからなければ克服することができない本質的な矛盾，弱点を白日の下にさらけ出す問題はないと思うのです。『会社コミューン』に安住する日本の労働組合では，まともにその問題にむきあうことさえできない」[37]，「『賃上げスト』さえできかねている労働組合の今のありようでは，公害反対のたたかいにまともに打ち込めるはずがない。それは途方もない思い上り，労働組合という存在，労働者という名前に依存した思い上りか，それともまったくのオトギ話です」[38]。小田は，「労働組合の闘士」と「デモ行

36）　小田実『世直しの倫理と論理』上下，岩波新書，1972年。
37）　小田『世直しの倫理と論理　下』116-7頁。
38）　小田『世直しの倫理と論理　下』119頁。

進に風船をかかげて歩くオバチャン」とを比較し,「労働者がゼネストをやれば，世の中は変るし，戦争も終るかも知れないが，しかし，彼が決してそのゼネストにうって出ないとしたら——同じことです。二人はまったく同じことで，いや，オバチャンは風船をもってデモ行進にゆく。そうしたら，ことは，どういうありようを示しているのか」と述べ,「『階級』を存在としてではなく運動としてとらえること」[39] の必要性を強調する。

　このように考える小田は「『前衛』だとか『大衆』だとか，そういうレッテルはりを大きくこえたところで運動は起ってきていて，運動は，誰もが『前衛』であり，誰もが『大衆』であるというかたちで人びとのあいだにひろがっている。いや，そういうかたちでしか，これからの運動はあり得ないし，あっては困る」[40] と述べている。小田は先の「反博」の経験を「ちがいの確認と再出発」（強調点原文）と位置づけているのだが，高畠との「ちがい」を維持しながら，高畠の「量にとどまる大衆」の「前衛」への量質転化の主張に対する否定よりも，ここでは踏み込んだものになっている。

　桜田武が日本社会の安定帯としての労資関係を誇ったのは，ほぼ同時期，1974年1月の「日経連タイムス」の「年頭の辞」においてだった。こうした態勢と陣形において「既成組織」と「市民」は70年代中葉にはじまる新自由主義を迎ることになった[41]。1965年にベ平連の運動がはじまったとき,「既成組織」の間で平和運動は分裂状態にあり，いま，周囲を見まわせば，安保闘争（このときの労働組合にも小田は不満を抱いていたが）を担ったような労働組合はますます減少し，小田が眼前にしている企業主義的労働組合はひたすら「会社コミューン」に貢献するものに成り下がっていた。

　小田の取り組みは，ベ平連にせよ，この「世直し」にせよ，実は，当時の「既成組織」の後退の結果として登場してくる「市民」が，高度成長とのその間の保守支配がもたらした支配の裂け目から前衛の指導や外部注入論によらずに登場してくる「市民」のエネルギー——小田が注目しない点だが，60年代後半以降は，先に述べたように，生産点での圧迫が労働者を地域における「市民」主

---

39) 小田『世直しの倫理と論理 下』119-20頁。
40) 小田『世直しの倫理と論理 上』24-5頁。
41) 兵頭淳史「日本における新自由主義の起点に関する考察」，法政大学大原社会問題研究所・鈴木玲編『新自由主義と労働』御茶の水書房，2010年。

体として登場させた——が流れる回路を必死で模索していたといえよう。

終りに

　冒頭でふれた，久野の「市民」論の規定である職能人を念頭に置いてのことと思われるが，小田は最晩年につぎのように述べている。「一つの職能で解決できない問題がある場合に，その問題は市民社会全体の問題になって来る。市民社会の問題を全体として解決するということを意識したときに，その人は職能人ではなくて市民になる」，「それがいっしょに歩き出すというのが，市民のデモ行進です。／この市民のデモ行進というのが，『社会の原型』だと思うんです。デモ行進で歩くのが市民，市民とは何ぞや，という問への私の答えです」[42]。職能で解決できない問題に集団で取り組むとき，市民社会全体の問題に集団で取り組むとき，しかもそれをデモ行進が象徴する直接民主主義を駆使して行うとき，市民と市民社会が存在する，というのが小田の結論であった。

　それでは今日では，かつてあれほど熾烈なテーマであったのが不思議に感じられるほどの，「前衛」-「大衆」関係についてはどのように考えていたのだろうか。小田の「世直し」は「まき込まれながらまき返す」というものだった。「前衛」の自己認識の是非は問わず，「前衛」に指導を受けるのではなく，「前衛」が市民社会の問題を共有するのであればそれと共同する，というのが市民ということになるだろう。「前衛」もそのときは，小田にいわせれば「市民」になるにちがいない。小田の主張は全面講和問題に際して社会党を分裂させた総評事務局長の高野実の「機能前衛論」に比していえば，「機能市民論」といえるかも知れない[43]。実際に，小田が展開した，阪神・淡路大震災後の「市民運動立法」はそうした理解を運動において表現しているだろう。

　「ぼくらが一緒に行動した労働運動の高野実氏たちの思想系統も全く影が薄くなってしまった。この問題も，日本の社会主義の将来の一つの重大な問題だと思う」[44]と久野が述べたのは1989年，連合結成の頃だった。労働運動の長期

---

42)　小田実『中流の復興』生活人新書，2007年，138-9頁。
43)　本書第Ⅰ部参照。
44)　久野収・鶴見俊輔『思想の折り返し点で』朝日選書，1998年。初出は『朝日ジャーナル』1989年10月6日号～11月10日号。

にわたる停滞に加えて，70年代から「市民の論理」のなかでも懸念されていた「市民」の保守化の問題，今日では両者の新自由主義，大国主義への親和化が懸念されているとき，たとえば，小田や鶴見が呼びかけ人として名を連ねた9条の会，或は格差社会の問題を正面に据えて取り組む反貧困ネットワークなどにおいては，「階級」と「市民」の協同が新たに行われているように見える。そうした運動の意味を考えるための準備として，「市民の論理」を歴史のなかにおいて捉えることを試みた。残した論点，対象は今後の課題としたい。

第3章　1990年代新自由主義東京の労働運動

はじめに——本稿の課題

　本稿の課題は，1990年代に新自由主義の著しい進展をみた東京において，それと対峙した労働運動の構成に焦点を当て，そうした運動の形成の歴史的基盤と可能性を探ることにある。東京という地域と労働運動に二つながら着目してこうした課題を設定したのは以下の理由による。

　先ず，新自由主義の一つの柱である行政改革は政府・自治体それぞれのレベルで進行したが，東京都は80年代より政府や他の自治体に先駆けて行政改革を始動し，行政改革のモデルと位置づけられてきた経緯がある。その意味で東京は，いわば，行政改革の先進モデルとして見ることができる。その結果として，行政改革・自治体リストラにとどまらない新自由主義がもたらす諸結果が東京には如実に現われた。この時期，既に，新自由主義のもう一つの柱である規制緩和の結果として，大店舗法による法人商店の急増，さらに新自由主義の特徴である産業空洞化の影響も深刻なものになっていた。

　そして，同時に，こうした新自由主義政策の先進モデルであり，その影響の顕著な東京において，労働運動の新しい胎動がはじまっていたことが注目された。それは後述するように，1950年代の総評労働運動を継承しつつ，新自由主義がもたらす諸結果に規定されて，それに対抗的な新たな運動を築きつつあったように思われる。

　1993年自民党長期政権の終焉により本格化した日本の新自由主義は，勤労諸階層，社会的弱者に多大な困難をもたらしながら，さらに拡大，深化しつつあるが，本稿はこうした新自由主義に対抗する社会運動の結節点として，近年とみに期待を集めている市民ではなく，あえて労働組合に着目し，そのことで労

働運動の今後の可能性をも考えてみたいと思う[1]。

I　新自由主義と対抗的労働運動

1　1990年代中葉の新自由主義をめぐる状況

　1980年代以降，しばしば中曽根「臨調行革」，サッチャリズム，レーガノミックスに代表されるように，先進資本主義諸国の政府はこぞって新自由主義を基調とする政策を採用するようになって今日に至った。新自由主義は，一方では，多国籍企業の国境を越えた活動の自由を拡大・保障しつつ（規制緩和，市場開放），他方では自国の社会保障，福祉を含めた公共部門の「肥大化」や完全雇用政策こそが経済の桎梏になっているとして，それの縮小・改編・解体（行政改革，自治体リストラ）を目指してきた。欧米ではこの間に福祉国家の見直しから解体への過程が急速に進行したが，それも1990年代後半になってようやく手放しの新自由主義礼賛に対して疑問の声が投げかけられるようになった。

　1997年イギリス，フランスにおける選挙では市場重視を掲げた勢力が大敗を喫し，さらにデンバー・サミットではクリントン米大統領が「市場重視の民主主義」を連呼したにもかかわらず，ドイツ，フランスの首脳はそれぞれに，市場原理一辺倒で貧富の差を拡大する米国モデルを採用することはできない，と表明せざるを得なかった[2]。

　また，AFL・CIO（アメリカ労働総同盟・産別会議）のスウィニー会長は1997年4月に連合との定期会談のために来日した際の講演でつぎのように述べた。米国モデルは「低賃金国に生産拠点を移し，それを政府が税制優遇措置や補助金で推進した。共和党に代表される保守政権と共和党支配の議会は富者を対象に減税し，公共投資や貧しい者への給付を減らし，企業はクリントン政権成立後の今でもレイオフを続けている。労働者の条件は最悪だ」と述べながら，日

---

1) 例えば労働組合と対比して社会問題の解決の主体として「自立した市民」やその「ネット・ワーク」に対する期待の高まりを示す例として，1997年7月26日付『朝日新聞』の「天声人語」。「労働旬報社」という出版社が社名から「労働」をとって「旬報社」となったことにまで言及して，いまどき「労働」にこだわるのは，省庁リストラの対象となっている労働省（当時）だけであろうと述べる。
2) 『日本経済新聞』1997年6月24日付。

本でも新自由主義の風潮が強まっていることに注意を喚起し,「日本の労働組合は米国モデルを覆すべきだ」と呼びかけた[3]。こうしてこの時期, 国際的にはすでに新自由主義に対する懸念も一定の広がりを見せ, さらにそれに対抗的な労働運動が芽生えつつあった[4]。

翻って, 日本では, 橋本内閣が新自由主義政策に依拠した行政改革をさらに推し進めており, 連合指導部も総論賛成の立場を堅持していた。それでも, 連合内部にも新自由主義に反対する労組の動きが目立つようになった。とりわけ地域レベルでは全労連との共闘が様々な形で現われた。1989年総評解体と同時に結成された連合と全労連はこれまで運動路線を異にするために互いに反目する面があり, 表立った共闘は見られなかったのだが, 90年代不況の到来とともに, そうした関係にも変化が生じた。

2 日本の新自由主義と対抗的労働運動の形成

(1) 企業社会とその再編

新自由主義一般は, 既存の国民統合の在り様を解体・再編すべく機能していて, 従来公共セクターで担われてきた機能を市場経済に委ねることで, 雇用の縮小, 公的福祉の削減などをもたらし, 勤労諸階層の困難の増大を結果している。第2次大戦後, 資本主義の未曾有の高度成長の過程で蓄積されてきた資本を背景に, 先進資本主義諸国では一定程度の社会保障と物質的富を勤労諸階層の広汎な部分に享受せしめる大衆社会が形成された。しかし, 新自由主義はこうした膨張した大衆社会を収縮させる方向で従来の国民統合の改編を目指している[5]。

そこで, 日本においては, 日本の新自由主義が民衆にもたらしている諸困難は1960年代以降に形成された日本に独特の企業社会の構造と深く関わっているように思われる。そして企業社会の構造とそれの新自由主義的な再編過程が,

---

3) 『週刊労働ニュース』1997年4月14日付。また, ジェレミー・ブレッカー「アメリカ労働運動の現状」(『労働情報』1997年8月1日号, 同15日号)。
4) 「ユーロ・スト」などに見られる。概観としてとりあえず一ノ瀬秀文『世界と日本をどう見るか』新日本出版社, 1997年, 第7章。
5) 新自由主義が大衆社会を収縮させるという捉え方については, 後藤道夫「資本主義批判の現在と変革イメージ」(後藤編『新たな社会の基礎イメージ』大月書店, 1995年, 所収)を参照。

実は，本稿が主題的に扱おうとする，1990年代の新自由主義に対抗的な労働運動の主体的・客観的な形成要因ならびにその在り様と密接に関係していたように思われる。

60年代以降に形成された企業社会はつぎのような構造を持っていた[6]。60年"安保と三池"以降，総評が次第に組合運動内部に自閉していく過程と並行して，民間大企業は労働者を能力主義的競争に包摂しつつ，巨大資本としての自己の論理と支配が貫徹する領域を基軸部分として創出・拡大した。他方で，巨大資本の論理では直接に統合しきれない——様々な諸利害の対抗をはらむ——周辺領域，すなわち，中小企業，農業などの領域については自民党政権がその一部を利益誘導することによって政治的に統合し，基軸部分の支配を補完してきた[7]。こうして企業社会とは，基軸と周辺という二つの領域を内容とする国民統合形態だった。

そして，こうした構造をもつ企業社会に対応して，1990年代日本の新自由主義は相対的に3つに区分される帰結をもたらした。第1に，民間大企業の「リストラ」合理化が国民統合の基軸部分を直撃すること。今後の経営の戦略がこれを一層追求しようとしていることは日経連『新時代の「日本的経営」』（1995年5月）で鮮明にされた[8]。第2に，利益政治によって統合され企業支配を補完させられてきた周辺領域，すなわち中小企業，農業などの分野が急速に切り捨てられつつある[9]。そして，第3に，後述するように，60-70年代にかけて革新自治体で取り組まれ，国や他の自治体が後追いして全国的に実現していった公的福祉の縮小・解体が"地方分権"のスローガンの下に推し進められようとしている。

---

6) 渡辺治『政治改革と憲法改正』青木書店，1994年，同『現代日本の帝国主義化』大月書店，1996年。
7) もとより，周辺層が全体として利益誘導政治によって統合されていたわけではない。中小企業労働者，女性，高齢者，身体障害者は周辺層でありながらこうした統合のさらに外部乃至基底に配置された。なお，基軸－周辺という捉え方については渡辺治『現代日本の支配構造分析』花伝社，1988年。
8) 旧日経連『新時代の「日本的経営」』については，赤堀・岩佐編『新自由主義批判の再構築』（法律文化社，2010年）の第1・2章を参照。
9) 利益政治については広瀬道貞『補助金と政権党』（朝日文庫，1993年）が具体的事例を多く扱っている。

だが，いうまでもなく，大企業そして政府が主導するこうした企業社会の再編は必ずしもスムーズに進行しているわけではない。従来までの企業支配も民衆には十分に過酷なものだったが，いまやそれが再編され一層過酷さを増そうとしているなかで，その再編されきるまでの過程，その間隙を突いて，これまで抑えられてきた多様な矛盾が様々に顕在化しつつあるし，それをまとまった力にしようとする運動が存在しているからだ。この運動こそ，労働運動を要とする周辺層の共闘である。つぎに，新自由主義に対抗するこの主体としての周辺共闘成立の構造的要因を見ておこう。

(2) 対抗的労働運動の形成──主体形成論1・構造的契機

　はじめに，新自由主義に対抗的な労働運動の特徴をあらかじめ概観しておこう。第1に，運動が地域レベルで進展していること。これには大きくいって2つの要因があるように思われる。先ず，工場撤退に示される産業空洞化，規制緩和による大型店の進出などにより，地域経済を含む地域のトータルな在り方，生活環境が著しく悪化した。つぎに，自民党長期政権の終焉となった1993年7月総選挙そして96年10月総選挙であらわになったように，国会の議席の9割が新自由主義を推進しようとする諸政党によって占められた結果として，国政レベルにおける閉塞状況が運動主体の力点を地域にシフトさせたことである。

　運動の第2の特徴は，労働者の即自的な利害（労働条件改善，雇用確保，賃上げ等々）のみに運動の重点を置くのではなく，積極的に住民，関係者・関係団体との共同の取り組みを進めたことである。特に中小企業経営者，農業者，自営業者との共同の取り組みが進展していることが特徴的である。そのように当面する利害に基づいた共同の取り組みを進める努力の過程で，地域の政治的保守層，すなわち従来まで利益政治によって統合されていた周辺諸階層との共同が進展した。逆にいえば，生活と政治の間のこれまでの対応関係，従来まで政治－社会を媒介していた回路に生じた変化の反映として運動が現われているように見える。

　第3の特徴は，自治体に積極的に働きかけて，要請行動に加えて，地域経済振興条例などを自治体に提起しつつ，成果を生み出したことだ。このことは後述するように，国政レベルの閉塞状況にもかかわらず，或はむしろそれゆえに，身近な自治体を新自由主義に対する防波堤とさせるべき自治体改革運動の一環

として機能した点が注目される。そしてまた，周辺共闘が社会レベルから政治レベルへ上昇しようとするとき——高度成長期の革新自治体は社会党，共産党を政治代表としていた——社会党が消滅した今日において，周辺共闘の利害を政治レベルで担うことができる政党が共産党のみになっていることも，90年代新自由主義における新しい現象である[10]。

II　1990年代新自由主義東京の様相

1　青島都政の性格——美濃部都政の否定

　青島都政が推し進めた新自由主義政策の特徴は，鈴木都政以来の受益者負担の論理を一層鮮明にして，高齢者，心身障害者（児），生活保護，医療・衛生などに関係する公的福祉，また中小企業関連融資，さらに教育などへの都の介入領域の縮小と再編を強く志向していた。

　この間，「東京都行政改革大綱」（96年3月），「東京都財政健全化計画」（96年11月），「財政健全化に向けた当面の取り組み方針」（97年5月）などの都政の基本性格に関わる文書が相次いで発表された。

　「東京都財政健全化計画」を具体化するための方向性を示した「財政健全化に向けた当面の取り組み方針」は端的にその「原則基準」において「事業開始から概ね20年以上を経過した事業については同基準（「個別点検基準」：引用者補）に基づき，多角的に総点検を行い，事業の存廃などを含めた根本から見直しを行う」と述べた。

　「個別点検基準」の基準とは4つ，「時代変化への対応」，「役割分担の明確化」，「公平性の確保」，「効率化の徹底」である。いずれも自己負担原則の強化，及び区市町村への移管，民間委託などによりいわば"小さな都政"を目指すことが明瞭に示されていた。

　また「財政健全化に向けた当面の取り組み方針」が「概ね20年以上」経過した事業について存廃を検討する，と述べたこともなかなかに意味深長だった。

---

[10]　1997年7月の東京都議選において，共産党が議席・投票数とも過去最高を上回って第2党となったのは，新自由主義と利害を異にする周辺諸階層が，周辺共闘として組織されないところでも，個々に共産党に票を投じた結果であっただろう。

20年前，すなわち77年は美濃部都政の第3期にあたる。79年には鈴木都政が誕生した。第3期美濃部都政は75年に発足したが，その選挙で落選した石原慎太郎が美濃部都政に対して"バラマキ福祉"という批判を強く打ち出していたことに示されるように，すでに都財政危機は深刻化・争点化していた。そして美濃部三選後の77年には都財政建直しのために知事が自治省を相手に「起債訴訟」を起こすと表明していたが，社会党・共産党が後退した同年5月都議選後の9月の都議会で「起債訴訟」方針は否決された。こうして美濃部都政最終期の77年から79年にかけての時期は，新たに事業を展開するための，また既存の事業をより拡充するための財政的余裕は著しく狭められた。

つまり，97年5月に発表された「財政健全化に向けた当面の取り組み方針」が「概ね20年以上」経過した事業を「リストラ」の対象とするというのは，これより早くから行われていた事業をさしている。それらは美濃部都政が制度化・拡充化した高齢者福祉，心身障害者（児）福祉，児童福祉，一人親家庭福祉などの公的福祉事業等を指しており，革新都政を革新たらしめた事業といえよう。具体的には，高齢者，障害者，私立学校補助，都立高校統廃合，中小企業融資，清掃事業などの関連項目の解体・縮小が課題とされた。青島都政の特徴は，「いじわるばあさん」も顔負け，このように革新都政の成果を明確に正面から「リストラ」の対象として示したことにあった。

2 革新足立区政と新自由主義東京

ところで，こうした新自由主義東京都政と96年9月に誕生した足立区の革新区政との対照は鮮やかである。労働組合，業者，住民などの周辺層の共闘[11]によって，共産党，新社会党推薦の区長が誕生した足立区の97年度予算は，乳幼児医療無料化の就学前までの拡大への着手，特別養護老人ホーム・在宅介護支援センターや障害者作業所の増設，利息1パーセント・限度300万円の小規模特別融資の新設，産業振興のための抜本的強化のための新計画策定など商工予算10.8パーセント増，給食室の改修10校などを盛り込んだものになった。

新自由主義東京によって切り捨てられようとしている領域にこの時の足立区

---

11) 『足立区労連第七回大会議案書（1996年10月26日）』における「第2号議案　革新・民主の区政誕生の闘いの総括案」を参照。

政はむしろ積極的に力を注ごうとした。この足立区政は，新自由主義東京が民衆にもたらす諸困難に対する防波堤たらんとしていたことが明瞭である。ここに，周辺共闘の具体的在り様が示されていたように思われる。新自由主義によって切り捨てられようとする諸階層が労働運動を中軸とした周辺共闘という運動形態に自己を組織し，足立区ではその一例として区政を担って新自由主義を打破すべき力になろうとした。新たな福祉国家を自治体レベル延いては国政レベルで構築しようとする運動はこうした運動の延長上に形成されてくるものだと思われる。

そこで次節では新自由主義東京において，周辺層がみずからを周辺共闘という運動形態に組織している運動の在り様をさらに詳しく追ってみよう。

Ⅲ　1990年代東京の新しい労働運動

新自由主義東京において取り組まれている運動は，その課題の多様性に応じて，様々なものがあるが，以下で考察するのは，都市農業，中小企業，福祉機器開発の3つの事例である。

⃞1　都職労経済支部「農のある街づくり」大運動実行委員会

東京都職員労働組合経済支部（以下，都職労経済支部）の運動に着目するのは，それが，鈴木・青島都政によって進められた新自由主義東京都政に正面から対峙する運動方針を確立し具体化しているからである。都職労経済支部は「職場要求闘争・職場自治研活動・住民共闘の三位一体の運動」を掲げながら，全都を視野に入れた運動を繰り広げている。そして三位一体の運動の原則にすでに窺われるように，都職労経済支部は，職場要求だけに重点を置いて労働者の即自的な利害に運動の課題を限定するのではなく，つまり組合主義的な路線をとらず，労働運動として住民，関係諸団体との共闘を積極的に推進している。そうした運動の積み重ねの上に一つの到達点として示されたのが「農のある街づくり，産業のある街づくり，人の住める都市づくり」大運動実行委員会（以下，「農のある街づくり大運動」実行委員会）の取り組みだった。同実行委員会は89年度に提起されて90年度に出発したものだが，後述するように，これにより経済支部の運動はときどきの争点，課題にランダムに取り組む性格を脱してトー

タルに継続して系統的に新自由主義東京都政が都民に及ぼす諸困難の打開に向けて取り組むものになった。

都職労経済支部は，東京都労働経済局の新自由主義東京都政によってスクラップ化されようとする農林水産行政・中小企業行政などを担当する職員により構成されており，その職場は奥多摩から区内，島嶼部まで都内全域に及ぶ。96年時点では組合員約1900名，14分会，5階層専門部（青年・婦人・現業・中高年・嘱託員）が組織されており，組合員の職種には農業技術，畜産，水産，繊維等の技術職種が多く含まれている。

以下，都職労経済支部が三位一体の運動路線を確立して「農のある街づくり」大運動へ至った経過を見ていこう。

(1) 住民共闘路線の確立——御岳自治研

都職労経済支部の独自の運動路線は1972年以降の支部自治研活動によって形成されてきたと思われる。「職場要求闘争・職場自治研活動・住民共闘の三位一体」を原則とする経済支部の運動において，常には必ずしも一致することのあり得ない職場要求闘争と住民共闘を媒介し統一させているものこそ，職場自治研活動だからである。

経済支部は72年独自に第1回自治研集会を御岳山で開催して以降毎年御岳山で自治研集会を実現してきた（御岳自治研）。自治研活動を中心的に担う支部・分会の自治研担当者はおよそ200名を数える。経済支部の自治研活動の流れは，大まかには，支部定期大会直後に，拡大自治研推進委員会を開催し，そこで支部の年間方針と当面の御岳自治研集会開催要綱が決定され，分会はこれを受けてそれぞれの活動に着手する。そして年に数回の分会自治研推進委員長，事務局長会議で活動の成果を共有してゆく。これにより自治研活動は組合活動のなかに深く定着し，住民との共闘を重視する組合活動が維持されるようになった。

72年に，こうした組合路線を確立する，経済支部として独自の自治研が開催されたのはつぎのような背景においてであった。第1に，当時，農林水産部門を中心に職場の「合理化」が急速に行われつつあったこと，第2に，そうしたなかで，美濃部都政の第2期にあたって，自治体労働者として革新都政をどのように発展させるかということが経済支部にとって大きな課題となったこと。前者は職場要求闘争の課題であり，後者は住民共闘の課題だが，経済支部はこ

うして現われた質の異なる課題を統一的に解決するために，支部独自の活動として御岳自治研を出発させた。

さらに注目されるのは，経済支部が独自に自治研活動を発足させた，この時期は自治労が全体としては自治権活動がむしろ弱くなっていく傾向にあったことだ。後に再びふれるが，自治労の自治研活動は1957年に地方財政危機をきっかけにはじまったが，60年代末から70年代にかけて自治研活動及び住民共闘は次第に影を薄くしていった。そのことを裏付けるように，71年第14回全国自治研以降，全国集会はそれまでのように毎年ではなく隔年で行われることになった。経済支部の御岳自治研はまさに全国自治研が57年以降初めて開かれない年となった72年から出発している。

そして，この時期に自治労も含めて，都職労内部では——ヨーロッパの労働組合が社会民主主義の"われらの政府"に対してどのように組合活動のスタンスを確立するかということと対比すると——美濃部都政，いってみれば"われらの革新自治体"に対して自治体労組としてどのように関わっていくかということについて，相互に対立する見解が存在していたように思われる[12]。それまで都職労は68年9月以来定期大会が開催されない状態にあったが，72年に第40回定期大会を開催し，そこで社会党支持をとっていた自治労とは別に，政党支持自由の方針を確立し，新たな執行部を選出した。経済支部の，自治労とは独自の自治研活動が開始されたのはこうした過程においてだった。自治研活動は，その後，都当局の抑圧のみならず自治労本部による干渉や妨害にも遭ったが，住民共闘路線確立のゆえというべきだろう，やがて政治的保守の性格の濃い農業者や農協との協力関係をも築き上げることになった[13]。

御岳自治研のなかで住民共闘が確立していくのは，オイル・ショック後の都財政危機のなかで，労働局と経済局の合併がなされるといった，自治体リストラの走りとでもいうべきものが様々に都政のなかで進行していく過程においてだった。経済支部は第2期美濃部都政下で農林行政が後退するなかで，要求調査を通じて農業者と共闘し，農業者とともに都職労経済支部が対都交渉を行っ

---

12) 1975年にあった日本共産党と自治労本部との間の論争，"民主的労働者論か，共同の作業者論か"はその氷山の一角ともいえよう。この論争についての都職労の受け止めについては東京都職員労働組合編『都職労の歴史 第4巻』(労働旬報社，1995年) 35-8頁を参照。
13) 自治労連都職労経済支部『御岳自治研集会20周年記念誌』(1992年) を参照。

て予算獲得を実現する等の成果をあげていった。経済支部との農業者，生産者の共闘の劃期となったのは75年2月の「東京の農林漁業を守り発展させる研究集会」である。同集会は，計1600名を参集し，生産者並びに都農協中央会との共闘関係も進展していくことになった。

経済支部が取り組んだ主な自治研活動を一瞥しておこう。「東京の農業を守り発展させる研究集会」(74年度)にはじまった自治研活動は，『中小企業大運動』(78・79年度)などに取り組み，美濃部都政終焉以降は矢継ぎ早に出てくる新自由主義政策に対しては「宅地並課税撤廃の運動」(81年度)，「農のある街づくり，産業のある街づくり，人の住める都市づくり」運動(89年度)，「大店法規制緩和反対」(90年度)などに取り組んだ。このことは経済支部が，新自由主義の荒波に揉まれている農林水産業，中小企業関係の都行政を担当する職員により組織されていることと深く関係しているが，しかし，いうまでもなく，そこに組織されている都職員の組合員が東京都の新自由主義政策に反対するということは「自然」でも「当然」でもない。経済支部が新自由主義政策を推進する都政に抗する，こうした運動路線を確立する重要な契機となったものが72年以降培われてきた御岳自治研だったと思われる。

そこでここでは，89年度に提起され90年度より発足した，経済支部が同実行委員会の事務局団体となっている「農のある街づくり，産業のある街づくり，人の住める都市づくり大運動」を見ていこう。この実行委員会ができてから，経済支部の活動はときどきの争点，課題にヨリ持続的，体系的に新自由主義と対峙するものへと変化していった。新自由主義東京都政が都民に惹起する諸困難の多様な現われに対して，経済支部はそれらへの連関と根拠を踏まえた運動のスタンスを築いていた。

(2) 農のある街づくり大運動

「農のある街づくり大運動」実行委員会の発足を呼びかけた1990年2月の文書「『都市農業・地域産業確立大運動』の実施について」はその目的をつぎのように述べている。

　　　政府・財界主導の鈴木都政によって，大企業本位の東京大改造が進められ，東京から農業，中小商工業など，都民生活に重大な役割を果している産業が追い立てられようとしている。その攻撃は，臨調，活力懇の民活路

線による東京の異常な地価高騰と，それへの対処を口実とした農地への宅
地並課税，土地基本法に基づく借家・借地法の改悪の動きとなって現われ
ている。／財界・政界・鈴木都政，そして労線の右翼潮流が一体となって，
東京を国際金融都市と称した鉄とコンクリートの人の住めない街に変質さ
せようという策動に対し，都市農業の確立，農のある街づくり，産業のあ
る街づくり，人間の住む東京の都市づくりが何よりも求められている。／
このため都民の生活と営業，権利にかかわる日常的で切実な要求の実現と，
農地の宅地並課税反対，都市農業確立の課題を結合させ，多くの住民団体，
たたかう労働組合との共闘態勢を確立し，この運動に取り組む。

ここに見られるように，実行委員会は発足にあたって，大企業と利害を異に
する諸階層の課題を個別に捉えるのではなく，それらを結合して共闘を築こう
とした。

大企業と利害を異にする諸階層——すなわち周辺層——が統一して運動に取
り組むと一言でいっても，その統一の内部にやはり幾多の利害の衝突や葛藤が
生起することはいうまでもない。具体的にも，「都民の生活」と大店法規制緩
和反対，或は，住宅供給のためと称して行われようとする「農地の宅地並課税
反対」等々といった課題は常に即自的に統一されるわけではなく，むしろ，し
ばしば喰い違う。だが，そうした運動諸主体の葛藤は結局のところ，運動その
ものの過程において解決されるしかない。

90年3月実行委員会結成会がもたれたが，このとき確認された「申し合せ」
は以下の通りである。

この実行委員会は，都市農業を破壊する市街化区域内農地や宅地並課税強
化や中小商工業を追い出す借家・借地法改悪に反対し，固定資産税や相続
税の負担軽減を求めるなど共同した運動を進めることにより，都市農業・
地域産業を守り発展させることを目的とします。

実行委員会の結成時の構成団体は，都職労本部，都職労婦人部，都職労経済
支部，都職労世田谷支部，都職労大田支部，多摩市職，小金井市職，東久留米
市職，東京土建，全農林東京地方本部，東京春闘共闘闘争委員会，東京労連準
備会，東京母親大会，東京商工団体連合会，東京の農業と経営を守る会，圏央
道建設反対同盟連絡会，すみよい環境を作る東京住民団体連絡会，東京の食料
と健康・農業を守る連絡会，農林漁業都民連絡会，日本科学者会議東京支部で

ある。このように労働組合のみならず，環境問題に取り組む市民運動団体，業者団体，研究者団体など多くの幅広い関係諸団体によって同実行委員会は組織された。

　実行委員会がなかでも重視して取り組んだのは都市農業を守る運動である。当初の試算では宅地並課税が実施されると税金が平均70倍にも及び，農業総収入の10倍に上るため，事実上，農業を続けることが不可能になることが懸念されていたからだ。しかも，東京の農家戸数はそれ以前20年以上にわたって減少を続けていたが，特に1985年以降の減少が著しかった。85年から90年までに約6000戸が減少した[14]。実行委員会は都市農業をつぎのよう位置づけて運動の前進をはかった。

　　東京の農業は約1万2000ヘクタールの農地を有し，野菜で12パーセントの
　　自給率を保つなど，安全な生鮮食料を安定的に供給しているだけでなく，
　　貴重な緑と空間の提供による環境保全，子供達の情操教育の機能など，か
　　けがえのない役割を果しています。

　実行委員会は，92年11月，12月にかけて「都市農業（東京の農業）のあり方についての都民アンケート」を実施し，約8割が東京の農業振興を必要と考え，9割が農地の維持を要望していることが明らかになった[15]。当初，自治体によっては，宅地並課税を避けるための生産緑地指定申請に際して「将来の都市計画に協力する」旨の念書を同時に提出しないと受理しないという対応を採るところもあり，また申請期間そのものを短く設定するなどの反応もあったが，実行委員会の働きかけにより様々な「譲歩」や成果を引き出し，最終的に東京の市街化地域の農業者の生産緑地地区指定申請は面積で51.4パーセントに及んだ。茨城県（同11パーセント），千葉県（同21パーセント）を含めた首都圏の平均が31パーセント，全国平均は32パーセントであったから，実行委員会の運動の成果は大きなものであったといえよう[16]。もちろん，96年11月，首相諮問機関の経済審議会行動計画委員会（委員長は水口弘一野村総研相談役）は都市部の生産緑地は「土地の利用を妨げている」とする最終報告を発表しことに示され

---

14)　東京都労働経済局『96年版東京の産業』。
15)　『読売新聞』多摩版，1993年1月15日付。
16)　数値は原剛『日本の農業』岩波新書，1994年，190頁。

るように[17]，運動の前途には多くの困難が待ち受けていることが予想された。

しかし，こうして「農のある街づくり大運動」実行委員会の都市農業を守る運動が90年代に入って農業者や農協との共同の取り組みを進展させた根底には，一方では，88年の牛肉・オレンジ等輸入の自由化から93年12月の細川内閣のガット農業合意までの過程において，それまで利益政治によって政治的に統合されてきた農業者の危機感と，他方では，利益政治からの離脱を志向する動きがあったと考えられる。もちろん利益政治の統合の枠組から切り捨てられた諸階層がそのまま自動的に運動主体に転じたりすることはないし，こうした労働組合と農業者との共同の取り組みがそのままで政治的に力になることは稀にしかあり得ない。しかし政治レベルにおける周辺共闘（周辺共闘政治）をいまだ実現していない段階においても，社会レベルでの「日常的で切実な要求」（前出，実行委員会の呼びかけ文書）を追求する周辺共闘が新自由主義に対峙する力たり得ていたことが注目される[18]。さらに重視されるのは，一部地域ではこうした都市農業と学校給食とが提携して給食の民間委託を押し止めたりもしたことである。

2 不況打開大田区実行委員会——労働組合と業者との共同

つぎに考察するのは，不況打開大田区実行委員会の運動である。「農のある街づくり大運動」実行委員会の取り組みは，都市農業の維持，発展に重点を置く運動だったが，ここで見ていく運動は，労働組合と中小零細工場主・自営業者との共同の運動である。この運動は産業空洞化・大店法規制緩和に抗しつつ，地域づくり・自治体改革運動を射程におさめて取り組まれているのが特徴的だ。

不況打開大田区実行委員会（1993年3月15日準備会発足，同年7月29日結成）は，大田区労協（総評時代からの地域組織。連合傘下労組を含む），大田労連（全労連の地域組織）と民主商工会を中心とするその他の業者団体との共闘によって作られた組織である。不況打開大田区実行委員会のような持続的な組織を結成した労働組合と業者団体との共同の運動はそれまでは大田区においても見られな

---

17) 『日本農業新聞』1996年11月27日付．
18) 革新区政を実現した足立区の場合は地域を守ろうとする社会運動が自治体レベルの政治に比較的にストレートに反映したケースといえるだろう．

かったもので，その直接の背景には90年代不況があったと思われる。90年代不況が，日本の多国籍企業化に伴う構造的不況であることを踏まえると，基底にある日本資本主義の変化が，担い手の主体的な取り組みを貫いて運動形態の質的変化にまで反映したものと考えることができる。そこではじめにこうした基底における日本資本主義の変化を行論に必要な限りで見ておきたい。

(1) 日本資本主義の90年代における変化

　日本企業の多国籍化はオイル・ショック以降，1970年代末葉に電気機械産業から本格化したが，これまでの多国籍化の目的は，貿易摩擦の回避と現地市場の確保・拡大（主にヨーロッパ・アメリカに展開）と，対米輸出・逆輸入のための生産・組立基地確保（主にアジア地域へ展開）とにあった。そして，開発から加工・組立に至る生産工程の拠点と生産分業ネットワークの重心は基本的には日本国内に置かれていた。しかし，85年のプラザ合意以降，特に90年代不況のなかで，円高による国内生産コストの飛躍的増大による競争力喪失の危機感により，生産・加工の国内完結型・フルセット型システムからアジアを重要な生産・加工拠点として組み込む国際的な生産分業システムへと移行していった。

　このことは，完成品メーカーにおいては製品戦略と部品調達のあり方の抜本的見直しを促すことになった。当初は国内における生産分業・下請システムを維持しつつ行われた多国籍化は90年代以降になると様相を異にし，高度な生産機能のアジア地域への移転を含む，既存の生産分業・下請システムのドラスティックな改編が進んだ[19]。

　さらに，その際に留意すべきは，日本企業のアジア進出が単に低賃金労働力を求めて行われただけでなく，その過程で現地の開発独裁政権による労働組合に対する抑圧，弾圧などを利用するばかりでなく，いわゆる「御用労働組合」などを現地に積極的に育成しつつ行われていることである[20]。

　不況打開大田区実行委員会の以下に見る運動は，したがって，直接には新自由主義化・多国籍企業化に対抗しながら，いまだ潜在的にではあっても，日本

---

19) 吉田敬一『転機に立つ中小企業』第2章（新評論，1996年），渡辺治『現代日本の帝国主義化』（大月書店，1996年）第6章を参照。
20) 日本企業がアジア諸国でもたらしている労働災害，人権抑圧，環境破壊の実態について，宮本憲一『環境と開発』第5章第5節（岩波書店，1992年）。

の現代帝国主義化がアジア諸国にもたらしている諸害悪に対する抵抗にも開かれているといえるだろう。というのも，多国籍企業の加害性を認めた上で，他国の民衆に迷惑をかけないこと，そのために他国の民衆と手を繋ぐことを目的とする運動は，自国の民衆の利害に無関心でいて，或は，自国の民衆の利害と無関係に，超越的にできるものでは到底なく，自国において多国籍企業により同様に困難に曝されている民衆の利害と媒介させることができなければ，結局のところ，現実を動かす力にはなり得ないと思われるからだ。

(2) 運動の端緒

不況打開大田区実行委員会結成の直接の発端となったのは1993年1月の大田区役所内における民主商工団体の座り込みだった[21]。先にもふれたように，90年代不況は産業空洞化に示される日本企業の多国籍化という従来までの不況とは構造を異にするものだったが，早くも91年春から現われた不況の影響はこの時期に大田区の業者に深刻な影響をもたらしつつあった。業者のなかには仕事の激減によって機械のローン返済などの資金繰りに困窮苦悩し，夜逃げ，自殺に追い込まれる者もあったし，そうした事態はそこに至らない者にももはや他人事とは映らなかった。実際にも大田区の工場数はバブル期の85年に9150を数えたのが，93年には7160と，この間に約2000の工場が失われていた[22]。また，商店も88年に1万1047を数えたのが94年には9793と約1200の減少を見た。大田，蒲田，雪谷の3つの民商が大田区役所内で座り込みを行った直接の背景はここにあった。

こうして三民商は"座して死ぬより団結して生きよう"をスローガンに，区に不況対策融資を要求するために，約150名で座り込みを行った。そしてこの座り込みが労働組合を新たな行動に促すことになった。業者の座り込みを目の当たりにして，不況によるリストラ，賃金切り下げ，倒産，解雇が横行するな

---

21) 不況打開大田区実行委員会の取り組みの経過については，後藤耕三（不況打開大田区実行委員会事務局担当幹事）「座して死ぬより団結して生きよう」（『労働運動』1996年11月号所載），馬場義彰（雪谷民主商工会事務局長）「東京大田区における地域経済振興条例づくりの運動」（『中小工業研究』1996年7月・夏季号所載）等を参照。
22) 大田区内の企業倒産件数，失業者数は，91年4月から94年12月までの3年9カ月間で463件，3387人に及んだ。

かで，ハチマキ，ゼッケンをつけて頑張るのは本来なら俺たち労働者がやることだ，それを中小企業者がやっている，労働組合は企業内闘争ばかりではないか，という問題提起がなされ，その問題提起が間もなく労働組合の運動方針に形をなしていくことになる。

大田区労協，大田労連で構成する春闘共闘委員会もこの間の不況によって行き詰まりを見せていた。91年の年末一時金，92年の春闘，夏季一時金，年末一時金など，いずれも前年度を下回る結果に甘んじていた。そこで93年春闘共闘委員会は"不況のもとで利益をあげ，内部留保を上積みしている大企業の内部留保を取り崩して大幅賃上げを"というスローガンで取り組まれた。

この時期，先に述べた，多国籍企業化に伴う工場移転，リストラ合理化など，困難は一層目に見えるものになっていた。春闘共闘委員会は，93年春闘目前の時期にパイオニアで管理職の首切りが発表されると，大森パイオニア工場前で，またパイオニア本社前で宣伝行動を行った。春闘共闘委員会の運動が喚起した世論からの批判にさらされてパイオニアはこのとき管理職の「合理化」を断念した。パイオニア労組は連合傘下であり，さらに組合員でもない管理職のリストラに対する運動は，パイオニア労組が加わっていない春闘共闘委員会が仮に企業内運動に安住し，組合主義に満足するエートスを持っていたならば，取り組まれることはなかっただろう。そして春闘共闘委員会が内包する企業内運動批判，組合主義批判のエートスを顕在化する外的な契機となったのは，先にふれた，すでに現れはじめていた大田区地域が90年代不況によって被っている困難の大きさ深さだった。

春闘共闘委員会はさらにアルプス電気の東北地方移転のための工場閉鎖，日産座間工場の閉鎖に対する抗議運動を展開し，日本航空，荏原製作所，NCR，トキメックなどに対して「大企業の社会的責任として大幅賃上げをおこなうこと。下請労働者の大幅賃上げができるように下請単価を引上げること」などを要求した。こうした春闘共闘委員会の運動は，テレビ，新聞などのマスメディアにも取り上げられたが，果たして93年春闘の賃上げは前年を再び下回ることになった。春闘共闘委員会自身が総括のなかでみずから「画になったけれども餅にならなかった」といわざるを得なかった。

このとき春闘共闘委員会が直面していたのは明らかに90年代日本資本主義の多国籍化に伴う新たな事態だった。しかし，多国籍企業化が中小企業や個人商

店，農業その他に広汎にもたらしている困難の諸相の連関を見出して，それら諸困難の連関を逆に基盤として周辺層の組織化をはかる運動方針，つまり新自由主義によってますます周辺へと押し出される，政府・財界の用語では「痛み」を強いられる諸階層，諸当事者の連帯を築く方針はいまだ編み出されていなかった。それが現実のものとなったのは翌94年春闘の過程においてである。

(3) 不況打開大田区実行委員会の結成

94年春闘を前にして，春闘共闘委員会は区内の3つの民商に懇談を申し入れ，持続的な共闘組織として区内48団体を糾合した不況打開大田区実行委員会を結成する。同実行委員会が最初に出した「共同アピール　世界に誇る大田区の機械金属工業地帯を守り，大田区の商店街と地域活性化のために，大企業の横暴規制と国民本位の不況打開をめざし，労働者・商工業者の共同を強化する呼びかけ」(94年2月23日)は90年代不況・新自由主義，そしてそれの起動力でもある大企業という対峙する相手を明確にし得たと同時に，それに見合った布陣・隊列を大田区という地域(＝自治体)で組織し得たことを示している。

この運動の重層的，有機的あり方を示唆することだが，先述した，「農のある街づくり大運動」実行委員会が92年6月，93年6月，そして不況打開大田区実行委員会結成後の94年7月に大田区の町工場の見学会を行っていた。後にもふれる，大田区職労は「農のある街づくり大運動実行委員会」の構成団体でもあった。

不況打開大田区実行委員会は，1979年に早くも地域経済振興条例を制定している墨田区に着目し，同条例作成・制定にイニシアティヴを発揮した墨田区の共産党区議会議員を招くなどして研究会を重ねた。そして94年秋に，墨田区よりも大企業の規制を重視した地域経済振興条例案を独自に作成し，直接請求運動を展開した。同じ頃，94年4月に結成された「不況打開・地域経済の振興をめざす」東京実行委員会(自治労連都職労，東商連，東京土建，東京地評，東京履物工組合協議会)が自治体に向けての提言づくりを提起していた。

なお墨田区で地域経済振興条例が全国に先駆けて制定された要因の一つは墨田区の産業構造の特殊性にあった[23]。墨田区は日本橋を中心とした問屋，商社，

---

23) 前掲，吉田敬一『転機に立つ中小企業』(新評論，1996年)第6章，同「地域経済の振

アパレル・メーカーの下請を担う小規模工場を多く抱えていたが，その工場数は1970年9073を最高に80年には7966に減少した。この時期に東南アジア諸国の追い上げがはじまり，最大の輸出先であったアメリカ市場と国内市場において墨田区の工場は徐々にそのシェアを後退させていた。すなわち，構造的不況が墨田区において逸早く現われていたことが地域経済振興条例を逸早く制定せしめる条件となっていた。

　不況打開大田区実行委員会では地域経済振興条例案の提起に際して，これを請願署名で行うか，直接請求で行うかで議論があった。実は，大田区で過去5回にわたって共産党区議団が墨田区と同主旨の中小企業振興条例案を提起していて，いずれも否決されてきた。したがって地域経済振興条例案についても一定の困難が事前に予想されていたが，区民や労働者に与える影響力を重視して，最終的には，請願署名よりも要件の厳しい，それだけ社会的影響力もある直接請求が敢えて選択された。そのほうが区内業者団体に働きかける際によリ効果的だと判断された。他方，労働組合の場合は，当初は，大田区で働く労働者が必ずしも大田区民でないことから，区民でない者も署名できる請願署名を選択することが考えられていた。

　直接請求に必要な署名数は有権者数の50分の1以上で，大田区民は50万余であったから1万以上の署名が必要になる。果たして定められた1カ月で集まった署名は4万5千を上回った。ところが，大田区地域経済振興条例案は95年2月，共産党のみの賛成で否決されることになった。しかし，だからといって運動の成果がなかったのではない。当初，区長は地域経済振興条例は必要ないとしていたが，不況打開大田区実行委員会の条例案を否決した7カ月後，95年9月に「大田区産業のまちづくり条例」を議会に提出，制定した。

　91年の大田区の区議会選挙における共産党の得票数は3万5813であったから4万5千の署名は従来からの共産党支持層のみならず，いわゆる無党派から政治的保守層までを含めた区民の要求がそこに反映していたと見られる。つまり，不況打開大田区実行委員会の運動はこうして社会レベルでの政治的立場の枠組を崩してまとまった力を形成しつつあった。そしてこの力は当然のことながら

興と中小零細企業」（労働総研・中小企業問題研究部会編『中小企業の労働運動』学習の友社，1996年，所収）を参照。

政治にも反映した。

　直接請求終了後，95年1月の大田区長選挙では，現職区長の保守候補が当選したが，得票は8万7756票で前回よりも1万4923票減らし，落選した革新候補（大田区労連事務局長）は4万5245票で前回よりも2万3469票を増やした。さらにその後の区議会選挙では条例を審議した委員会で質疑打ち切り動議を提出した自民党議員，本会議で反対討論を行った民社党の議員が落選している。

　しかし，周辺共闘の運動としての力のこうした政治への反映にもかかわらず，注意を要するのは，不況打開大田区実行委員会としては選挙運動に取り組んでいないということである。それは，支持政党，投票などに現われる狭義の「政治」を一先ず括弧に入れて，政治的革新層と「無党派」，政治的保守層を当面する課題に即して一つの運動に組織し，それを維持・発展させようとする同実行委員会の判断があったからだと思われる。

　大掴みにいえば，これまでの政治的保守層と政治的革新層が社会レベルでは新自由主義に対抗するという利害に基づいて共同を築き，それを社会的力としてみずからを組織化していく運動が動きだし，それが多かれ少なかれ，結果として，政治にも反映していた，といえるだろう[24]。

(4) 「大田区地域経済振興条例案」と「大田区産業のまちづくり条例案」
　　　——不況打開大田区実行委員会と大田区政の対抗点・1

　さて，ここで大田区不況打開実行委員会が作成した「大田区地域経済振興条例案」と大田区長が提案し制定された「大田区産業のまちづくり条例」を比較してみよう。両者の相違に，新自由主義と周辺共闘との利害の対立が具体的に示されている。

　「大田区地域経済振興条例案」は，冒頭で，中小規模事業者は「大田区の産業と経済の中心的な担い手であり，区の産業の経済の発展に寄与し，区民生活の向上と安定，雇用確保，街づくりに貢献してきた」と述べ，「中小規模事業者が今後ともかわることなくその使命を果たすとともに働く者の職場と生活を守るための基本的な諸施策を示すため，この条例を制定します」としている。

---

24) こうした運動を清水慎三が提起した「社会的左翼論」と見做すこともできるだろう。参照，清水慎三・花崎皋平『社会的左翼の可能性』（新地社，1984年）の清水慎三執筆部分。

これに対して,「大田区産業のまちづくり条例」は冒頭部分で「産業環境の創造を通じて,大田区産業は世界や地域との交流を軸に,新しい産業と技術を創出するとともに,生活・文化と産業が結び付いた快適な環境の形成を目指す」という表現の下,産業空洞化と地域経済の再編成を容認・推進する内容になっている。「大田区地域経済振興条例案」の「今後ともかわることなく」に同条例は「産業環境の創造」「新しい産業と技術」の「創出」を対置している。
　さらに同条例はその「目的」を「大田区産業の振興に関する基本事項を定めることにより,生活環境と調和する産業のまちづくりを推進し,もって区民生活の向上に寄与することを目的とする」としている。「大田区地域経済振興条例案」が「中小規模事業者」と「働く者の職場と生活を守る」に対置されているのはここでは「区民生活の向上」である。「大田区地域経済振興条例案」は,「中小規模事業者」とは商業,工業においては中小企業基本法の,農業においては農業基本法の,漁業においては漁業法の,それぞれに規定されているものと明確に述べていた。
　また「大田区地域経済振興条例案」は「基本的な施策」として,大規模事業者の経営縮小・移転・拡大などの際に中小企業者及びその従業員が受ける影響調査,大規模事業者の下請取引適正化,遵守事項,下請業者の振興基準の実態調査,中小企業事業者及びその従業員に重大な損害を与える恐れのある場合に,その是正,未然防止のために指導,勧告,要請を行う,また都への要請などを掲げている。これに対して「大田区産業のまちづくり条例」は「基本方針」として「産業構造と生活者の意識の変化に対応する新しい産業集積の形成を図る」として産業空洞化を前提する表現のもと,「区の基本施策」では大規模事業者の規制についてはついに一言も触れない。
　そもそも「大田区産業のまちづくり条例」は「産業者」と一括して事業規模を度外視していることが特徴だが,そのことが現実の場では大企業と中小企業のいずれを利するかはいうまでもない。大規模事業者と中小規模事業者の利害の対立が問題になっているときに両者を「産業者」と一括した所以というべきだろう。
　そして同条例は「産業者の役割」の項では「産業者は,区民の健康と安全に配慮しながら,創造性と自律的な活力にもとづく産業活動を進めることを通じて,区民生活の向上と地域環境の向上に努める」と述べている。つまり,「大

279

田区地域経済振興条例案」における生活に根付いた，運動の裏付けを持った「中小規模事業者」「働く者」に対置されたのは，「産業者」であり「区民」である。このレトリックは「産業者」ということで「中小規模事業者」の固有の利害を見えなくし，「区民」ということで「働く者」の固有の利害を見えなくさせようとしているが，隠そうとするがゆえにかえって隠そうとしているものが際立っているというべきか。これらのことばとそれが背負わされている利害の対立は，「市民」と「階級」の対立のアナロジーといえよう[25]。端的にいえば，「大田区産業のまちづくり条例」のレトリックとロジックは，抽象的などこに存在するのかも定かでない「産業者」「区民」をもって具体的な「中小規模事業者」「働く者」を追い落とそうとするのである。

さらに，「大田区産業のまちづくり条例」には「創造性と自律的な活力」という表現が「基本方針」「産業者の役割」の項で用いられて，強調されている。「大田区産業のまちづくり条例」は，不況打開実行委員会の運動がなければ，産業空洞化に対応できない，すなわち「自律的な活力」のない中小規模事業者を「創造性」のないものとして市場の淘汰に任せることを妨げない構成になっている。

(5)　「共同提言」と「大田区産業ビジョン」
　　　　──不況打開大田区実行委員会と大田区政の対抗点・2

「大田区地域経済振興条例案」と「大田区産業のまちづくり条例」に見られる対立は，単なる大企業と中小事業者との利害の対立に尽きるものではない。ここでは両者の対立がそれぞれに当事者のどのような理念乃至思想によって支えられているのかを垣間見て，対立の具体相と背景に迫りたい。

「大田区産業のまちづくり条例」に示された区の産業政策はこの直後1995年3月に出された，大田区産業のビジョン委員会報告「大田区産業ビジョン──大田区産業『ＯＴＡ』戦略──」にまとまった形で示された。OTAとはそれぞれ，オープンマインド戦略，テクノ・フロント戦略，アメニティ・ストック

---

[25]　1990年代に支配層が用いた「市民」概念について，渡辺治「帝国主義的改革と対抗の戦略」（渡辺治・後藤道夫編『講座現代日本 4・日本社会の対抗と構想』大月書店，1997年，所収），また渡辺治「階級の論理と市民の論理」（歴史学研究会編『講座世界史・わたしたちの時代』東京大学出版会，1996年，所収）を参照。

戦略の頭文字をとったということで,「アントレプレナー」,「テクノ・コンドミニアム」,「マシン・モール」等々というカタカナ語が氾濫する委員会報告をここで全体的に検討することはせず,不況打開大田区実行委員会と対立する理念を端的に示している,同報告「Ⅰ 基本的な考え方」を見よう。

そこでは,「社会の現状」が,「変革の時代」,「国際化の進展」,「高齢化の進行」,「地球環境問題の深刻化」,「高度情報化の進展」という項目で論じられながら,「『個人』が主役の社会」がつぎのように展望されている。

先ず「日本が世界でも有数の経済的繁栄を実現するに至った背景のひとつとして,均質で同質な人種や,価値観の存在などがつとに指摘されてきた」と書き出し――誰が指摘したのか主語を曖昧にしつつその内容を肯定する恥ずかしがり屋の論法だが,この内容それ自体が誤りである――国際化の進展によりこれからはそうした「金太郎アメ集団」では立ちゆかないし,「高齢化の進展」は「終身雇用や年功序列といった従来の雇用システムに大きな変革を迫る」と主張する。続いて,「変革の時代を迎えた今,人々は物質的な豊かさよりも精神的な豊かさに価値を求め,集団主義や経済効率至上主義に代わり,互いの個性や生き方を認め合う傾向を強めている」と述べられる。

ここでは,「物質的な豊かさ」と「精神的な豊かさ」が留保なしで対立させられることで「物質的な豊かさ」をなお追求せざるを得ない人々が度外視され,「集団」と「経済」(=「物質的な豊かさ」)は不必要なもの,克服されたものとして,つまりいずれもマイナス価値を持つものとして同列に置かれ,さらに「集団」と「個性」が敵対させられている。そして最後に「次なる社会像」で以下のように展望して「基本的な考え方」全体が結ばれている。

　　求めるべき次なる社会像とは,企業中心ではなく個人が主役となる社会であろう。私たち一人ひとりが個の生活を大切にし,みずからの意志と責任で多様な自己実現を試み,一人の自立した「個」として社会に自己を確立するのである。そして,個人が主役となる社会とは,一方で自己責任の原則が厳しく問われる社会であることは,銘記されてしかるべきであろう。[26]

語句それ自体を取り上げてみれば,積極的な価値を持つものも贅沢にちりば

---

26) 大田区産業ビジョン委員会「大田区産業ビジョン――大田区産業『OTA』戦略――」(1995年3月),15-8頁を参照。

められているのに，それらは全体の文脈ではどうしようもなく色褪せて見える。大田区産業ビジョン委員会の「基本的な考え方」は「自立した『個』」になりたまえ，「自己責任の原則が厳しく問われる」ぞ，ということに尽きるようである。

ここに盛られた思想は「大田区産業のまちづくり条例」が「産業者」に「創造性と自律的な力」を求めていることとよく対応しているというべきだろう。それは，つまり，アトム的個人の称揚とその強制であり，つぎに見る不況打開大田区実行委員会の運動の内に具体化している理念──「自己責任の原則」を運動の過程で葛藤を抱えながら批判，克服して諸個人が手を結び，共同，共闘を築くこと──への嫌悪と敵意というほかないだろう。

この大田区産業ビジョン委員会の主張に，旧日経連が1995年5月に発表した『新時代の「日本的経営」』と同一の基調を見てとることは容易だろうが，むしろ，1997年4月に経済同友会が発表した『戦後日本システムの総決算』が述べる，「かたちだけの中産階級，国と企業に依存する中産階級，ときには弱者の顔をする中産階級を『民主導の担い手となるべき市民階級』として自立させる必要がある」[27]という厚顔な主張とよく響き合っているように見える。

大田区不況打開実行委員会は，なぜ，こうした思想と対立せざるを得ないのか。それは端的に，大田区産業ビジョン委員会の高唱する「自己責任の原則」がかれらの職場と生活を直撃し破壊しようとするからだ。したがって不況打開実行委員会の運動が直接に職場と生活それ自体に根差しているものである以上，支配の要請によって動員されたイデオロギーと力をもってこれを封じ込め根絶やしにすることは難しいだろう。

大田区不況打開実行委員会は，1994年7月「共同提言」を公にしたが，96年1月，「大田区地域経済振興条例」の直接請求から約一年を経て，その間の運動の総括に基づいて新版「共同提言」を発表した。新旧は内容上の異同は殆どない。しかし，この間の運動の成果に立って，新版は諸課題の整理と連関，対策を旧版よりも明快に主張して，「提言」にヨリふさわしいものになった。

新版は冒頭で「提言の基本的な考え方」を置き，つぎに「提言1・不況打開のカギは，大幅賃上げ，大幅減税で国民の消費を増やすこと」，「提言2・大企

---

27) 経済同友会『戦後日本システムの総決算』（1997年4月），2頁。

業の横暴を規制し，産業空洞化，下請いじめをやめさせ，大手スーパー進出を規制し商店街を守ること」「提言３・中小企業，商工業者の経営の安定のために」「提言４・公共投資の流れを大手ゼネコン優先から国民優先に」「提言５・日本の米を守り，農業を発展させるために」「提言６・いつまでも安心して働きつづけることのできる大田区に」「提言７・いつまでも安心して住み続けることのできる街づくりを」と７つの主要課題を述べた後で，新しく「質問に答えて」という項目を設けている。そこでは「産業空洞化の変化は，時代の流れだから，それに反するのは時代遅れでは？」「自由競争の時代から，大企業と中小企業は対等。中小企業だけ特別扱いするのはおかしいのでは？」「大企業を規制すると，大企業は大田区や日本から出て行くのでは？」「『円高はしかたないこと，円高とともに生きる覚悟をもて』（『経済白書』）」「大田区産業のまちづくり条例ができたから，大田区はよくなるのでは？」といった，運動のなかで出てきた疑問・反論に説得的に応えている。

「提言の基本的な考え方」では，「『大企業が潤えば，そのおこぼれが中小企業や国民にまわってくる』」という考えを批判し，大企業の規制の必要性をつぎのように述べている。

　　住民のことをまず第一に考え，実行しなければならない地方自治体＝東京都・大田区が大田区の住民と働く人々を主人公とする都政・区政をおこなうことです。すなわち大田区の中小企業，商工業者そこで働く人々の営業と生活の安定，機械金属工業地帯と商店街の振興をまず第一に考えることです。地方自治体が力を発揮すれば，かなりのことができます。

ここには，新自由主義に対する防壁，バリケードとして新しく自治体を位置づけていることが明確に示されている。そうした自治体に対する新たな位置づけを主題的に提示していたのが「提言６・いつまでも安心して住み続けることのできる大田区に」「提言７・いつまでも安心して住み続けることのできる街づくりを」だ。

「提言６」は「不況打開大田区地域経済振興条例」の制定を引き続き目指すこと，不況実態調査を区に独自に行わせること，「その打開のために機敏で総合的かつ思い切った行政措置，救済措置がとれるように労働組合や商工業代表者が参加する不況対策本部を設置させる」こと，区の官公需の発注を区内中小業者に向けさせること，区公共施設の消耗品等を地元商店で購入させること，

貸工場，貸商店への区の家賃補助，「企業閉鎖・倒産などで収入が得られなくなった労働者で，雇用保険の受給資格がなかったり，受給期間がきれた労働者の生活資金融資制度」や「税金や健康保険・年金の掛け金の免除」等を提言している。総じて区内商工業発展の視点から区政の介入領域を拡充・拡大させるための提言を行っている。

「提言7」も同様に，区政の介入領域を拡大・拡充させようとするものだが，こちらは大田区の住環境を維持発展させるための諸施策を示している。都市再開発の中止，震災対策，車椅子利用者のための施策，老人のための介護・診療などの施設・制度の拡充，区営住宅建設，若年夫婦への家賃補助，住民税，国民健康保険料の減免基準の見直し，等々が挙げられている。

こうした提言のスタンスはつぎのような運動の思想に支えられている。新版共同提言の学習会で「『共同提言』の中に入っている要求は国民の政府ができないと実現しない要求だ。革新の政府ができないと実現しない要求だ」という批判に対して，実行委員会はつぎのように応えていた。

　　今の不況を国民本位に打開する，大企業の海外移転による空洞化を阻止するということを，国民の政府ができるまで待っているわけにはゆかぬという立場で，『共同提言』は書いております。ですから，国民の政府ができる以前でも，今の力を発揮すれば，世論と運動によって実現できる要求になっています。そのために新しく立法措置の必要なものは極めて少なくし，今ある法律や仕組を生かすことを中心にしております。ただ，法律があるから，簡単に実現できるとは考えておりません。しかし，法律，仕組があるわけですから，闘いによって実現すると考えております。例えば，労働基準法という法律があって，労働者のいろいろな権利が守られております。でも，それも，労働者の団結と闘いなしには労働基準法も守れないことは，みなさんよくご存じのことです。[28]

不況打開大田区実行委員会が自治体を重視し，それを新自由主義に対するいわば砦と位置づける発想を支えているものは，ここに述べられているような状況認識と運動経験だった。こうして95年2月に「大田区地域経済振興条例案」

---

28) 後藤耕三（不況打開大田区実行委員会事務局担当幹事）執筆の「1996年度共同提言（案）・学習会」を参照。

が否決された後も，不況打開大田区実行委員会の運動は勢いを失わなかったし，かえって96年6月には，大田区商店街連合会会長，大田区工業連合会会長，区からは大田区産業経済部長，そして不況打開大田区実行委員会をパネリストにしたシンポジウム「大田区の地域経済の現状と今後の振興」が不況打開大田区実行委員会の主催によって行われた[29]。区長が不況打開大田区実行委員会の運動に対抗し提出した「大田区産業のまちづくり条例」制定から1年余を経て，こうしたシンポジウムが不況打開大田区実行委員会の主催によって実現することに，運動の潜勢力がよく示されていたというべきだろう。

シンポジウムでは工業会会長は，産業空洞化の問題にふれ，また親企業との取引に際して「適正価格というものをきちんと維持」しなければならない，「行政の支援も必要だ」と述べ，討論のなかでつぎのように語った。「資金手当というのはどうでしょう，6850億円というとんでもない大金がですね，どっかわけのわからないところへ使われようとしている今日ですね，そういうなかでもしああいうお金を私どもに貸してくれておったらですね，決してひっかけることはなかったということをここに大きく申し上げたいと思います。どうかその辺をですね，為政者はしっかりと考えながら，これからすすんでいただきたいとおもわずにはいられません」と政治への不満を隠さなかった。

商店街連合会会長はつぎのように大店法規制緩和の影響を指摘している。

> スーパーが，なりふりかまわず，自分さえよければいいという状態を醸しだして，価格破壊・ディスカウント，いろいろな状態を我々に提起し，さらに平成に入りまして，過去三回にわたる大規模小売店舗法の規制緩和等が，我々に大変影響をもたらしております。その規制緩和によって，今，法の取り扱いが「午後8時閉店，年間休日24日だよ」と取り扱いがきまっているにもかかわらず，大型店から私どもにでてくるのは，「通年9時に閉店させろ，休日は24日じゃ多すぎる，半分の12日にしたらどうだ」。法の取り扱いが決まっているにもかかわらず，大型の大企業は我々にそれを無理強いしてきているというのが現状でございます。我々はそれができる限りにおいて我々零細の小売業のために防波堤となって，何とか1日も遅くと，皆さんに影響が及ぶのを遅くにと努力して参っております。しかし，

---

[29] 記録「シンポジウム・大田区の地域経済の現状と今後の振興」を参照。

我々の努力不足か，いわゆる今の政治形態の違いか，役人さんの考え方の相違か，わかりませんが，努力はしていても少しも実は結ばないというのが現状でございます。

またフロアから，全日本金属情報機器労働組合大田区地域支部の組合員はつぎのように発言して，企業別での取り組みの限界，中小企業労働運動のあり方を問いかけた。

　　（親会社に：引用者補）無理を言われると赤字でもやらざるを得ない。というような，時に製品に1万円札をくっつけて出荷するようなこともですねあると…中略…労働組合としてもいろんな，もちろん賃上げしてくれ，ボーナスもほしいといろいろいいますけれども，しかし，社長の顔色と仕事の状態を見ればですね，よう要求も出し切れないようなですね，現状におかれているわけですね。…中略…今の不況や空洞化の進行度合では，ひとつの企業での労使内の努力だけですはね，どうにもいかないという問題がですね，大きくやっぱり横たわっている。

上に垣間見た発言は，中小事業者，商店主，労働者の抱えている困難を端的に現すもので，不況打開大田区実行委員会がこれらの諸階層の直面している困難を束ねて運動化しようとしていること，同時に同実行委員会の運動が現にそうした役割を一定程度果たしていることを如実に示している。

先にもふれた大田区産業ビジョン委員会は，こうした不況打開大田区実行委員会の運動を目の当たりにしながら，報告書作成にいそしみ――報告書が出されたのは「大田区地域経済振興条例」否決の1カ月後だった――，そこで「自立した『個』」を称揚するのに急で，眼前に展開している，自立させられた個の連帯・共同の意味を省みることはなかった。しかし，こうして「共同提言」と，運動を支えている諸階層が直面している困難と要求それ自体を見ると，大田区産業ビジョン委員会が嘯く「自立した『個』」と「自己責任の原則」とは具体的現実のなかにまで降りてくると，畢竟「自分さえよければいい」（前出，商店街連合会会長の言葉）という意味しか持たなくなるということが余りにもあからさまだろう。

不況打開大田区実行委員会の運動は「自分さえよければいい」という昨今の新自由主義の思想と行動に対して，「共同提言」が自治体に対する働きかけと街づくりを自覚的に積極的に提起していることに窺えるように，職場と生活そ

れ自体に直接に依拠して，自立させられた個が再び連帯と共同をしながら連帯と協同を築く営みとなっていた。

3 福祉機器開発懇談会——障害者・労働者・業者の共同

つぎに考察するのは，大田区職労を中心とした労働組合と業者，障害者，高齢者による福祉機器開発の取り組みである。この運動は不況打開大田区実行委員会と密接に連携をとりつつも，それとは独自に研究開発・生産−市場−消費者・利用者という連関にまで踏み込んで運動が構想され，実践されている点で，規模は小さくても，とても高い質を持った運動として注目される。

福祉機器開発懇談会の取り組みは，当事者たちには意識されていなかったが，実はイギリスにおけるルーカス・プランの取り組みと共通する要素がある。ルーカス・プランは，身障者用車椅子，電気自動車等の開発に取り組み，こうした「社会的に有用な生産」を地方自治体によって維持される「社会的市場（ソーシャル・マーケット）」と媒介させることを試みて一定の成果をあげた[30]。

福祉機器開発懇談会の取り組みは，大田区職労が障害者と業者との間を連絡，調整しつつ，大田区労協，東京土建大田支部も参加し，以下に見るように区民や行政にも積極的な働きかけを行った。先に新自由主義東京都政の過酷な"自治体リストラ"を垣間見たが，大田区でも約6000人の職員を約1500人削減する等のリストラ案が浮上しており，この取り組みは，自治体リストラと90年代不況という根拠を同じくする事態に規定されながら，障害者と共同を築きつつ，労働組合，とりわけ自治体労働組合の将来の運動のあり方にも豊かな可能性を提示した。

新自由主義は，周辺層，そのなかでもとりわけ経済的基礎をさらに弱められている障害者，高齢者などに一層強く困難を転嫁し集中させてゆくが，福祉機器開発懇談会の取り組みはこうした新自由主義に露骨に切り捨てられようとする周辺諸階層の取り組みに労働運動が積極的に関わったものである。こうした福祉機器開発懇談会の取り組みは，支配層が「自立した個」と言葉面だけでは

---

30) ヒラリー・ウエインライト，デイヴ・エリオット著／田窪雅文訳『ルーカス・プラン』（緑風出版，1987年，原著は1982年），また同書所収の戸塚秀夫「『ルーカス・プラン』の運動論的特質について」を参照。

称揚する，実は，自立させられた諸個人を，支配が維持できる限り，さらに増え続けることを結果する，そのことに痛痒を覚えない，1990年代における支配層の攻勢に反応，対抗して登場してきたこと，その歴史性において注目される。

　この取り組みのきっかけになったのは大田区職労の自治研推進委員会の運動だった。自治研推進委員会はそれまでも，子育て，地域福祉計画，都市再開発問題，土地住宅問題などに取り組んできたが，先に見た「農のある街づくり大運動」実行委員会とともに1993年6月「不況が直撃する──大田区工業の現状を知り未来を考えるシンポジウム」を開催した。その時，福祉機器開発の取り組みが動き出した。シンポジウムは大田区産業経済課にも呼びかけ，民商，大田区中小企業家同友会，大田工連などからも多くの参加者が集った。そこで「今回の不況は，待っていても駄目だ。自分たちで仕事をおこしていかなけりゃ，もう生きていけない」という声があがったように，ここでも90年代不況が従前のそれと異なるという理解が共有されていた。ここに，区職労と地域の業者の連繋が築かれ，そこで福祉機器開発の取り組みが動き出した。

　自治研の取り組みのなかで区の福祉施設に勤務する職員が車椅子や介護用リフトなどの修理，改造に困っていることを業者に話したところ，業者は身近にそうした要求があることを初めて知らされることになった。

　　私（西嶌和徳自治研推進委員：引用者補）が発言したら，"なーんだ，そんなことなら訳ない。もっと早く言ってくれよ"ってことで。でも私たちも不便を感じながらやってましたけれど，福祉機器を修理しますなんて看板をかけているわけじゃないから気づかないでしょ。業者の人も，バブル全盛期には注文をこなすだけで夜中までかかって，そんなことを考える暇もなかった。地元に養護学校や老人ホームがあることも知らなかった。たまたま不況におちいって仕事おこしを考えなければならなかったのと，高齢化社会のニーズがあのシンポジウムで出会ったようなわけなんです。[31]

　この発言が物語っているのは，今日の私たちの社会が日常においてどれほど大企業の論理と力によって見えにくいものにされ，さらには個々の地域，コ

---

31) 矢吹紀人「工場主と障害者の出会いから生まれた仕事おこしの動き」。矢吹は「福祉機器開発懇談会は，大企業が支配する社会へのアンチテーゼと新しい共同社会の提言」と捉えている。

ミュニティで営まれる具体的な生活そのものが分断され，個々人がいかに孤立（或はむしろ「自立」）せしめられているかということと，それと同時に，運動こそがそうした分断や孤立を大企業の論理に抗して結び合せていくということだ。シンポジウムでの要求，利害の出会いからおよそ1年の様々な準備段階を経て，94年6月に福祉機器開発懇談会準備会が結成された。同会は，当事者組織として，大田移動と介助を考える会（大田IKJ），業者として蒲田民主商工会工業部会，新大田建設業組合，労働組合としては城南養護学校分会，東京土建大田支部，大田区労協，大田区職労で構成され，さらに任意の業者，個人が加わっている。

福祉機器開発懇談会準備会は翌7月に都立城南養護学校，心身障害者施設の区立大田生活実習所の見学会を行い，教育福祉の現場で実際に使用している福祉機器や職員や苦労して作った補助具などの検討を行った。さらに10月には晴海で開催された第21回国際保健福祉機器展を見学した。終了後の交流会では「階段昇降機や入浴機器などは福祉施設や大きな住宅だったら使用できるが庶民の住宅では難しい」などの意見が出された。こうした地道な観察，研究を経てやがて独自の製品が開発される。福祉機器はいうまでもなく日常に用いられるものだから，一定の強度，耐久性が要求されるし，また障害の程度，種類によって個々人に合せたものが望まれる。さらに外国の製品であれば，ネジ一本外れただけで，軸一本の故障で，修理のために長期間使用できない，ということになってしまう。実際，そうした苦労を，これまで当事者，関係者が創意工夫を凝らして乗り越えてきた。ある業者はつぎのように語った。

 これまで大手メーカーの部品ばかり作ってきたが，俺たちの製品を作ろう。それも障害を持っている方や高齢者の方にお役に立てるというのなら，なおけっこうだ。[32]

90年代不況を契機に中小下請は大企業からの「自立」を図るべきだという主張がしばしばきかれた。大企業の都合で不況のさなかいきなり切り捨てられる町工場の現実を見れば，そうした主張がいかに高踏的乃至超越的ものであるかは明らかだ。そうした主張は華やかなマス・メディアの場では理性的発言であ

---

32) 西嶌和徳「地域の共同の力で福祉機器開発」，全国障害者問題研究会東京支部編『HANDICAP TOKYO』1996年春号所載。

るかのように映るが，現実の場に降りてくると結局のところ，市場の"自然淘汰"，市場の弱肉強食，適者生存の原理に任せるという野蛮な主張になる。上の発言に見られるように，中小下請とて好き好んで大企業の部品づくりをやっているわけではない。福祉機器開発懇談会の取り組みは，大企業の下請として地域のニーズから隔離，分断されていた業者が，自前の「自立」のあり方を地道に模索する過程だった。

同懇談会は，この運動のなかで，FRP材のユニットバスに手すりを取りつけるための補強板（新大田建設業組合），キーボードを使用する際に隣のキーを二重押しすることを防ぐキーガード，養護学校での使用を考慮した段差をなくすための渡り板，浴室の改造を必要としない住宅入浴装置バスケアリフト（家庭での浴室改造費用を軽減し，公団住宅など改造がそもそもできないところでも取り付けが可能）などが作られ，車椅子に付ける自動ブレーキの開発などが進められた。これらの製品は使い手の立場に立ってそれぞれに創意工夫が凝らされており，なかには2年から3年半をかけて試行錯誤を繰り返しながら誕生したものもあった。

このように大企業の論理から自立した取り組みのなかで使用者の意見を参考にしつつ，これまでのように機械，器具に人間が合わせるのではなく，人間に機械，器具を合せるべきだという古くて新しい課題が自覚的に追求され具体化された。そして95年2月には福祉機器シンポジウムが開催された。不況打開大田区実行委員会が要求していた東京都の集積活性化法が運動の成果で大田区に適用されることになったが，福祉機器開発の取り組みにもその予算が振り分けられた。

ナショナル・テクノポリスとも呼ばれ，ネジ一本からロケットや人工衛星まで作ることができる高度の技術水準とその集積を誇る大田区の工業がこれまで地域住民の暮らしのなかから直接に出てくる要求と結び付いてこなかったのは大田区の工業がそれほど深く強く大企業の下請構造に組み込まれていたことを証左している。裏返していえば，90年代不況はそれほどドラスティックに従来からの下請構造の再編成を強行していたといえるだろう。そのことを機に親企業の下請支配のためにこれまで地域の要求から切り離されていた中小企業が使用者個々人のニーズに合わせることが必要とされる福祉機器開発に取り組みはじめたのだが，それは単に不況であったから可能になった，ということではな

い。

　これまで大企業の製品の部品をもっぱらに作ってきた町工場の技術が福祉機器の開発，メンテナンスにも応用できるということは，技術それ自体を取り上げて理屈を辿れば当然のようだが，従前の下請構造のなかでそれを現実にするのはきわめて困難だった。つまり，そうした高度の技術と地域の要求の結合は90年代不況によって不幸中の幸いとして自然にでき上がったものでは決してない。それが現実に可能になったのは，周辺共闘の中軸たり得る，労働者の即自的な要求，組合主義乃至経済主義から踏み出した運動を展開するエートスと力量とを備えた区職労，労働組合運動の力があったからである。

　同会はさらに，(1) 身近な自治体である区に福祉機器研究開発費用の助成制度を作るよう求める，(2) 完成品の普及事業を進める，(3) 福祉機器の研究開発を総合的に発展させるための機関として「大田区福祉機器開発センター」の設置を求め，設置前後の過程で区民参加を得て，区民の意向が積極的に反映されたものを目指す，の3点を目標として掲げた。

　(2) に掲げられた「大田区福祉機器開発センター」の構想は，デンマークやスウェーデンの補助器具センターに触発されたものだ。デンマークやスウェーデンの補助器具センターは研究・開発・相談・作業の場として，当事者，業者，福祉・医療関係者に交流・学習の機会を提供していて，利用者の一人ひとりのニーズにあった福祉機器を作り出すための総合センターとなっている。補助器具を必要とする人はこの補助器具センターを訪れ，職員の判断により無料でレンタルができるシステムを実現している[33]。

　区職労はこうした共同の契機となる自治研を推進するにとどまらず，東京都が大田区に適用した工業集積地活性化支援事業についてそれが効果的に運用されるように，不況打開大田区実行委員会とともに区政に働きかけ，先に述べたように，この福祉機器開発の取り組みにも助成されることになった。

　さらにこうした福祉機器開発懇談会の取り組みが進展する過程で，先述の不況打開大田区実行委員会の新版「共同提言」にも新たな質が付与されることになった。旧版「共同提言」にはなかった，「車椅子でひとりでどこにでもゆけるよう，段差をなくし，車椅子が通れない歩道をなくし，公共的な建物にはス

---

33)　西嶌前掲論文を参照。

ロープ，エスカレーター，エレベーターを設置させます」，「お年寄りが安心して住める老人施設，病気になっても安心できる介護・診療の制度・施設を拡充させます」等といった課題を含む「提言7＝いつまでも安心して住み続けることができる街づくり」が新版「共同提言」にもりこまれたのである。いうまでもなく健常者優先の行政，社会では障害者，高齢者は著しく不利な立場に立たされ，個々人がもつハンディキャップがそうした行政，社会によって著しく増大増幅されることになる。不況打開大田区実行委員会が，福祉機器開発懇談会とともに障害者，高齢者の視点を地域づくりの運動に組み込むことによって，個々人のもつハンディキャップを行政，社会，コミュニティの力で，逆に，軽減させようとする方向を打ち出したことは，運動の過程で具体的に生まれ，運動が内包することになった理念として注目されよう。

Ⅳ 周辺共闘としての労働運動——主体形成論2・歴史的契機

ここまで新自由主義東京において，それに対峙する労働運動を中軸とする幾つかの周辺共闘を見てきた。ここで取り上げた運動は，労働組合が中軸となりつつ労働組合固有の要求，組合主義や経済主義に埋没することなく，積極的に関係諸団体，地域住民と共闘を築くものだった。周辺共闘は，新自由主義に押し流されようとする諸階層が連帯，共同してそれに対峙しようとする点において新自由主義に規定されたものだが，同時にそれを主体形成の契機として捉え返すことで，初めて成立し得たものだ。つまり，周辺共闘は，新自由主義が席捲すれば自然とわき起こる，というものではない。また，ここまで，なぜ労働運動が——「市民」でなく——周辺共闘の中軸となるのか，ということについてはあまりふれてこなかった。最後にこの点について簡単にではあれ歴史に立ち返って考察しておかなければならない。

［1］ 戦後民主主義と50年代総評労働運動

本稿冒頭でも述べたように，60年代中葉以降の日本の国民統合は，欧米のような福祉国家型ではなく，企業主義統合プラス利益政治という形態を取った。こうした統合形態と不可分に，60年代以降の日本の労働運動は，労働者政党を媒介にして福祉国家を支えてきた西欧社会民主主義のごとく労働組合運動では

なく，企業の資本蓄積に特殊に協力的な，企業主義的な労働組合運動を基調としてきた。この企業主義的労働組合運動は，大掴みにいえば，64年に民間大企業労働組合がナショナルセンター横断的に築いたIMF・JCを橋頭堡として，オイルショックを経て確立した。しかし，その結果として生じた産業行動の弱さを政治的に補完することと，さらに公共部門の労働組合をも企業主義の枠内に囲い込むことを目標としてついに89年の総評解散・連合結成に至った[34]。

だが，企業主義的労働組合運動が64年に成立しながら89年連合結成に辿り着くまでに実に四半世紀も要してしまったのはなぜだろうか。それに対抗的な労働運動が一貫して存在していたからだ。その反企業主義的労働運動こそは，戦後民主主義と結合した50年代総評労働運動を原型とする労働運動だったと思われる。ここでは労働運動の類型論を試みる余裕はないけれども，とりあえず50年代総評労働運動を，60年中葉以降の企業主義的労働組合運動とも，また社会民主主義を基調とする西欧の労働組合運動とも明らかに異なるものとして，その形成の歴史を行論に必要な限りで振り返ろう。

２ 戦後日本型労働運動の形成と地域共闘

戦後民主主義と結合した50年代総評労働運動を原型とする労働運動の形成を省みる必要があるのは，この時期に形成された労働運動がここまで考察してきた，今日の周辺共闘を担う労働運動に無視し得ぬ刻印を遺していること，もっといえば，周辺共闘は50年代総評労働運動の今日における嫡流と見做すことができるからだ。

本書第Ⅰ部「戦後民主主義と労働運動――その形成」でふれたが，山岸章が1985年に全電通の綱領を全面改訂した際，「反戦と平和の闘いを続ける」，「民主的な社会主義日本を目指し，これを目指す政党と協力関係を結ぶ」と書かざるを得なかったが，初代連合会長となる山岸に1985年，時代が中曽根内閣期に至ってなおこのように書かしめた力こそは総評労働運動と結合した戦後民主主義であり，戦後民主主義と結合した総評労働運動だったといえるだろう。

1947年の二・一ストを経てなお労働界に大きな地位を占めていた産別会議が，

---

34) 渡辺治『「豊かな社会」日本の構造』（労働旬報社，1990年），第5章「企業社会の再編成と「連合」の結成」を参照。

レッド・パージや下山事件，三鷹事件，松川事件のフレーム・アップに示されるように，労働組合運動内部の相対的に自律的な力関係の変化によるのではなく，GHQ，政府の政治権力による弾圧を主要な契機としてついに後退しつつある49年に導入されたドッジラインから総評（日本労働組合総評議会）結成を経て52年の電産・炭労ストに至る約4年間に，戦後日本に特有の企業別・事業所別労働組合という組織形態が成立した。そして，総評はこの企業別労働組合という形態を所与前提としつつ，これを階級的に強化する方向で3つの運動形態を編み出した。職場闘争，春闘，地域共闘がそれだ[35]。しかし，職場闘争は60年三池闘争以降には総評指導部によって放棄され，また春闘は64年の"池田・太田会談"を絶頂に60年代後半には"管理春闘"やがては"春談"（太田薫）とまでいわれ，それらがかつて持っていた力を喪失していった。だが，そのなかで地域共闘は一貫して有効であり続けた。そして重要なことだが，戦後民主主義の実働部隊として機能した総評労働運動において，戦後民主主義固有の課題を担ったのがこの地域共闘だった。

　総評労働運動と戦後民主主義の結合は，50年代前半の高野実事務局長指導下の総評と，吉野源三郎，清水幾太郎，丸山真男ら市民派と呼ばれる知識人との同盟によって成ったものであり，戦後民主主義はその政治代表として社会党，共産党と濃淡はありながらも結び付いていた[36]。総評と知識人，それぞれの担い手を見れば，この同盟は階級の論理と市民の論理との結合として生まれたものだが，このときに成立した労働運動は，こうした二つの論理を実践において背反させることなく，職場闘争や春闘に取り組みながら同時に地域共闘を展開していったことが注目された。

　ところで地域共闘は総評の実質上の地域組織である地評・地区労によって担われたもので，そこでは54年以来の中小企業の未組織労働者への組織化運動と相俟って当時革新四指標と呼ばれた平和・独立・民主主義・生活向上の課題が

---

35) 清水慎三「総評三〇年のバランスシート」（清水編『戦後労働組合運動史論』日本評論社，1982年）。なお職場闘争に対する清水慎三，また「総評組織綱領草案」（1958年）における，強い階級的意義というよりは革命的意義の強調にもかかわらず，生産コントロールなどに示されていた強い労働組合主義的性格については平井陽一『三池争議――戦後労働運動の分水嶺』（ミネルヴァ書房，2000年）を参照。

36) 本書第Ⅰ部参照。

積極的に国民諸階層との共同を前提にして追求された。

例えば労働法学者の沼田稲次郎はつぎのように述べている。「地域組織の拡張は，その拡張過程そのものがオルグ活動として一定の作用を一般市民に及すものであって，それが国民大衆のなかに民主的な思想を浸透させ，地域社会の意識改造を通して民主的勢力の土壌を開拓する意味をもつ点は注目されなければならない。それは，革新政党の『三分の一の壁』を突き破るという意味でも，警職法反対闘争やわけても安保闘争において実証せられたような国民のエネルギーの発動にとって重要なる契機となるという意味でも，極めて政治的な意味を含む運動なのである。大企業の従業員の多数決によって選ばれた組合幹部とちがって，地評，地区労の幹部或は中対オルグといった既に企業の外へ出た運動家が，いわば市中に沈潜するのである」[37]。

沼田が観察したように，58年の警職法反対闘争，60年の"三池と安保"は，地評・地区労に結集する中小企業労組の組織化運動や争議――労働組合固有の課題に基づいた組合運動――と不可分に同時に展開していた。歴史的事実として労働運動と戦後民主主義とは表裏一体となっていた。このことは，総評を"政治主義"，"イデオロギー的偏向"として批判し，つまり戦後民主主義の実働部隊からしりぞいて"脱イデオロギー"のイデオロギーを掲げて労働者の即自的な利害に運動課題を閉ざして組合主義，経済主義に専念したはずの総同盟，全労会議が企業主義的組合運動のヘゲモニーを確立する60年代中葉までついに総評を凌駕することができなかったばかりか，組合主義，経済主義をついに体現できなかったことに逆に示されているだろう。

3　地域共闘の周辺共闘への転態

60年代に入って当時の日本経済の主力産業である鉄鋼，電機，造船などの民間大企業を中心とする労働組合が総評・同盟・中立労連といった当時のナショナルセンターを横断してIMF・JCを結成し，企業主義的労働運動が成立すると地域共闘の戦列から基軸部分の民間大企業労組が離脱してゆく。この過程は，同時に企業社会的統合として基軸部分と周辺部分とが形成されてくる過程だっ

---

37)　沼田稲次郎「合同労組の意義」（沼田編『合同労組の研究』労働法学研究所，1963年，所収）10頁。

た。そしてこの過程で地域共闘はその構成を周辺共闘へシフトし，企業主義的組合運動では生活を営むことのできない中小企業労組，また企業主義が浸透しにくい公共部門労働組合が地域共闘の担い手となり，労働者としての自己の利害のみならず広く周辺層を糾合した地域共闘を展開していくことになった。したがって，この時期に企業主義的組合運動成立のメダルの裏側として，形態としてもその担い手としても，地域共闘は，企業別組合＝企業主義から相対的に別個の労働運動，周辺共闘として自己を再確立することになった。

(1) 地域労働運動としての中小企業労働運動

50年代前半からの課題だった中小未組織労働者の組織化運動は日本資本主義の二重構造に規定されてはじめられたものだった。それは企業別組合の産業別総並びと揶揄された——ついに産業別組合ではない——総評の「階級的理性」（沼田稲次郎）によってはじめられ，企業別組合を相対化する試みという意味をもつもので，地評・地区労レベルで結成された合同労組が「企業別組合の鬼子」[38]といわれたのはそうした点を捉えたものだった。企業支配＝企業主義的運動の登場とともに民間大企業労組が地域共闘から抜けて，地域共闘は周辺層の共闘という性格を獲得しはじめた。

先にも引用した沼田は，「合同労組運動は，実は企業別の連合体たる全国単産の体質を直視し，当分は改善されそうもない事実として一応はあきらめて，その上で中小企業労働者を組織すべき必要性を自覚したところから，いわば階級的理性が見出すべくして見出した運動」として掴まえている。

(2) 地域労働運動としての自治体運動

都職労経済支部，大田区職労について述べたところでふれたように，自治体労組の自治研活動は57年に第1回地方自治全国研究集会がもたれて以来，自治労が取り組んできた活動で，自治研活動は当初から「住民のための地方自治を作りあげ民主主義をいっそう発展させるための自治労の活動である」ことを確

---

[38] 下山房雄「現代資本主義と労働組合運動」（経済理論学会『経済理論学会年報第33集』青木書店，1996年）。

認して積み重ねられてきた[39]。この時期に自治研が取り組まれるようになった直接の背景には地方財政危機があった。政府は55年地方財政再建促進特別措置法を制定し，赤字自治体を救済したが，その過程で，再建計画を自治省に提出させ，実質上自治権を停止した[40]。この事態に直面して，長野県において教組と自治労が共催で地方自治防衛大会を開いたが，そこで出された，教師の馘首は困るが"お役人"は多すぎるから馘首してもよいのではないか，という県民代表の発言を自治労は問題提起として受け止め，翌年の地方自治全国研究集会に実らせていった。

自治労はこのとき，賃金（当時は遅配是正がしばしば運動の課題となった），雇用確保等の労働組合として取り組むべき当然の課題を，「自分は労働者などといばっているが，やっている仕事の方からいうと，いかに他の労働者や農民など住民をやっつける仕事のお手伝いをさせられているか」という反省を基礎にして，住民要求に応える方向で仕事の見直し等を進めていった。このように労働者としての固有の利害と住民要求との対立を，組合主義的乃至経済主義に固執して対立させたままにするのではなく，統一して労働運動を前進させていこうとするところに，戦後民主主義と結合した戦後日本型労働運動の特質があったのだと思われる。

(3) 革新自治体と周辺共闘

"平和と民主主義"にとどまらず，こうした当時の自治労の自治研活動にもその一端が示される労働運動は，朝日訴訟，学力テスト反対運動，高校全入運動，さらにしばしば看過され過小評価されるが，企業主義的組合運動とは一線を画して，被害者と連繋して公害反対運動，15大要求を掲げる国民春闘にも取り組み[41]，さらに60-70年代にかけて革新自治体を成立せしめる力になった。

---

39) 『自治研の手引き』作成に深く関わった宮本憲一は，自治研活動は自治労の運動ではなく，「地方自治を住民の手にとりかえす国民的運動」だとして，当時の自治労幹部と徹夜で激論を交わした末，不満が残ったが妥協した，と回想している。宮本憲一『地方自治の歴史と展望』（自治体研究社，1986年），133-146頁。
40) 宮本憲一『地方自治の歴史と展望』（自治体研究社，1986年），133頁以下。
41) 日本の公害反対運動は，多くの場合，ヨーロッパのように「新しい社会運動」としてではなく，企業主義的組合運動に流れなかった，ある時期までの総評労働運動，地域住民との共闘によって展開したものと思われる。

例えば，67年に美濃部都政を誕生させた「明るい革新都政をつくる会」は，代表委員として，佐々木更三，野坂参三の社共の代表に，大内兵衛，中野好夫，平塚らいてう，松本清張ら文化人・知識人を含み，幹事団体として，社会党，共産党，総評，中立労連，東京地評，さらに平和団体，文化団体等によって構成されていた。つまり，戦後民主主義成立時からの三つの主体，知識人・文化人－労働組合－社会党・共産党が核となって美濃部都政を成立させた。同会の選挙中間総括はつぎのように述べている。

　　この選挙に勝利しえたのはたんなるムードによるものではありません。社会党，共産党の団結を基礎に，労働組合，民主団体，市川事務所，学者・文化人・法律家など明るい革新都政を願う広範な民主勢力の団結の力であり，これこそ勝利の決定的要因であります。[42]

　さらに，美濃部都政が公約として掲げて実現した区長公選制も都職労，区労協，住民団体，社会党・共産党が共闘して実現したものだった。その意味で，90年代周辺共闘が地域や自治体レベルで取り組むエートスと経験は，戦後民主主義，それを担った労働運動を媒介してもたらされたものだ。

終りに

　周辺共闘は，自治体労組と中小企業労組及び地域労組が中軸となって展開してきたことに示されるように，企業別組合―自民党政治という基軸部分の統合と利益政治による周辺部分の統合のちょうど境界，あるいはそれらの基底にあって，いずれに統合されることもなく，独自の運動領域を創出し発展してきた。90年代周辺共闘が中小業者・地域住民との共同を前進させたのは，新自由主義が既存の基軸－周辺という統合を基軸部分，周辺部分の双方において縮小する方向で改編されつつあったからだ。

　戦後民主主義は60年代から70年代にかけて地域・自治体レベルで活潑な運動を展開して，当該期の日本政治全体にも大きな影響を及ぼした。たしかに革新自治体が後退していく80年代にその比重の低下はとりわけあからさまだったが，周辺共闘は今日まで存続し発展してきたのである。

---

42)　前掲，『都職労の歴史』第3巻，252頁。

後　記

　本書は別々の機会に書いたものを「戦後民主主義と労働運動」という主題のもとに纏めたものである。収めた論攷は1つを除いて，初めて公刊することになる。
　最も早い時期に書いたものと最も新しい時期に書いたものとの間にはおよそ17年の間隔がある。僅か17年でも世紀を跨いで今日まで時代状況は少なからず変化してきたし，私自身も変わらなかったはずはないが，「戦後民主主義と労働運動」という主題の範囲内で，問題関心の比重は時々の時代状況の影響を少なからず受けていると思う。原稿はなるべく読みやすいものにするように改めて手を入れたが，一度脱稿した原稿の加筆訂正の困難というよりは，己のそれをも含めて，限界をよく思い知ることになった。
　私が戦後民主主義という言葉を初めて知ったのはきっと1980年代半ば，高校生の頃だ。当時最も惹かれていたのは石川淳だったが，同時に，加藤周一，丸山真男，大江健三郎らの評論を背伸びをしながら読んでいた。あどけない初心者が外国語を読むように，わからぬ行は一向わからぬが，しかし，僅かにわかる行がわかるだけでも十分に面白い，という具合に。そうして戦後の民主主義一般という意味でない，固有名詞としての戦後民主主義というものの実在を感じるようになっていったのだと思う。
　大学受験直前の頃になって，東京都立大学の英文学教授で文芸評論家の篠田一士氏が音楽評論家の吉田秀和氏と対談したNHKの番組があった。冗談と受け止められそうだが，当時の私は篠田先生のもとで文学の勉強をしたいと思っていたから，それまで活字でしか知らなかった著者が話す様子を緊張しながら固唾を呑んで，という風に番組を観たはずだ。しかし，数えてみるといつの間にかそれはもう四半世紀以上も前のことで，いま憶えているのは，おしまいに吉田氏が「最近また戦後民主主義の虚妄だとかいう言葉が聞かれ

299

るようになりましたね」と言うと篠田氏が即座に「ええ，けしからんことです」とやや早口で応えて番組が終ったことである。事程左様に，戦後民主主義はその後一貫して影が薄れ，にも拘わらず或はそれ故に，大きな言論状況においてはますます批判の対象とされることが多くなり，仕舞いには口にすることも憚れるような時代だったように感じられる。その間，私には，戦後民主主義の不足こそが問題の原因であると見えるときに，反対に，戦後民主主義の過剰こそが問題の原因であると論じられることが多かったように思う。

さらに，近年のこととして，所謂格差社会はもちろんのこと，2011年3月11日の東日本大震災，それによる東京電力福島第一原子力発電所の，どうして想定外どころではない，事前に指摘されていた危険がそのままに現実化した事故，そして憲法改正を掲げながら東アジア諸国からばかりでなく「同盟国」のアメリカからも「国家主義」を懸念される安倍政権が登場して，戦後民主主義と労働運動，この両者とその結合がますます必要とされるときに，そのことを口にすることが場を白けさせる，あたかもマナー違反かタブーにふれたかのようにあしらわれるようになるのは蓋し当然のことではあるだろう。が，今日の諸困難を乗り越えるための「武器」として戦後民主主義と労働運動を捉え返そうとする方々には，本書がせめて幾らかでも役立てば，と切に思う。

第Ⅰ部「戦後民主主義と労働運動──その形成」は1996年1月に脱稿したもので，東京都立大学大学院人文科学研究科修士課程史学専攻に提出した修士論文である。本書に収録するに当っては加筆削除を行っている。初稿を準備している段階で市毛良昌氏（東京地評顧問）のお話をうかがうことができた。なお吉田裕編『戦後改革と逆コース』（吉川弘文館，2004年）に収められた赤堀「総評労働運動の時代」はこの修士論文から抜粋して再構成したものである。

第Ⅱ部第1章「1960年代初頭における教育政策の転換と教育運動」は1993年1月に脱稿したものである。初稿の準備の過程で，岩手学テ事件の被告とされた柏朔司氏から，また山住正己先生から紹介していただいて岩手学テ事

件を担当された弁護士から，お話をうかがうことができた．

同第 2 章「高度成長期における『市民の論理』の歴史性」は『歴史評論』724号（2010年 8 月）に掲載されたものである．本書に収めるに当って紙幅の都合で削除した部分を復活させ，さらに若干の加筆削除を行った．

同第 3 章「1990年代新自由主義東京の労働運動」は1997年 8 月に脱稿したものである．様々な角度から「東京」をテーマにした論文集の出版が企画され，その中で私に「労働運動」が割り振られた．しかし，この企画自体はその後間もなく頓挫し，編集の方からは他で原稿を発表することを勧められたものの，これまで発表の機会を求めることなく経過した．初稿を準備している段階で後藤耕三氏（大田区労協），西嶌和德氏（大田区職労）からお話をうかがうことができた．

以上が本書に収録した論攷のいわば「プロフィール」である．貴重なお話をきかせてくださった方々に改めてお礼を申し上げたい．お話を直接引用した箇所は稀だが，資料を読む際に大いに力になった．お話をうかがっていたからこそ理解でき，また理解が改まることが多々あった．

文献資料の収集にあたっては労働科学研究所の川見昌子氏，古川たか子氏（現在は横浜市山内図書館館長），大原社会問題研究所のスタッフの方々にお世話になった．お礼を申し上げたい．

ここに収めた論攷は，佐々木隆爾先生，下山房雄先生，高橋祐吉先生，鷲谷徹先生，渡辺治先生の指導と指南とがあって初めて成ったものである．とくに，佐々木先生と渡辺先生には学部生・院生時代を通じて多くの時間を割いて恩情のこもった厳しい指導をしてくださったことに感謝を申し上げたい．先生方に負う学恩に応えるにあまりに不釣り合いでささやかに過ぎるものであることは重々自覚しているが，いまは今後に一層の努力を持続することで少しでも大目にみていただくほかない．

また学会その他の折々に，それは大抵私が研究で途方に暮れているときだったが傍からもそうとわかる様子だったのだと思う，河西宏祐先生，木本喜美子先生，中川功先生，二村一夫先生，森廣正先生から励ましをいただい

たことにお礼を申し上げたい。

　同世代の研究者である，東洋志，石井まこと，岩佐卓也，大重光太郎，鬼丸朋子，菊池信輝，佐々木司，武居秀樹，ベルナール・トマン，兵頭淳史，森田成也，ノエミ・ランナ，リー・サンジョンの諸氏とは互いの問題関心を論じて意見を交わしてきた。そういう環境に恵まれたことを私は自分の幸運の一つに数えている。

　そして，ここに全ての方々のお名前を挙げることはできないけれども，さらに多くの研究者と，労働運動をはじめとする社会運動の活動家からも折々に多くの刺戟と示唆をいただいた。こうしたことがなければ，私の感性はもとより問題関心ももっともっと限られたものになっていたに違いない。

　第Ⅰ部に収録した「戦後民主主義と労働運動──その形成」を読んでくださり，出版を勧めてくださったばかりか，御茶の水書房からの出版の段取りまでしてくださったのは下山先生である。藤本武先生が最後に参加された，労働科学研究所の社会科学研究部OBが集う新年会の席でのことだった。労働科学研究所に在籍してまだ間もなかった私は，当時下関市立大学学長として多忙を極めていた下山先生に，自分の都合だけで迷惑を顧みることもできずにコメントをいただけたらと思い，しばらく前に論文をお渡ししていた。が，その後に自分からコメントを求めるほどの勇気はさすがになく，ノー・コメントもコメントであると受け止め，もっと頑張らねばナと思いながら半年以上も経た頃にその新年会を迎えた。久しぶりにお会いした下山先生から，あなたの論文をこの冬休みに時間ができてやっと読むことができました，と切り出され，その後に続くべき自分が望んでいた厳しいコメントを覚悟して待っていると，すぐに続いて，是非本にするといいですよ，と言われた。一瞬，何を言われているのか理解できなかったことを憶えている。しかし，その後も様々に理由にもならぬ理由を拵えては出版を遅らせる私を，下山先生ばかりでなく高橋先生も後押ししてくださった。両先生のお心遣いがなかったならば本書が出版されることはなかった。

　渡辺先生からは本書に推薦の言葉をいただいた。院生時代に，ゼミに加え

て，草稿を書きためては研究室にうかがって先生にその場で読んでいただきコメントをもらい，先生の質問に必死で答えながら問題の新たな側面に気付かされたり，或は再考を促されたりということを果てしなく繰り返した日々があった。議論はしばしば研究室で終らず，いつの間にか夕闇濃い桜並木の大学通りを歩きながら国立駅に着くまで続き，時に，それからさらに駅頭での立ち話となってなお続いた。そんな時は先生が思い出したようにようやく腕時計を見て，その後の予定に遅れそうになっている（或は既に遅れている）ことに気付いて，じゃあ，明後日に，今日のところを考えて書き直して，それからその先の部分をさらに書き進めて持って来なよ，もっとどんどん書かないと間に合わないぞ，頑張れよ等々と声をかけられて改札で別れることになった。その頃に，朱を入れてもらった草稿の束はいまも手元にあり，本書にはそうした日々の中で書いた論攷も収めている。それらの中になお含まれうる過誤に対しての責任はもっぱら私にあるけれども。

　そして，御茶の水書房の小堺章夫氏のご配慮とご寛容に恵まれなければ，本書が出版されることはついになかった。出版が決定しても延々と原稿を出さぬ私を小堺さんは静かに，それでも，決して曖昧にはしないという態度で見守ってくださった。ようやく原稿をお渡ししてからは校正等でさらにご面倒をおかけした。ここに深くお詫びと感謝とを申し上げます。

　　2014年3月

　　　　　　　　　　　　　　　　　　　　　　　　　　　　赤堀　正成

著者紹介

赤堀正成（あかほり・まさしげ）
　1967年東京生れ
　一橋大学大学院社会学研究科後期博士課程単位取得退学
　現在　専修大学社会科学研究所客員研究員

主要論文　「年齢（経験年数）別横断賃率の可能性」（『社会政策学会誌
　　　　　第12号 社会政策学と賃金』法律文化社，2004年）
共　著　『新自由主義批判の再構築』（法律文化社，2010年）
　　　　『現代労働問題分析』（法律文化社，2010年）

戦後民主主義と労働運動

2014年4月25日　第1版第1刷発行

著　者　赤堀正成
発行者　橋本盛作
発行所　株式会社　御茶の水書房
　　　　〒113-0033　東京都文京区本郷5-30-20
　　　　電話　03-5684-0751

Printed in Japan
©Akahori Masashige 2014
ISBN 978-4-275-01070-4 C3033

印刷・製本／シナノ印刷

書名	著者	価格
労働時間短縮——その構造と理論	下山房雄・大須賀哲夫 著	A5変・二一〇頁 価格・一八〇〇円
戦後高度成長期の労働調査	近松順一 著	A5判・五六一頁 価格・四一〇〇円
現代日本における不安定就業労働者	加藤佑治 著	A5判・六五〇頁 価格・八〇〇〇円
「貧困」の社会学——労働者階級の状態	鎌田とし子 著	A5判・四三二頁 価格・八二〇〇円
日鋼室蘭争議三〇年後の証言	鎌田哲宏・鎌田とし子 著	菊判・六七三頁 価格・四三〇〇円
イギリスの炭鉱争議（一九八四〜八五年）	早川征一郎 著	A5判・三四〇頁 価格・六二〇〇円
政党政治と労働組合運動	五十嵐仁 著	A5判・四五〇頁 価格・六〇五〇円
新自由主義と労働	法政大学大原社会問題研究所 編	A5判・二七〇頁 価格・四二〇〇円
証言 占領期の左翼メディア	法政大学大原社会問題研究所 編	A5判・四六〇頁 価格・六六〇〇円
農民運動指導者の戦中・戦後——杉山元治郎・平野力三と労農派	鈴木玲 編	A5判・四四〇頁 価格・四四〇〇円
生活様式の経済理論——現代資本主義の生産・労働・生活過程分析	横関至 著	A5判・二八〇頁 価格・八四〇〇円
世界と日本の格差と貧困	成瀬龍夫 著	A5判・二三〇頁 価格・二八〇〇円
クラーラ・ツェトキーン——ジェンダー平等と反戦の生涯	香川正俊 著	A5判・三六〇頁 価格・二三〇〇円
	伊藤セツ 著	菊判・一七〇頁 価格・一五〇〇円

御茶の水書房
（価格は消費税抜き）